运动与低温环境

赵杰修　主编

人民体育出版社

图书在版编目（CIP）数据

运动与低温环境 / 赵杰修主编 . -- 北京：人民体育出版社, 2024

ISBN 978-7-5009-6379-0

Ⅰ.①运… Ⅱ.①赵… Ⅲ.①低温—影响—运动训练—研究 Ⅳ.① G808.1

中国国家版本馆 CIP 数据核字 (2023) 第 219236 号

*

人民体育出版社出版发行
北京建宏印刷有限公司印刷
新 华 书 店 经 销

*

710×1000　16 开本　17.25 印张　316 千字
2024 年 3 月第 1 版　2024 年 3 月第 1 次印刷

*

ISBN 978-7-5009-6379-0
定价：96.00 元

社址：北京市东城区体育馆路 8 号（天坛公园东门）
电话：67151482（发行部）　　邮编：100061
传真：67151483　　　　　　　邮购：67118491
网址：www.psphpress.com

（购买本社图书，如遇有缺损页可与邮购部联系）

编委会

主　　编：赵杰修

副主编：饶志坚

编　　委：（按姓氏笔画排序）

　　　　艾　华（北京大学第三医院）
　　　　邢文娟（中国人民解放军空军军医大学）
　　　　李　翰（国家体育总局体育科学研究所）
　　　　汪　涵（国家体育总局体育科学研究所）
　　　　沈钰琳（国家体育总局体育科学研究所）
　　　　张　旸（国家体育总局体育科学研究所）
　　　　房国梁（国家体育总局体育科学研究所）
　　　　封文平（国家体育总局体育科学研究所）
　　　　赵杰修（国家体育总局体育科学研究所）
　　　　饶志坚（国家体育总局体育科学研究所）
　　　　袁国庆（江苏省体育科学研究所）
　　　　耿　雪（国家体育总局体育科学研究所）
　　　　徐金成（国家体育总局冬季运动项目管理中心）
　　　　殷　越（国家体育总局体育科学研究所）
　　　　高　峰（中国人民解放军空军军医大学）
　　　　崔书强（北京市体育科学研究所）
　　　　董　玲（中国人民解放军空军军医大学）
　　　　韩天雨（国家体育总局体育科学研究所）
　　　　覃　飞（暨南大学）
　　　　瞿超艺（河北师范大学）

序
PREFACE

　　低温是人类进化的重要环境驱动因素之一，可诱导全身各个器官出现复杂的生理、生化变化，而这些变化对于人体运动能力的影响呈现"双刃剑"的效应。因此，运动员在运动时如何有效抑制低温对运动表现的负面影响？是否可以结合低温环境与运动促进身体健康？不同低温环境对运动能力的影响机制是什么？有哪些策略和技术可以主动干预低温对运动能力的影响？这一系列问题是体育科学领域的重要研究内容，相关研究有望对落实《体育强国建设纲要》、实现"落实全民健身国家战略，助力健康中国建设"和"提升竞技体育综合实力，增强为国争光能力"战略任务提供重要的科技保障。

　　由赵杰修研究员组织编写的《运动与低温环境》一书，以体温调节的基础、冷应激的生理学、冷损伤的防治为出发点，分别对低温环境下的运动训练生理生化监控、冷习服、低温环境的运动营养等方面进行阐述，内容既涉及奥运争光计划，又涉及全民健身计划。通过"不同运动项目与低温环境"为竞技体育相关教练员、运动员和科医人员提供参考，通过"低温环境、运动与健康促进"为群众体育健身爱好人群提供思路。我相信本书的出版对于加强体育科技创新，促进我国由体育大国向体育强国的迈进具有重要意义。该书既可作为运动人体科学专业的教科书，也可以作为运动训练学专业的指导书。不仅如此，由于低温环境与运

运动与低温环境

动能力也是特种医学和环境科学的一个重要组成部分，本书也将对相关学科的研究人员大有助益。

在本书即将付梓之际，我特表示祝贺，祝愿我国体育科学领域专家携手共同开创我国体育科学美好的未来。

原中国生理学会理事长

2023 年 10 月 17 日

前 言
FOREWORD

目前，全球气候变化加剧，未来地球极端天气事件可能更加频繁。低温环境不仅会影响运动员取得优异成绩，还会影响群众体育健身效果。随着2022年北京冬季奥林匹克运动会的举行，中国已实现"带动三亿人参与冰雪运动"的目标。鉴于此，我们撰写了一本《运动与低温环境》研究进展的书籍，旨在介绍"运动与低温环境"领域近年来共识性和探索性问题，试图相对全面地展现运动与低温环境的相关理论知识。

本书由运动科学领域的专家学者编写，已在各专题标题下标注了作者姓名。其中，专题一由覃飞、赵杰修编写，专题二由崔书强、封文平、张旸编写，专题三由邢文娟、董玲、高峰编写，专题四由沈钰琳、房国梁、赵杰修编写，专题五由房国梁、汪涵、赵杰修编写，专题六由艾华编写，专题七由袁国庆、殷越、韩天雨、徐金成、李翰编写，专题八由耿雪、瞿超艺编写。最后，本书由赵杰修、饶志坚进行统稿和润色。在此，谨向完成本书编写的各位编者致以诚挚的感谢。

本书既可以作为体育学运动人体科学专业研究生的教材，也可以作为运动训练专业与特种医学研究生、运动人体科学与临床医学专业本科生的参考书籍与拓展读物。此外，竞技体育领域的教练员与运动员、群众体育领域的健身爱好者也可以从本书中获益。

运动与低温环境

  本书得到了国家重点研发计划"科技冬奥"专项（2019YFF0301600）、国家公益类科研院所基本科研业务费等的资助。

  由于编者水平有限，书中难免存在不足之处，恳请各位读者批评指正。

赵杰修

2022 年 10 月 2 日

目 录
CONTENTS

专题一　体温调节的基础 ·· 001

第一节　体温 ·· 001
　　一、正常体温 ·· 002
　　二、环境与人体体温 ·· 002
　　三、运动过程中人体体温的变化 ··· 003
　　四、运动过程中人体体温的测定 ··· 006

第二节　热量平衡 ·· 011
　　一、机体的产热 ··· 012
　　二、机体的散热 ··· 013
　　三、运动与热平衡 ··· 016

第三节　体温调节 ·· 019
　　一、温度调节机制 ··· 019
　　二、温度感受器 ··· 019
　　三、温度调节的效应器 ··· 021
　　四、体温调定点学说 ·· 022
　　小结 ·· 022

专题二　冷应激的生理学 ·· 027

第一节　环境冷强度的评价 ·· 027
　　一、环境冷强度及其影响因素 ·· 027
　　二、环境冷强度的评价方法 ··· 029

第二节　冷应激对机体的影响 ··· 030

001

- 一、体温 ········· 031
- 二、体热平衡 ········· 032
- 三、能量平衡 ········· 033
- 四、皮肤血管反应性 ········· 035
- 五、循环和呼吸系统 ········· 038
- 六、泌尿系统和血液系统 ········· 040
- 七、内分泌系统 ········· 043

第三节 冷应激与运动表现 ········· 046
- 一、环境温度与运动成绩呈倒U型关系 ········· 046
- 二、低温环境下运动时摄氧量的变化 ········· 047
- 三、寒冷对肌肉力量的影响 ········· 048
- 四、低温对神经肌肉功能的影响 ········· 049

小结 ········· 050

专题三 冷损伤的防治 ········· 058

第一节 冷损伤 ········· 058
- 一、冷损伤的分类 ········· 058
- 二、冷损伤发生的影响因素 ········· 059

第二节 局部冷损伤的临床表现与治疗 ········· 061
- 一、冻结性冷损伤的临床表现与治疗 ········· 061
- 二、非冻结性冷损伤的诊断与治疗 ········· 065

第三节 全身性冷损伤的临床表现与治疗 ········· 065
- 一、全身性冷损伤的临床表现 ········· 066
- 二、全身性冷损伤的防治 ········· 068

第四节 冷损伤的预防措施 ········· 071
- 一、冷损伤的一般预防措施 ········· 071
- 二、不同冷损伤的针对性预防措施 ········· 072

第五节 冷损伤的运动医务监督 ········· 077
- 一、冷损伤急救医疗物资 ········· 078
- 二、冰雪体育运动医务监督工作 ········· 079

小结 ········· 085

专题四　低温环境下的运动训练生理生化监控 092

第一节　低温环境下生理生化监控指标概述 092
第二节　低温环境下的运动生理生化监控指标 093
一、体温 093
二、心率 095
三、皮质醇 096
四、血清钠离子 097
五、白细胞 098
六、尿液 099
七、去甲肾上腺素 100
八、C反应蛋白 101
九、肌酐 102
十、免疫球蛋白 104
十一、乙酰胆碱酯酶 105
小结 106

专题五　冷习服 109

第一节　冷习服的形成过程 109
一、血管内皮细胞合成增加 109
二、肾上腺素和去甲肾上腺素分泌增多 110
三、游离脂肪酸动员增加 110
四、甲状腺素和棕色脂肪组织 110

第二节　冷习服的生理指标 111
一、冷血管反应指数 111
二、抗冻伤指数 111
三、甲襞微循环 112
四、循环血管内皮细胞计数 112
五、纤维蛋白原 113
六、冷凝蛋白 113
七、一氧化氮 113
八、游离脂肪酸 114

运动与低温环境

九、尿香草扁桃酸含量 ··· 114
十、红细胞膜 Na^+-K^+-ATP 酶活性 ······································ 115
十一、去甲肾上腺素 ··· 115

第三节　冷习服形成的影响因素 ·· 115
一、人种 ··· 115
二、身体形态和体成分 ··· 116
三、性别 ··· 117
四、年龄 ··· 118
五、疲劳程度 ··· 118
六、冷应激强度 ··· 119
七、冷暴露时间 ··· 119
八、低氧 ··· 119
九、膳食营养 ··· 120

第四节　冷习服机制 ·· 120
一、机体对寒冷应激反应的生理机制 ······································· 121
二、冷习服的生理机制 ··· 121

第五节　冷习服训练策略 ·· 123
一、冷习服训练原则 ··· 123
二、冷习服训练方法 ··· 123
小结 ··· 128

专题六　低温环境的运动营养 ·· 138

第一节　低温环境下运动机体生理代谢的变化 ································ 138
一、体温调节系统 ··· 138
二、心血管系统 ··· 139
三、呼吸系统 ··· 140
四、运动系统 ··· 140
五、神经内分泌系统 ··· 141
六、免疫系统 ··· 141
七、消化系统 ··· 142
八、泌尿系统 ··· 142

004

第二节 低温环境下影响运动机体代谢反应的因素 ……………………… 142
一、机体对低温环境的适应性改变 ………………………………………… 143
二、皮下脂肪厚度的影响 …………………………………………………… 144
三、冷风对低温下运动人体的影响 ………………………………………… 145
四、低温高海拔对运动人体的影响 ………………………………………… 146
五、寒冷环境下运动时衣着的影响 ………………………………………… 148

第三节 低温环境对运动机体营养素代谢的影响 …………………………… 148
一、低温条件下运动机体能量的代谢特点 ………………………………… 149
二、碳水化合物的代谢特点 ………………………………………………… 149
三、脂肪的代谢特点 ………………………………………………………… 150
四、蛋白质的代谢特点 ……………………………………………………… 151
五、维生素的代谢特点 ……………………………………………………… 151
六、矿物质的代谢特点 ……………………………………………………… 153
七、水的代谢特点 …………………………………………………………… 153

第四节 低温环境下运动机体的营养需要量和合理膳食安排 …………… 154
一、总能量 …………………………………………………………………… 154
二、碳水化合物 ……………………………………………………………… 156
三、脂肪 ……………………………………………………………………… 157
四、蛋白质 …………………………………………………………………… 157
五、维生素 …………………………………………………………………… 158
六、矿物质 …………………………………………………………………… 158
七、水 ………………………………………………………………………… 159
八、合理安排膳食 …………………………………………………………… 161
九、合理使用运动营养食品 ………………………………………………… 163
十、低温环境下运动人群每日营养素推荐供给量 ………………………… 167

第五节 寒冷环境下运动锻炼的一些注意事项 ……………………………… 172
一、措施 ……………………………………………………………………… 172
二、注意预防冻伤 …………………………………………………………… 173

小结 ……………………………………………………………………………… 173

专题七　不同运动项目与低温环境 ············ 177

第一节　登山 ············ 177
一、登山项目特点 ············ 177
二、低温环境对登山的影响 ············ 180
三、登山者应对低温环境的干预策略 ············ 182

第二节　冰上运动 ············ 185
一、冰上运动的特点 ············ 185
二、低温环境对冰上运动的影响 ············ 186
三、应对低温环境的干预措施 ············ 188

第三节　雪上运动 ············ 189
一、雪上运动的特点 ············ 189
二、低温环境对雪上运动的影响 ············ 196
三、应对低温环境的干预措施 ············ 200
四、雪上项目运动员伤病特征 ············ 203
小结 ············ 205

专题八　低温环境、运动与健康促进 ············ 216

第一节　低温环境运动与减重 ············ 216
一、肥胖概述 ············ 216
二、低温环境下运动促进减重 ············ 217
三、低温环境下运动促进减重的机制 ············ 221

第二节　低温环境运动与糖尿病 ············ 229
一、糖尿病概述 ············ 230
二、低温环境下运动改善糖尿病的作用 ············ 231
三、低温环境下运动改善糖尿病的可能机制 ············ 241

第三节　低温环境运动与脂肪肝 ············ 244
一、脂肪肝概述 ············ 244
二、低温环境下运动改善脂肪肝的作用 ············ 246
三、低温环境下运动改善脂肪肝的可能机制 ············ 252
小结 ············ 253

专题一
体温调节的基础

覃　飞（暨南大学）
赵杰修（国家体育总局体育科学研究所）

体温调节是指温度感受器接受体内、体外环境温度的刺激，通过体温调节中枢的活动，引起内分泌腺、骨骼肌、皮肤血管和汗腺等组织器官活动相应的改变，从而调整机体的产热和散热过程，使体温保持在相对恒定的水平。

人体的体温调节是个自动控制系统，控制系统的最终目标是维持核心温度的稳定。机体的内外环境是不断变化的，许多因素均会干扰深部温度的稳定，此时通过反馈系统将干扰信息传递给体温调节中枢，经过它的整合作用，再调整受控系统的活动，从而在新的基础上达到新的体热平衡，最终达到稳定体温的效果。因此，本章将从体温、热量平衡和温度调节三个层次阐述体温调节的相关知识。

第一节　体温

在研究体温时通常将人体分为核心与表层两个部分。机体核心部分的温度称为核心温度；表层部分的温度称为体表温度。临床上所说的体温是指机体深部的平均温度，即核心温度。一般而言，机体体表温度低于核心温度，而且由表层向深部存在着比较明显的温度梯度。体表最外层的温度称为皮肤温度，四肢末梢皮肤温度最低，越近躯干、头部，皮肤温度越高。皮肤温度既可反映人体核心到体表的热流量，也可反映服装覆盖下的皮肤表面的散热量或得热量之间的动态平衡状态，因此皮肤温度与人体热感觉、热舒适关系密切[1]。人体皮肤温度的高低与局部血流量有密切的关系。皮肤温度反映动脉的功能状态，动脉血管扩张时，皮肤血流量增加，皮肤温度升高；动脉血管收缩时，皮肤血流量减少，皮肤温度就会降低。在冷或热环境中，皮肤温度与血流速度的变化是人体为保持体内热平衡的主要体温调节手段。因此，皮肤温度可以在一定程度上反映外周血管的功能状态。

运动与低温环境

一、正常体温

正常人的腋下、口腔或直肠温度存在个体差异。在静息状态下，正常人直肠温度为36.9~37.9℃，口腔（舌下）温度的平均值比直肠低0.2~0.3℃，腋窝温度比口腔温度低0.3~0.4℃[1]。人类体温必须在35.0~41.0℃这一狭小的范围内，才能维持细胞的正常结构和功能。人体的新陈代谢是一系列的生物酶反应，因此机体最佳温度为37.0℃左右。一般情况下，37.3~38.0℃为低烧，38.1~40.0℃为高烧。体温高于42.0℃时可引起细胞损害，人体将有生命危险；体温低于34.0℃可引起意识丧失；体温低于25.0℃可导致心室颤动或心脏停搏[2]。

在生理状态下，体温可随昼夜、年龄、性别等因素而发生改变，但这种变动幅度一般不超过1℃。如受生物节律的影响，体温在昼夜之间有周期性的波动，在2:00—6:00体温最低，在13:00—18:00体温最高。在相同状态下，男性和女性体温略有差别，成年女性的平均体温比男性高0.3℃。女性的基础体温还随月经周期而变动，在卵泡期内体温较低，排卵日最低，排卵后升高0.3~0.6℃，并在黄体期维持这一水平[3]。受基础代谢率（basal metabolic rate，BMR）的影响，儿童和青少年的体温较高，而老年人因BMR低，故体温偏低、维持体温能力较差。此外，情绪激动、精神紧张、进食、运动等因素对体温也会产生影响，所以在测定体温时，应予充分考虑与注意测定人群及测定人群的状态。

二、环境与人体体温

一般情况下，人体会通过自主温度调节以维持核心温度的相对恒定。体表温度易受皮肤血流和环境温度的影响、各部位温度差异较大，而机体核心温度相对稳定、各部位温度差异较小（图1）。在炎热的环境中，核心温度分布区域扩大，可扩展到四肢，而体表温度分布区域明显缩小。相反，在寒冷的环境中，核心温度分布区域缩小，主要集中在头部与胸腹内脏，体表温度分布区域相应扩大，体表区与核心区之间存在着温度梯度。在0~45℃环境中，机体可通过增减衣物、冷热水浴、使用取暖或降温设备等行为措施维持体温，从而适应环境[2]。流行病学调查显示，南方儿童四季的腋下温度均比北方儿童高，春季更加明显。此外，老年人在冬季时容易出现低温反应，主要原因是老年人体温调节功能下降，对冷环境温度变化的代偿能力较差。因此，老年人在寒冷环境下进行户外运动时应特别注意保暖，避免出现冻伤等疾病[4]。

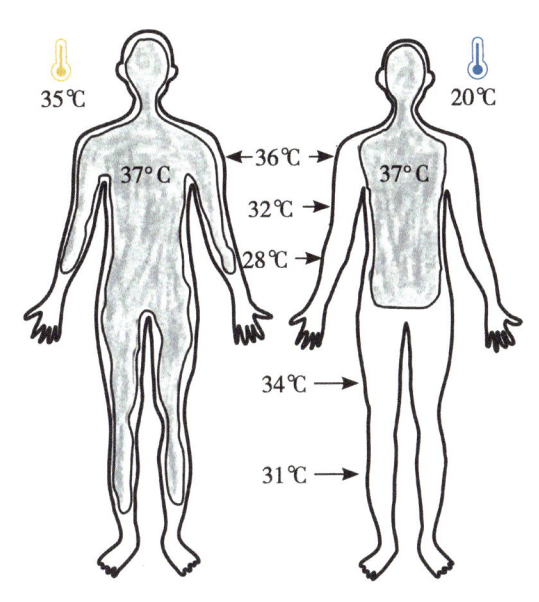

图 1　不同环境下温度变化

热中性区是指环境温度在某一范围内，内温动物耗氧量最低，代谢率最低，生热量最少，是代谢的稳定区，也叫作热舒适区。热中性区温度的上下限分别称为上临界温度（upper critical temperature，UCT）和下临界温度（lower critical temperature，LCT）。人体最适宜的环境温度为 27~29℃，此时机体的代谢最为稳定。正常人体的 LCT 和 UCT 分别为 24℃和 31℃左右。当环境温度低于 LCT 时，机体通过增加耗氧量、提高代谢率和产热量，以维持体温恒定；当环境温度高于 UCT 时，机体通过增加耗氧量与散热量，以维持体温恒定。因此，在低温与高温等极端环境下工作的专业人员，可以通过冷、热习服调整其 LCT 和 UCT，进而更好地适应环境。

三、运动过程中人体体温的变化

人体运动时，骨骼肌是主要的产热器官，机体在运动时总产热量可比安静时高 10~20 倍，而剧烈运动时骨骼肌产热量可达到机体总产热量的 90% 以上[5]。运动时肌肉内物质代谢显著升高，机体散热效率低于产热效率，导致机体体温升高（图 2）。人体运动时体温升高的幅度与运动强度、持续时间、环境气象条件（水温、气温、风速、湿度等）和运动员的训练水平有关。中等强度有氧运动后人体腋下温度升高幅度较小（升高到 37.5℃左右），而专业马拉松选手运动后

运动与低温环境

期直肠温度可达到41.0℃、肌肉温度可达到43.0℃[6]。在某些特殊环境（高温、无风、潮湿）下，人体进行长时间、高强度运动时，体热散发会受到阻碍，致使体内温度过高，热疾病发病率升高。因此，户外运动比赛的组织方与参与方，应密切关注气温、水温、风速和湿度等环境指标[7, 8]。

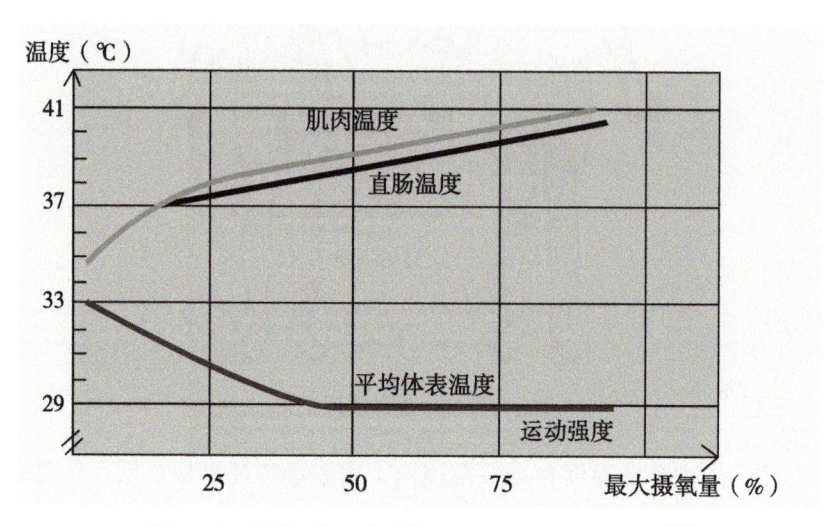

图2 运动过程中运动时核心温度和皮肤温度变化[5]

近年来，核心温度胶囊和红外热成像技术已成为机体核心温度和体表温度的新型测试方法。研究表明（图3），以65%最大摄氧量（maximal oxygen consumption，$\dot{V}O_2max$）的强度运动60min时，在运动前30min，机体核心体温和体表温度较为平稳，躯干前部、前臂和手心的体表温度较高，这可能与器官聚集在前侧躯干等有关。运动开始10min后，体表温度与运动前相比降低了1.2℃（3.5%），且背部和腰部出汗率最高[9]。但是，核心温度与体表温度则呈相反趋势，运动开始10min后，核心体温随运动时间增长而逐渐升高（最终达到37.7℃左右）[9]。运动中核心体温升高，中枢神经系统温度调节中枢激活，散热过程加强。此外，受去甲肾上腺素（norepinephrine，NE）和/或神经肽Y等的作用调节，血液流动重新分配，皮肤温度下降。运动恢复期核心体温逐渐降低，运动结束25min后恢复至正常体温，体表温度则由于皮肤血流量显著增加（特别是手部和大腿后侧），运动结束40min后才可恢复运动前皮肤温度[10, 11]。

运动员在训练与比赛过程中需要面临特殊温度的环境（高温、低温），如冬季项目运动员的训练与比赛。此外，热习服和冷习服均可以增强机体的体温调节能力，提高人体对高温或低温环境的适应能力，如运动员在 5~7 ℃的环境下滑雪 10km，运动前体温会条件反射性的升高，产热过程加快而散热减慢；专业运动员在高温环境下运动，其散热过程加强，散热效率高于普通人[12, 13]。

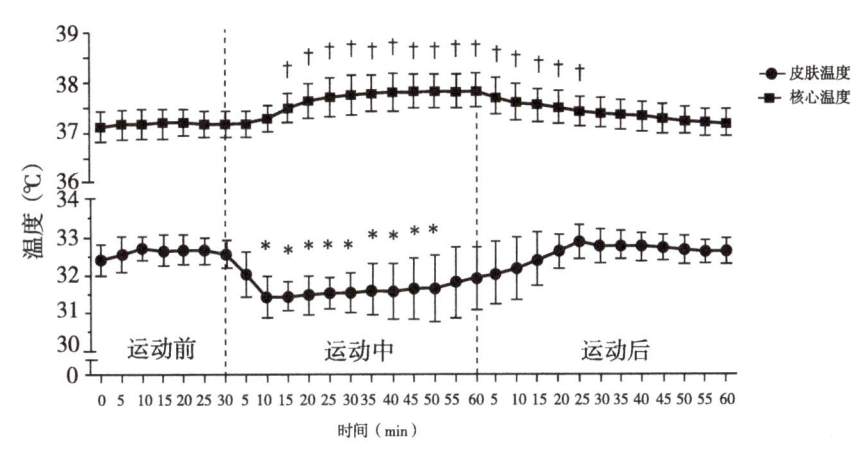

图 3　运动前、中、后不同时期皮肤温度和核心温度的分布[9]

*：运动前 30min 皮肤温度 vs 其他时间点（$P ≤ 0.01$）；†：运动前 30min 核心温度 vs 其他时间点（$P ≤ 0.01$）。

Zachary Schlader 研究团队以 8 名自行车运动员为研究对象，探讨体表温度对自主选择运动强度（功率输出）的影响（图 4）[14]。受试者完成两次 60 min 自主配速的自行车模拟比赛，通过温度调节改变体表温度，使受试者体表温度在整个运动过程由热至冷（H—C）或由冷至加热（C—H）。两次试验受试者的运动前核心温度和心率相近，而运动中体表温度、热舒适性和热感觉在 H—C 组更高（表 1）。另外，运动员在运动初期的体表温度与热感觉是运动强度初始选择的重要因素，表明了在高温环境下采用运动前预冷措施的重要性。

表 1　运动前参数[14]

	核心温度（℃）	体表温度（℃）	热舒适性	热感觉	心率（次/min）
由冷至热	37.3 ± 0.3	29.4 ± 0.9	1.8 ± 0.5	2.9 ± 1.1	117 ± 18
由热至冷	37.2 ± 0.4	35.2 ± 0.6*	2.7 ± 0.8*	6.3 ± 0.4*	120 ± 6

*：与由冷至热组相比较（$P ≤ 0.05$）。

运动与低温环境

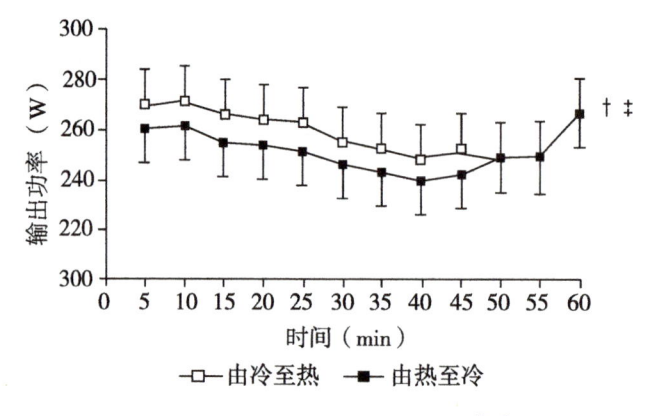

图 4　自主运动任务的功率输出[14]

†：时间主效应显著（$P < 0.001$）；‡：试验主效应显著（$P < 0.001$）。

四、运动过程中人体体温的测定

人体在运动时产热会增加 10~20 倍，仅 30% 热量用于机体动作的完成，剩余热量扩散至外部环境或升高体温。体温不仅是人体正常生命体征的判断标准之一，而且是运动机能评定的重要生理指标，故常被用于评定特殊环境（高温、低温）下的运动员机能水平。此外，人体体温升高与降低不仅受高温与低温环境的影响，运动强度与运动持续时间等因素也可影响体温。研究发现，外部环境温度低于 20℃时，运动性体温过高的中暑休克等仍有可能发生[15]。因此，选择合理、准确、便捷的体温测试方法对于监控身体机能状态非常重要。通常核心体温和体表温度都是运动科学监控过程中的重要测试指标。

（一）核心体温测量方法

核心体温是人体运动时体温状态的评价指标，也是判定和预防高温伤害的关键指标。人体核心体温测试方法按照仪器和部位的不同可分为：舌下（口腔）、腋下和鼓膜（耳）、直肠、食道、胃肠道和肺动脉测试法。肺动脉测试法准确度高，但其存在有创性和操作技术专业性强等缺点，不适用于运动员训练与比赛的日常监测[16]。此外，人体运动时核心体温测试的准确性会受到运动环境和采集方式等影响。

1. 口腔温度测试方法

口腔温度测试方法是体育科学领域使用最为普遍的核心体温测试方法，其测试结果比金标准肺主动脉弓测试法低约 0.4℃[17]。由于口腔温度测试时间较长（5min），且面部、头部温度可影响口腔温度测试的准确性，故口腔温度测试方法常应用于安静状态下核心体温的采集，难以应用于运动过程中的核心体温测定。

2. 腋下温度测试方法

腋下温度测试方法是临床医学上使用最为普遍的核心体温测试方法。由于环境温度与湿度、机体出汗程度和腋毛浓密度等因素均可直接影响腋下温度测量的准确性[18]，故腋下温度测试方法常应用于正常环境下安静状态时的核心体温采集，不适用于测定运动过程中的核心体温。

3. 耳蜗温度测试方法

耳蜗温度测试方法是指机体耳部鼓膜温度的测试方法，是最准确的无创式核心体温测试方法。鼓膜是由颈动脉供血的器官，其与体温调节中枢下丘脑具有相同的供血来源[19]。由于应用了红外温度计，故耳蜗温度测试方法不能进行连续性的温度测定和记录，这也是体育科学领域不适合应用耳蜗温度来代表核心体温的重要原因。

4. 直肠温度测试方法

直肠温度测试方法是指应用医用探针或温度计直接测定肛门括约肌内部约 8 cm 处的体温，其具有计数稳定和不易受外部环境影响的特点。目前，直肠温度测试方法是科学研究实验中应用最为广泛的方法之一，但其只可测量运动前及运动后即刻的核心温度[16]，故直肠温度测试方法难以应用于动态监控运动过程中的体温变化。

5. 食道温度测试方法

食道温度测试方法是指通过口腔或鼻腔于食道处放置医用温度计探针，进而测定机体食道温度的核心体温测试方法。在测定过程中，测试者需要微调探针位置以获取食道温度的最高值，此最高值也是最接近肺动脉的测试结果[17]。尽管食道温度仅比机体肺主动脉弓低 0.1℃（完全属于科学研究的可接受范围），但通过口腔或鼻腔向食道放置温度计探针操作技术性较强，许多受试者难以接受此方法。目前，体育科学领域采用食道温度测试方法代表核心体温的应用相对较少。

6. 胶囊式胃肠道温度测试方法

胶囊式胃肠道温度测试方法是应用胶囊装一次性无线传感器测试的机体胃肠道温度作为机体核心体温的方法。其中，传感器直接测试的胃肠道温度转变成无线电频率传输到无线接收器中，并以数字格式实时显示体温信息（图5）。早在1974年，胶囊式胃肠道温度测试方法就被应用于动物实验研究中，但近些年才开始被应用于人体试验，并在科学研究领域得到迅速发展[20,21]，现已逐渐在体育科学、航天医学、国防医学等领域推广与应用。

与传统的核心体温测试方法相比，温度胶囊的优势包括：第一，无损伤、无不适感；第二，可实现实时监测运动全过程的温度；第三，不受局部血流和环境因素的影响。但是，受试者需在试验前4~8h吞服一次性无线传感器，定位传感器在胃肠道中的具体位置，采集过程中也应密切监控胶囊的激活状态[22,23]。综上所述，胶囊式胃肠道温度测试方法集受试者可接受性好、结果准确性高于一体，可动态采集运动过程中的体温指标，既可用于特殊环境运动，以及长赛程、大强度比赛过程运动员核心体温的监控，也可用于特殊环境干预相关的实验研究。但鉴于测试过程中需要吞服一次性温度传感胶囊，故该方法的测试成本较高。

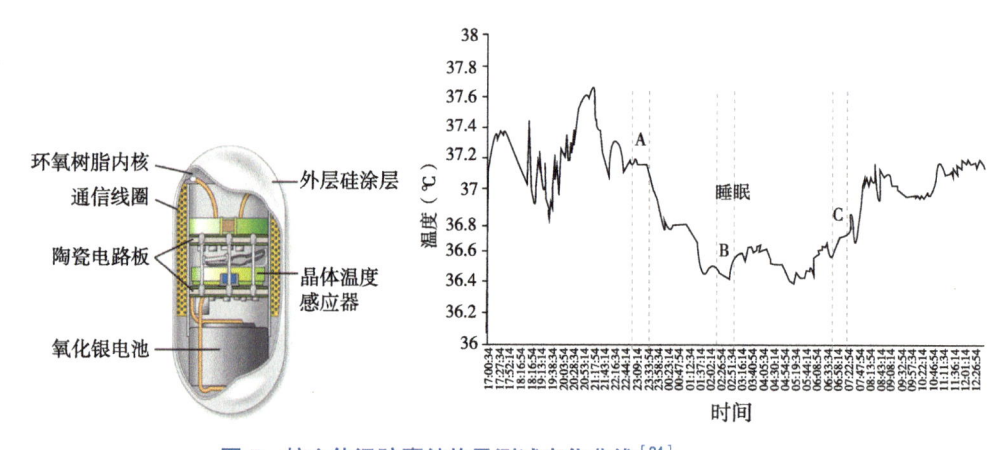

图5 核心体温胶囊结构及测试变化曲线[24]

Coen Bongers研究团队评估了4种体温胶囊系统（CorTemp、e-Celsius、myTemp和VitalSense）的有效性、可靠性和灵敏性[25]。4种不同品牌的温度胶囊系统参数见表2。

研究者将水浴温度从33℃逐渐升高到44℃，以评估不同温度系统的有效性和可靠性。灵敏性为温度传感胶囊在水温突然升温后达到与水浴相同温度的时间延迟（惯性），不同胶囊系统和水浴温度存在系统差异性，CorTemp 为 0.077℃±0.040℃，e-Celsius 为 –0.081℃±0.055℃，myTemp 为 –0.003℃±0.006℃，VitalSense 为 –0.017℃±0.023℃。此外，不同温度胶囊效度也存在着差异，CorTemp（0.017℃±0.083℃，P=0.030）和 e-Celsius（–0.007℃±0.033℃，P=0.019）两次测试值存在系统性差异，而 myTemp（0.001℃±0.008℃）和 VitalSense（0.002℃±0.014℃）的两次温度值无差异，可靠性更高。在温度突然升高后，CorTemp（25s±4s）、e-Celsius（21s±13s）和 myTemp（19s±2s）具有相似的灵敏性，而 VitalSense 系统对水浴温度的变化反应较慢（39s±6s）（P<0.001）。

在该实验验证的过程中，在 36~44℃，4 个温度胶囊系统的有效性、重测可靠性和灵敏性都很好，可实时监测运动过程中的核心温度。实验者可根据实验所需，选择适合自己实验设计的温度胶囊参数。

表 2　不同品牌遥测体温胶囊系统的物理和技术参数[25]

	CorTemp	e-Celsius	myTemp	VitalSense
长度（mm）	22.4	17.7	20.0	23.0
直径（mm）	10.9	8.9	8.0	8.7
重量（g）	2.8	1.7	1.3	1.5
工作范围（℃）	30~45	0~50	30~45	–10~60
准确度（℃）	0.27（10）	0.23（12）	0.001（13）	0.17（12）
电池寿命	7~10 天	20 天	永久	10 天
电源	氧化银蓄电池	银锌蓄电池	自感	电池
采样频率	可调	固定	可调	固定
最低采样率（s）	10	30	6	15
软件版本	CorTrack II	e-Performance manager	myTemp Manager	Equivital Manager

（二）体表温度测试方法

体表温度指机体皮肤最外层的温度，由于运动过程中血液重新分配，体表温度也会发生较大改变。研究表明，体表温度与特殊环境下运动初始强度的选择、寒冷环境下的冻伤风险评估、热环境中热舒适度的评估均存在密切联系。因此，体表温度测试方法按照仪器和原理的不同可分为温度传感器和红外热成像技术。

1. 热电偶温度传感器

热电偶温度传感器是指能感受温度并可将其转换成可用输出信号的一种传感器。测量体表温度时需要将传感器贴于身体不同的测量点（图6），并计算所有点的平均温度作为体表温度。热电偶温度传感器测试方法的优点为准确性较高，无创且易操作。但是，由于传感器有导线限制，故其仅被广泛应用于运动前或运动后体表温度的测试。

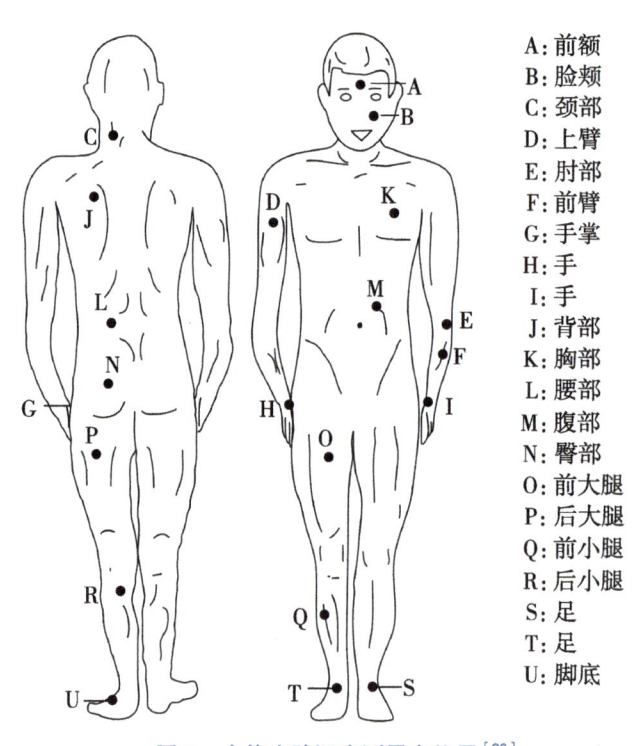

A：前额
B：脸颊
C：颈部
D：上臂
E：肘部
F：前臂
G：手掌
H：手
I：手
J：背部
K：胸部
L：腰部
M：腹部
N：臀部
O：前大腿
P：后大腿
Q：前小腿
R：后小腿
S：足
T：足
U：脚底

图6　人体皮肤温度测量点位置[26]

2. 红外热成像技术

红外热成像技术是指借助特殊相机探测热辐射并产生热图像。红外热成像技术测试方法广泛应用于临床医学领域的体表温度评价，其优点为无创性和无接触，可用于运动过程中及运动即刻的体表温度监测。温度图包含温度数据，可以通过特定软件获取感兴趣区域温度（region of interest，ROI）[27]。此方法还可以获取运动过程中体表温度的动态变化曲线，已成为被广泛应用的体表温度测试方法。

体表最外层的温度称为体表温度，由于环境温度和汗液蒸发的影响，其一般低于核心温度。与人体热感觉、热舒适及外周血管的功能状态密切相关。也有报道称皮肤平均温度、不同部位的皮肤温度差异及热敏感性对运动服装的开发、降温策略的实施及运动强度的选择均有一定的指导作用。

人体体能温度系通过对多个部位的皮肤温度进行加权求和得到，即 Ts。目前有多种平均皮温计算方法，这些方法的区别在于皮肤温度测量部位、点数，以及权值的不同。皮肤温度测试点越多，越能反映人体皮肤温度分布与变化情况，由此得出的平均皮肤温度值可靠程度也就越高。但一般情况下，尤其是有接触导线的温度传感器测试法，测试点过多会在一定程度上影响受试者的感觉，若同时采集热舒适实验相关指标，就要考虑测试点数目这一因素。此外，实验设备和实验特殊要求也会对测试点数产生一定的限制，因此测试点数不宜过多。在保证灵敏度和可靠度的前提下，应选择具有代表性的部位，如额、四肢、躯干等[28]。但是，近年来随着无接触的红外热成像技术的应用，多点测量也可实现，以获取更为准确的平均皮肤温度。

测量手臂（T_a）、躯干（T_t）、腿（T_l）和头部（T_h）皮肤温度，Tskin 的计算公式如下[29]：

$$T\text{skin} = (0.1 \times T_a) + (0.6 \times T_t) + (0.2 \times T_l) + (0.1 \times T_h)$$

其中，常量为根据测试面积换算不同的加权数。

假设测得不同部位皮肤温度为手臂（T_a）=32.0℃，躯干（T_t）=33.0℃，腿（T_l）=32.5℃ 和头部（T_h）=31.5℃，则平均体表温度为

$$\begin{aligned}T_{\text{skin}} &= (0.1 \times T_a) + (0.6 \times T_t) + (0.2 \times T_l) + (0.1 \times T_h) \\ &= (0.1 \times 32.0℃) + (0.6 \times 33.0℃) + (0.2 \times 32.5℃) + (0.1 \times 31.5℃) \\ &= 32.65℃\end{aligned}$$

第二节　热量平衡

机体在代谢过程中，营养物质所释放的化学能在体内转化中通常有 50% 以

运动与低温环境

上直接转变成热能,其余的化学能载荷于三磷酸腺苷(ATP)等高能化合物的高能磷酸键上,经过转化与利用,最终大部分也变成热能。体内的一部分热能用以维持体温,多余的热能则由循环血液传送到体表并散发到体外。因此,恒温动物之所以能维持相对稳定的体温,是产热和散热两个生理过程取得动态平衡的结果,也称作体热平衡(图7)。

成人在正常环境中,安静状态下,由于体温调节功能的作用,核心体温保持在37℃左右。体热的储备等于产热减去散热,热平衡方程式如下[30]:

$$S=M-W-[E-(R+C+D)]$$

其中:S 是体内热储存率(体温升高:$\Delta S > 0$;体温降低:$\Delta S < 0$);M 是总的代谢率;W 是有效的物理做功率;E 是蒸发散热率;$R+C+D$ 是由辐射(R)、对流(C)和传导(D)所致的热量散失(或获得)率。

当环境温度低于体表温度时,体内的热量以辐射、对流和传导的方式散热;当环境温度高于体表温度时,辐射、对流和传导的方式有助于体内贮热,而蒸发成为机体的主要散热方式。

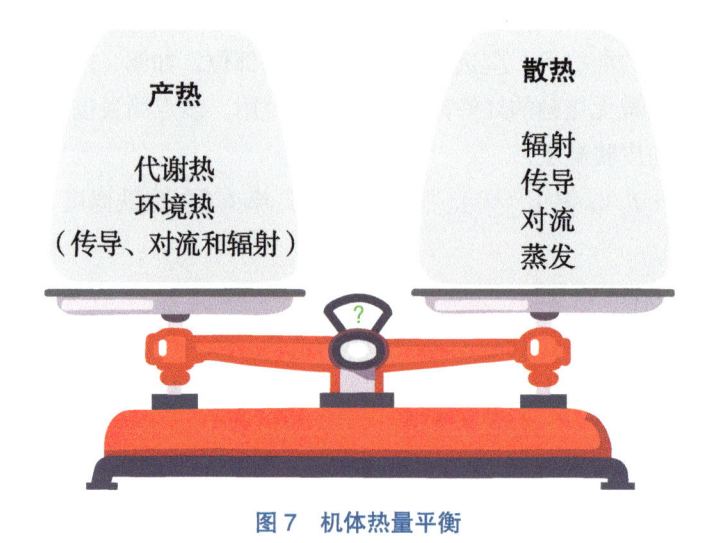

图7 机体热量平衡

一、机体的产热

(一)产热的主要器官

人体热量是由三大营养物质在组织器官内分解代谢时产生的,而肝脏和骨骼肌是影响体温的主要器官。安静时，机体主要由内脏产热（约占总产热量的56%），其中肝脏代谢旺盛、产热量高。运动时，机体主要由骨骼肌产热（最高可占机体总产热量的90%）。骨骼肌的总重量约占总体重的40%，其收缩或舒张稍有增强，产热量则发生显著性提升（人体剧烈运动时，骨骼肌产热量约可增加40倍）。

（二）产热的形式

机体有多种产热形式，如基础代谢产热、骨骼肌运动产热、食物的特殊动力效应产热、战栗产热和非战栗产热等。安静状态下，机体的产热量大部分来自全身各组织器官的基础代谢。运动过程中，骨骼肌为主要产热器官。研究表明，运动强度越大，耗氧量增加越多，产热量越多。步行时，骨骼肌的产热量比安静时增加3倍。剧烈运动时，骨骼肌产热量可增加40倍，这也是运动时直肠温度超过41℃、肌肉可达42~43℃的原因[30]。

机体处于寒冷环境中主要依靠战栗产热和非战栗产热两种形式增加产热量。战栗产热是指在寒冷环境中骨骼肌发生不随意的节律性收缩，其节律为每分钟9~11次。战栗的特点是屈肌和伸肌同时收缩，许多肌纤维同步化放电，但此时肌肉收缩不对外做功，能量全部转化为热量。非战栗产热又称代谢产热，是一种通过提高机体代谢率来增加产热的形式。非战栗产热作用最强的组织是棕色脂肪组织（brown adipose tissue，BAT）。人体内的BAT分为两类，即典型的棕色脂肪和米色脂肪。BAT在未成年人体内比较常见，而成人体内相对较少，棕色脂肪细胞能够以脂肪为底物产热，同时消耗葡萄糖，有助于预防肥胖和糖尿病的发生，还能够帮助机体适应寒冷环境[2]。

二、机体的散热

（一）散热的主要器官

人体主要散热的部位是皮肤。当环境温度低于体表温度时，大部分体热可通过辐射、传导和对流等方式向外界发散，小部分体热则随呼气，以及尿、粪等排泄物排出体外。当环境温度高于体表温度时，人体则通过蒸发来散热。

（二）散热的形式

1. 传导散热

传导散热是指机体热量直接传给与之接触的温度较低物体的一种散热方式。传导散热量受体表温度与接触物体之间的温度差、接触面积和物体导热性能等因素的影响。人体脂肪的导热性能较小，因而肥胖人体深部的热量不易传向表层，在炎热的天气里就容易出汗。鉴于水的比热大、导热性能好，体育科学领域常利用水的热传导作用进行局部加温处理或利用冰围巾、降温服、冰袋等进行降温处理。人体在空气中经传导散发的热量极少，而人体浸泡在冷水中经传导散热较快，冷水环境通过传导散失的热量约为同温度空气环境的25倍[31]。

2. 对流散热

对流散热是指通过气体流动进行热量交换的一种散热方式。对流散热量受皮肤与周围环境之间的温度差、机体的有效散热面积和风速等因素的影响。风速越大，散热量就越多；风速越小，散热量也越少。据统计，当环境温度低于体表温度时，对流和传导的散热只占身体总散热量的10%~20%[1]。

3. 热辐射

热辐射，即辐射散热，是指人体以热射线的形式将体热传给外界较冷物质的一种散热方式。在21~25℃的环境中，裸露机体约有60%的热量是通过辐射方式散热的。若环境温度低于皮肤温度，辐射散热量的多少受皮肤与周围环境之间温差的影响，温差越大，散热量就越多。若环境温度高于皮肤温度，机体不会散热（表现为吸收周围环境中的热量）。此外，辐射散热还取决于机体的有效散热面积，有效散热面积越大，散热量就越多。由于四肢的表面积较大，因而在辐射散热中起重要作用。人站立时，两臂放在身体两侧，人体有效辐射面积约为总辐射面的75%，当身体蜷缩时，有效面积可减少至体表总面积的50%[2]。

4. 蒸发散热

蒸发散热是水分从体表汽化时吸热和散热的一种方式。正常体温条件下，蒸发1g水可使机体散发2.43kJ的热量。因此，体表水分的蒸发是一种十分有效的散热形式。当环境温度等于或高于皮肤温度时,蒸发将成为主要有效的散热形式。蒸发散热有不显汗和显汗两种形式。

(1)不显汗:指体液的水分从皮肤和黏膜(主要是呼吸道黏膜)表面不断渗出而被汽化的蒸发散热形式。不显汗蒸发散热与汗腺活动无关,因此不易被人体察觉。在环境温度低于30℃时,人体通过不显汗所丢失的水分相当恒定。人体不显性蒸发水分一般约为1000mL/d,其中从皮肤表面蒸发的水分为600~800mL(手部和脚部为主),通过呼吸道黏膜蒸发的水分为200~400mL。研究表明,运动员在20℃、相对湿度为50%的环境下进行150min的跑步运动,其呼吸道失水量为345~400mL[32]。空气湿度是人体运动过程中影响呼吸道失水量的重要因素[33]。例如,在高温环境下进行大强度运动,当湿度从20%相对湿度增加至80%相对湿度时,人体运动过程中呼吸道显汗失水从2.7 mL/min降低至0.8mL/min。另外,干燥寒冷环境下运动时,不仅需注意出汗导致的失水量,也要补充由不显汗蒸发丢失的失水量[30]。

(2)显汗:指汗腺主动分泌汗液的蒸发散热形式。当环境温度较高,靠显汗热交换和不显汗不足以维持人体热平衡,皮肤主动排汗增加水分蒸发。通过汗液蒸发可有效带走大量体热,这是机体在热环境和运动过程中重要散热途径。显汗可被意识到,故又称可感蒸发。汗液中水分约占99%,固体成分约占1%,后者包括氯化钠、氯化钾和尿素等。因此,运动前、中、后应注意在补充水的同时补充电解质[3],以免引起水与电解质平衡紊乱,降低热痉挛等发生率。

在高温环境与运动期间,机体出汗对调节核心温度起到至关重要的作用。因此,出汗量是评估人类体温调节反应研究的一个重要指标。目前,在体育科学领域测量人体出汗量的常用方法主要包括全身体重差法、局部湿度法和重量法[35]。

体重差法是通过高精度的体重秤称量运动前后裸体重量,然后计算出前后变化,也是运动过程中最简单、最准确的全身出汗量评价方法。出汗量=运动前裸体重量-运动后裸体重量+(运动中饮水量+进食量-尿量-大便量)[33]。总出汗量与时间、面积的比值称为相对出汗率,即单位时间和面积内的人体出汗量。运动过程中,代谢性质量损失(底物氧化)和呼吸性失水占总出汗量的5%~15%。因此,出汗量指标应当针对代谢性质量损失和呼吸性失水进行修正,尤其人体处于高负荷运动(高运动量和高运动强度)过程。

局部出汗率指标最常用的测试方法是湿度法和重量法。湿度法局部出汗率采用通风的汗液胶囊技术(图8),其原理为干燥的空气以恒定流速由贴在皮肤的

运动与低温环境

微型胶囊泵产生，根据胶囊出口的气体温度与水蒸气含量计算出汗率。湿度法根据人体汗液状态测试不同出汗率：一方面，人体表面有明显汗液产生时，胶囊测量的数据为人体被测部位的瞬时总出汗率；另一方面，人体表面没有明显汗液产生时，胶囊测量的数据为人体被测部位的瞬时非显性出汗率。但是，胶囊湿度法存在一定局限性：测量部位有限、无法进行大面积测量、准确性受皮肤与环境之间的空气流速和绝对湿度梯度影响明显等。重量法局部出汗率借助滤纸、贴片、汗液收集袋、塑料集汗器等采集皮肤汗液，根据采集器质量变化确定出汗率。但是，汗液采集器存在着一定缺点，如易产生通风不足、增加皮肤水分积聚，进而导致出汗抑制。

Morris 等比较了贴片汗液吸收法和通气汗液胶囊法测试结果的差异性，研究发现，运动的初始阶段，贴片汗液吸收法测试结果比通气汗囊法低 35% 左右；运动达到 30 min 阶段，人体达到了平衡状态，两种方法表现出极高的一致性；运动持续超过 30 min 阶段，贴片汗液吸收法是测量皮肤表面出汗率的一种可靠、便携、成本更低的方式，比湿度法更适用于在赛场

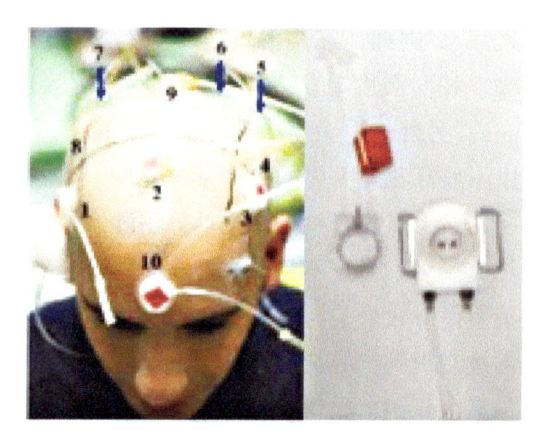

图 8 汗液胶囊示意图（阿拉伯数字为胶囊位置）[37, 38]

上测试运动员的出汗量；气汗液胶囊法对于非显性出汗的测试准确度较高[36]。

三、运动与热平衡

为了保持核心温度的稳定，机体在运动过程会通过产热和散热实现动态平衡，这也是人体在低温环境下运动，机体也会发汗的原因。但是，人体在进行剧烈的运动时，骨骼肌内物质代谢显著增强，产热大于散热，运动热平衡失稳，机体核心体温升高，易引发不同热疾病，严重者危及生命。运动过程中，人体通常会经历核心温度快速升高，随后进入平台期，并在运动后期维持体温的相对恒定。热平衡调节模型认为，机体核心温度初始上升不是中枢神经系统将设定的目标温度调节到一个较高值，而是因为运动导致的产热增加、散热机制启动相对较慢所致。之后，机体伴随热量累积，出汗散热机制最终被激活，并与机体产热率

相匹配，实现核心温度维持在平台期温度附近[39]。

在运动过程中，机体核心体温可能是维持机体热量平衡的次要因素，而机体热量产生和损耗的动态平衡可能是主要因素。Glen Kenny利用热量计直接测试方法，研究成年男性在15min的75% $\dot{V}O_2max$ 运动过程中产热量和散热量的变化[40]，结果显示，随着运动时间的延长，机体的产热量大于散热量，出汗率升高，蒸发散热升高的幅度远大于辐射散热、对流散热和传导散热；运动后机体产热量和散热量均下降，但产热量下降幅度更为明显。另外，运动后核心体温相同的情况下，进行整理活动人群的出汗率、散热量比静止恢复的运动人群更高[39]，提示运动后机体依旧存在非热因素对体温进行调节，这个过程应与热平衡有关，即整理活动组运动者的热损耗与核心体温无关，而是为了消耗机体运动代谢产生的热量，进而维持机体热平衡。

不同温度与湿度的环境条件下，机体代谢率差异会直接影响运动后散热水平。Larose采用热量计和不同湿度环境[41]，观察20~70岁的男性运动人群在间歇式功率自行车运动过程中的产热和散热性能改变，结果显示，高温低湿环境下（35℃，20%相对湿度），随着年龄增长运动者蒸发散热显著性下降；高温常湿环境下（35℃，60%相对湿度），45岁以上运动者的蒸发散热显著低于30岁以下的运动者。Notley研究发现[42]，30岁年轻女性与50岁老年女性在高温低湿和高温高湿环境下运动，老年女性的散热能力低于年轻女性，且老年女性比年轻女性的运动体内产热量更高。因此，中老年运动者在干热环境下进行运动，应更加注意防暑降温措施的干预，以防产生热应激和热疾病发生。与干热环境相比，运动员在潮热环境下运动，其热量散失能力下降，出汗率降低，且45岁以上运动者下降幅度更大。因此，对于特殊人群（中老年人群）和特殊环境下（高湿）的运动人群应密切观察其产热和散热情况，并采取有效措施防止机体产生热应激等不适症状[43]。

热量通常采用间接测量法进行评估，但热量计最准确的评估技术却是采用空气或水中热量计进行直接测量。直接测热所使用的装置结构较为复杂，操作也很烦琐，故其应用受到很大的限制，主要用于基础科学研究。在体育科学领域，目前，使用较为广泛的热量计是由Snellen和Baskind（1969）设计的，其原理和结构如图9和图10所示。该热量计可直接测量运动过程中人体的热平衡[44]。热量计和功率自行车放置在加压室内，系统控制工作温度控制在-15~35℃、环境相对湿度控制在20%~65%的范围内，结合空气质量与流量测量系统，以实现热量计进出空气质量与流量的实时测量，包括恒定负载"涡流"电阻测量计和气体分

运动与低温环境

析热量系统等。该仪器工作原理是将经过精确调节的恒定气流注入热量计，部分注入热量计周围的空间，从而使气缸壁上几乎没有热梯度和热传递[45]。因此，人体在气缸中吸收或散发的所有热量都将体现在输入空气和排出空气之间的温差（显热）和湿度差（不敏感热），从而获取全身蒸发散热与辐射、传导和对流散热等参数。数据可用于分析运动过程中机体的热量损耗变化，并结合产热相关参数分析运动过程中的热平衡变化[46]。

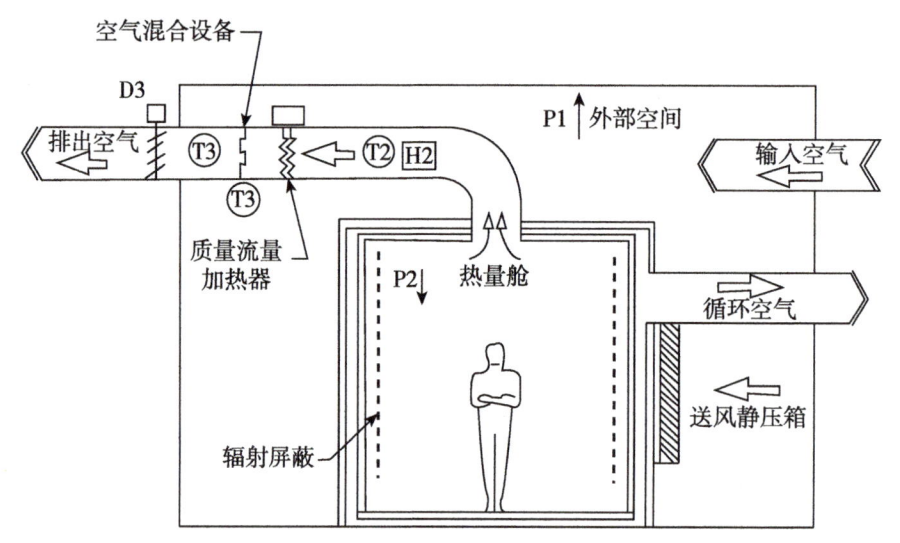

图 9　Snellen 全身空气热量计的工作原理[46]

图 10　Snellen 全身空气热量计的结构[30, 46]

第三节 体温调节

维持相对恒定的体温对于机体的正常生命活动有重要意义，但是外界环境的温度是不断变化的，会影响机体的散热速度，因此，在长期进化过程中，人体获得了体温调节功能。机体首先要感知到外界温度的变化，才能决定如何调节体温以维持体温相对恒定。因此，机体还需要一种机制来确定调节体温的程度。

一、温度调节机制

人体体温的相对恒定有赖于自主性体温调节和行为性体温调节。自主性体温调节是指在体温调节中枢的控制下，通过增减皮肤的血流量、发汗或战栗等生理调节反应，维持产热和散热过程的动态平衡，使体温保持在相对稳定的水平。行为性体温调节是指有意识地调节体热平衡的活动，在不同环境中采取不同姿势和发生行为来调节体热的平衡，例如，在不同温度环境下，人类要增减衣物、动物会趋向日光等。总之，恒温动物以自主性体温调节为基础，行为性体温调节为辅助。

机体的自主性体温调节在（下丘脑）体温调节中枢的控制下，由神经和体液共同调节以维持恒温动物体温的相对恒定。下丘脑的体温调节中枢是控制部分，它发出的传出信息控制产热（肝脏和骨骼肌）与散热器官（皮肤血管和汗腺）的活动，从而使体温维持在相对稳定的水平[1]。体温通常受内、外环境因素变化的影响，这些影响通过皮肤与机体深部的温度感受器，反馈至体温调节中枢，再调整受控系统的活动，从而建立起新的体热平衡，以保持体温的相对稳定。

二、温度感受器

根据温度感受器存在的部位，人们将它们分为外周温度感受器和中枢温度感受器；根据温度感受器感受温度的性质又可将它们分为冷感受器和热感受器。

（一）外周温度感受器

外周温度感受器是存在于皮肤、黏膜和内脏中的对温度变化敏感的游离神经末梢。体表的冷热感受器均游离于神经末梢，分布在面部、舌、阴囊、四肢和躯干等部位。皮肤温度感受器感受皮肤温度的变化，引起温度觉。一般情况下，皮肤温度在30℃时产生冷觉，在35℃时产生温觉。人体内冷感受器较多，是热感受

运动与低温环境

器的 5~11 倍，这也说明机体温度的调节主要是感受外界冷刺激，防止体温降低。

温度感觉的产生源于外周温度感受器兴奋，其兴奋程度取决于皮肤温度变化的程度。在正常情况下，兴奋热感受器的温度在 32~45℃。在这个温度范围内，皮肤温度逐渐升高，热感受器放电频率逐渐增加，因此热感觉更加强烈。当超过 45℃时，热感觉瞬时消失，出现伤害性感受介导的热痛觉。相反，如果把皮肤温度降至 32℃，冷感受器也逐渐增强。研究表明，人体不同部位冷热感觉敏感性不同，这种差异也提示我们在使用降温措施时，应考虑身体不同部位热感觉敏感性差异，尽量选择热感觉敏感性较高的部位[2, 30]。此外，不同部位冷热感觉敏感性的差异在运动服装设计过程中也是重要的考虑因素。Gerrett 研究团队比较了安静和运动状态下男女性 31 个身体部位的热感觉敏感性（图 11），研究发现，在 40℃高温环境下，女性热感觉敏感性比男性更敏感[47]。此外，女性的热敏感性比男性表现出更多的区域差异，头部最为敏感，其次是躯干，最后是四肢[48]。运动会导致男性和女性对热感觉敏感性减弱。因此，男女热敏感相关数据在实际应用过程中不可混用，相关研究也应考虑性别差异。

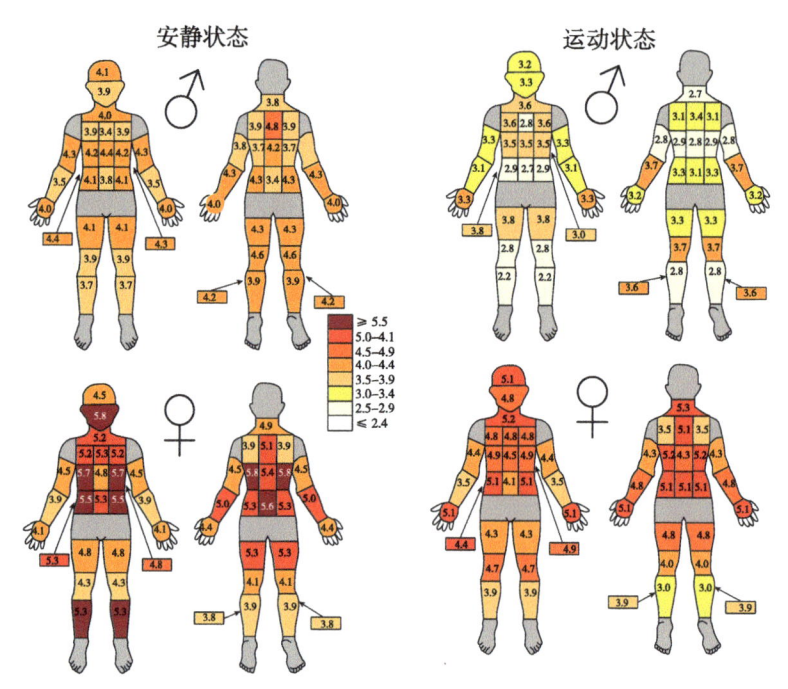

图 11 男性（♂）和女性（♀）不同状态下不同身体部位热感觉分布图[47]
（其中，数字为热感觉：0 为无热感觉，10 为非常热）

（二）中枢温度感受器

中枢温度感受器是指存在于中枢神经系统内对温度变化敏感的神经元，主要分布于脊髓、延髓、脑干网状结构及下丘脑等。其中，热敏神经元在局部组织温度升高时发放冲动频率增加；而冷敏神经元则在局部组织温度降低时发放冲动频率增加。研究表明，视前区－下丘脑前部（preoptic-anterior hypothalamus area, PO/AH）的热敏神经元居多，脑干网状结构和下丘脑的弓状核的冷敏神经元较多。其中，下丘脑的温度敏感神经元对局部温度变化非常敏感，0.1℃的变化就能引起上述两种神经元放电频率的改变，且不会出现适应现象。此外，PO/AH中某些温度敏感神经元还能对下丘脑以外部位传入的温度变化信息发生反应。致热源（病毒、细菌和炎性因子等）、单胺类物质（内啡肽和五羟色胺等）均可直接作用于温度敏感神经元，引起机体体温的变化。

三、温度调节的效应器

体温发生波动时，机体通过温度相关效应器实现体温的相对恒定，这些效应器主要包括汗腺、血管平滑肌、骨骼肌和内分泌腺等。

（一）汗腺

当机体体表温度与血液温度升高时，下丘脑向汗腺发射神经冲动，激活汗腺以分泌汗液，从而保持热量平衡。一般情况下，机体体表温度越高，汗液流失越多。

（二）血管平滑肌

当体表温度与血液温度上升时，下丘脑会向皮肤细动脉平滑肌发出信号，导致血管扩张，进而增加皮肤血流量。因此，血液通过传导、对流、辐射和蒸发的方式，将热量从身体深层传递到皮肤。

（三）骨骼肌

当机体需要产生更多热量时，骨骼肌的活动则被启动。例如，低温环境中，皮肤冷温度感受器将信号传递至下丘脑，同样当血液温度下降时，下丘脑中枢感受器也被激活。因此，伴随神经的传入，下丘脑激活大脑中枢系统控制肌张力。

骨骼肌产生周期性不自主地收缩和颤动，这一动作可以增加骨骼肌活动产生热量，以维持或升高机体体温。

（四）内分泌腺

机体内某类激素可以提高细胞的新陈代谢，而这种新陈代谢与热量产生呈正相关。低温环境中，机体内甲状腺激素分泌通路激活，而甲状腺素（thyroid-hormone，TH）能使全身代谢率提高至100%以上。此外，肾上腺素（epinephrine，E）和NE可以促进交感神经系统（sympathetic nervous system，SNS）活动，进而影响身体内细胞的新陈代谢。

四、体温调定点学说

生理学利用"体温调定点学说"解释维持正常体温相对恒定的原理[29]。这个学说认为体温的调节类似于恒温器的调节。PO/AH可通过某种机制决定体温调定点水平，如37℃。体温调节中枢按照这个设定温度进行体温调节，即当体温与调定点的水平一致时，机体的产热与散热取得平衡；当机体体温高于调定点的水平时，中枢调节产热降低，散热加强；反之，当体温低于调定点水平时，产热活动加强，散热活动降低，直到体温回到调定点水平。例如，由病毒感染所致的发热，就是由于在致热原作用下体温调定点重新设置，如上移至39℃，这称为重调定。由于在发热初期体温低于此时的调定点水平，机体首先表现为皮肤血管收缩，减少散热，随即出现战栗等产热反应，直到体温升高到39℃，此时产热和散热过程在新的调定点水平达到平衡，即发热属于调节性体温升高，是体温调节活动的结果。高温导致的中暑，也可出现体温升高，但是这种情况并非因为体温调节中枢调定点上移，而是由于体温调节中枢本身的功能障碍，为非调节性体温升高。

小结

运动时，人体体温升高幅度受运动强度、持续时间、环境气象条件（水温、气温、风速和湿度）及训练水平等因素的影响。但是，在某些特殊环境（低温、无风和潮湿）下进行长时间运动时，人体往往会出现体温下降的现象。因此，长时间大强度的户外比赛组织方与参与者，均应关注气温、水温、风速和湿度等环境指标。不同人体体温测试方法具有不同的优缺点和适用范围。对于运动过程的体温评价，运动过程中的人体体温测定建议首选胶囊式胃肠道温度测试方法，若仅测定运动前和运动后机体核心温度可以应用直肠温度和食道温度测试方法，而口腔温度与腋下温度测试方法则由于运动过程中口腔呼吸和出汗等因素影响其准确性。鉴于运动与温度调节相关研究在近年不断深入，未来针对不同项目、不同人群、不同运动阶段（运动前、运动中和运动后）、不同运动负荷对机体产热与散热、热感觉、出汗率和温度调节的影响及相关机制将成为研究热点。

参考文献

[1] 王庭槐. 生理学[M]. 北京：人民卫生出版社，2018.

[2] 杨永录. 体温生理学[M]. 北京：人民军医出版社，2007.

[3] 施建蓉. 生理学[M]. 北京：中国中医药出版社，2016.

[4] 管又飞，朱进霞，罗自强. 医学生理学[M]. 北京：北京大学医学出版社，2018.

[5] Paulev-Zubieta. New human physiology (2nd Edition)[M].chapter 21: Thermo-regulation, temperature and radiation. 2020 (Issue): https://www.zuniv.net/physiology/book/chapter21.html.

[6] Mansour SG, Martin TG, Obeid W, et al. The role of volume regulation and thermoregulation in aki during marathon running[J]. Clin J Am Soc Nephrol, 2019, 14(9): 1297-1305.

[7] Olcina G, Crespo C, Timón R, et al. Core temperature response during the marathon portion of the ironman world championship (kona-hawaii)[J]. Front Physiol, 2019, 10: 1469.

[8] Bergeron MF, Bahr R, Bärtsch P, et al. International olympic committee consensus statement on thermoregulatory and altitude challenges for high-level athletes[J]. Br J Sports Med, 2012, 46(11): 770-779.

[9] Fernandes Ade A, Amorim PR, Brito CJ, et al. Regional skin temperature response to moderate aerobic exercise measured by infrared thermography[J]. Asian J Sports Med, 2016, 7(1): e29243.

[10] Xu X, Karis AJ, Buller MJ, et al. Relationship between core temperature, skin temperature, and heat flux during exercise in heat[J]. Eur J Appl Physiol, 2013, 113(9): 2381-2389.

[11] Kenny GP, McGinn R. Restoration of thermoregulation after exercise[J]. J Appl Physiol (1985), 2017, 122(4): 933-944.

[12] Saycell J, Lomax M, Massey H, et al. How cold is too cold? Establishing the minimum water temperature limits for marathon swim racing[J]. Br J Sports Med, 2019, 53(17): 1078-

1084.

[13] Zlatar T, Torres Costa J, Vaz M, et al. Influence of severe cold thermal environment on core and skin temperatures: A systematic review [J]. Work, 2019, 62(2): 337-352.

[14] Schlader ZJ, Simmons SE, Stannard SR, et al. Skin temperature as a thermal controller of exercise intensity [J]. Eur J Appl Physiol, 2011, 111(8): 1631-1639.

[15] D J. Heat stress in sport and exercise: Thermophysiology of health and performance [M]. Springer, 2019.

[16] 赵杰修，周萍. 人体体温测定方法及其在体育科学领域的应用 [J]. 中国运动医学杂志, 2012, 31(8): 749-752.

[17] Cowling J. Temperature gradient down the oesophagus? [J]. Anaesth Intensive Care, 1993, 21(4): 476.

[18] El-Radhi AS, Barry W. Thermometry in paediatric practice [J]. Arch Dis Child, 2006, 91(4): 351-356.

[19] Sharp RW, Breeyear JJ, Simmons KR. Improved temperature telemetry system [J]. J Appl Physiol, 1974, 37(4): 617-619.

[20] Byrne C, Lee JK, Chew SA, et al. Continuous thermoregulatory responses to mass-participation distance running in heat [J]. Med Sci Sports Exerc, 2006, 38(5): 803-810.

[21] Chen W. Thermometry and interpretation of body temperature [J]. Biomed Eng Lett, 2019, 9(1): 3-17.

[22] Bongers C, Hopman MTE, Eijsvogels TMH. Validity and reliability of the mytemp ingestible temperature capsule [J]. J Sci Med Sport, 2018, 21(3): 322-326.

[23] Darwent D, Zhou X, van den Heuvel C, et al. The validity of temperature-sensitive ingestible capsules for measuring core body temperature in laboratory protocols [J]. Chronobiol Int, 2011, 28(8): 719-726.

[24] Monnard CR, Fares EJ, Calonne J, et al. Issues in continuous 24-h core body temperature monitoring in humans using an ingestible capsule telemetric sensor [J]. Front Endocrinol (Lausanne), 2017, 8: 130.

[25] Bongers C, Daanen HAM, Bogerd CP, et al. Validity, reliability, and inertia of four different temperature capsule systems [J]. Med Sci Sports Exerc, 2018, 50(1): 169-175.

[26] 刘蔚巍. 人体热舒适客观评价指标研究 [D]. 上海：上海交通大学, 2007.

[27] Moreira DG, Costello JT, Brito CJ, et al. Thermographic imaging in sports and exercise

medicine: A delphi study and consensus statement on the measurement of human skin temperature [J]. J Therm Biol, 2017, 69: 155-162.

[28] Ramanathan NL. A new weighting system for mean surface temperature of the human body [J]. J Appl Physiol, 1964, 19: 531-533.

[29] Costill WLKJHWDL. Physiology of sport and exercise [M]. USA: Human Kinetics, 2019.

[30] Cheung SS. Advanced environmental exercise physiology [M]. USA: HUMAN KINETICS, 2009.

[31] 吕勇达, 霍仲厚. 特殊环境生理学 [M]. 北京: 军事医学科学出版社, 2003.

[32] Cheuvront SN, Haymes EM, Sawka MN. Comparison of sweat loss estimates for women during prolonged high-intensity running [J]. Med Sci Sports Exerc, 2002, 34(8): 1344-1350.

[33] Baker LB. Sweating rate and sweat sodium concentration in athletes: A review of methodology and intra/interindividual variability [J]. Sports Med, 2017, 47(Suppl 1): 111-128.

[34] 张文欢, 钱晓明, 范金土, 等. 人体出汗率分布的研究进展 [J]. 纺织学报, 2018, 39(8): 179-184.

[35] 张文欢, 钱晓明, 范金土, 等. 人体出汗率的测量方法 [J]. 纺织导报, 2018, (2): 87-90.

[36] Morris NB, Cramer MN, Hodder SG, et al. A comparison between the technical absorbent and ventilated capsule methods for measuring local sweat rate [J]. J Appl Physiol (1985), 2013, 114(6): 816-823.

[37] Machado-Moreira CA, Wilmink F, Meijer A, et al. Local differences in sweat secretion from the head during rest and exercise in the heat [J]. Eur J Appl Physiol, 2008, 104(2): 257-264.

[38] Novak P. Quantitative autonomic testing [J]. J Vis Exp, 2011, (53): 2502.

[39] Jay O, Gagnon D, DuCharme MB, et al. Human heat balance during postexercise recovery: Separating metabolic and nonthermal effects [J]. Am J Physiol Regul Integr Comp Physiol, 2008, 294(5): R1586-1592.

[40] Kenny GP, Larose J, Wright-Beatty HE, et al. Older firefighters are susceptible to age-related impairments in heat dissipation [J]. Med Sci Sports Exerc, 2015, 47(6): 1281-1290.

[41] Larose J, Boulay P, Wright-Beatty HE, et al. Age-related differences in heat loss capacity occur under both dry and humid heat stress conditions [J]. J Appl Physiol (1985), 2014, 117(1): 69-79.

[42] Notley SR, Poirier MP, Hardcastle SG, et al. Aging impairs whole-body heat loss in women under both dry and humid heat stress [J]. Med Sci Sports Exerc, 2017, 49(11): 2324-2332.

[43] Lind AR, Humphreys PW, Collins KJ, et al. Influence of age and daily duration of exposure on responses of men to work in heat [J]. J Appl Physiol, 1970, 28(1): 50-56.

[44] Snellen JW, Chang KS. Calorimeter ergometer for concentric and eccentric work [J]. Med Biol Eng Comput, 1981, 19(3): 356-358.

[45] Snellen JW, Chang KS, Smith W. Technical description and performance characteristics of a human whole-body calorimeter [J]. Med Biol Eng Comput, 1983, 21(1): 9-20.

[46] Reardon FD, Leppik KE, Wegmann R, et al. The snellen human calorimeter revisited, re-engineered and upgraded: Design and performance characteristics [J]. Med Biol Eng Comput, 2006, 44(8): 721-728.

[47] Gerrett N, Ouzzahra Y, Coleby S, et al. Thermal sensitivity to warmth during rest and exercise: A sex comparison [J]. Eur J Appl Physiol, 2014, 114(7): 1451-1462.

[48] Gerrett N, Ouzzahra Y, Redortier B, et al. Female thermal sensitivity to hot and cold during rest and exercise [J]. Physiol Behav, 2015, 152(Pt A): 11-19.

专题二
冷应激的生理学

崔书强（北京市体育科学研究所）
封文平（国家体育总局体育科学研究所）
张　旸（国家体育总局体育科学研究所）

冷环境是指机体所处环境低于机体适宜温度，一般指0℃以下的环境。人体与环境之间会发生热交换，当机体处于冷环境，机体散热增多，机体需要保持核心体温的动态平衡以确保生命活动的正常运行。因此，冷环境会导致机体发生一系列的生理学反应（即冷应激），以增加产热来抵御冷环境的刺激，防止机体因低体温而出现损伤。

第一节　环境冷强度的评价

冷环境下机体散热增加，环境冷强度决定了机体的散热量。为防止机体在冷环境下散热过多，需对环境冷强度做出准确的评估，以制定适当的预防策略，从而尽可能避免冷环境对机体造成的损害。

一、环境冷强度及其影响因素

环境冷强度是指冷环境使人体散热冷却的效率。体热以传导、对流、辐射和蒸发的方式散失，散热量取决于环境冷强度的大小。在冷环境中，单纯环境气温不足以全面评价环境寒冷程度。环境气温、海拔高度、风速和太阳辐射是构成环境气候的基本要素，任何一项的改变都可引起环境冷强度的变化。

1. 气温和太阳辐射

白昼地面吸收太阳辐射后温度升高，与地面接触的空气层被加热，通过冷热空气对流又将热量转移到上层空气。这种上下运动的气流不断升温，就形成了某

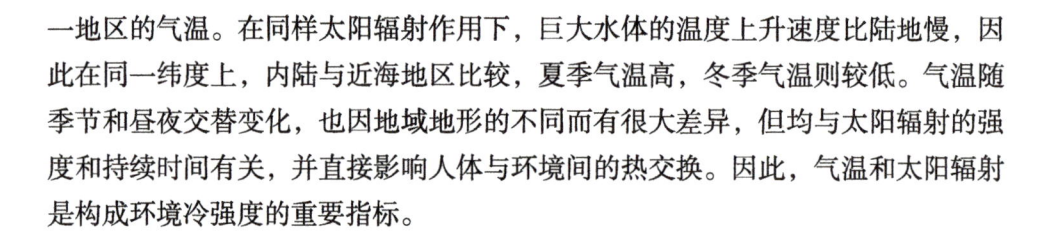

一地区的气温。在同样太阳辐射作用下，巨大水体的温度上升速度比陆地慢，因此在同一纬度上，内陆与近海地区比较，夏季气温高，冬季气温则较低。气温随季节和昼夜交替变化，也因地域地形的不同而有很大差异，但均与太阳辐射的强度和持续时间有关，并直接影响人体与环境间的热交换。因此，气温和太阳辐射是构成环境冷强度的重要指标。

2. 风速

风本身并不降低环境气温，而是通过破坏身体表面相对静止的空气保温层，扰乱衣内静止空气层，使人体与外环境间的温度梯度增大，加快体热散失。2m/s的风速可使服装保暖作用降低12%，5m/s时可使服装的保暖作用降低22%。在相同气温条件下，人体在风速大的环境中散热快且多，冷强度大为增加。例如，在气温为 –15℃的环境中，若风速增加至 6m/s，则相当于无风时 –30℃气温下的寒冷程度。风速在 1~8m/s 对人体散热影响最大，超过 18m/s 时其致冷作用不再继续增加。

3. 海拔高度

随着海拔高度的增加，空气密度逐渐减小，对流散热系数随之减小，太阳辐射作用增强。海拔高度每上升 100m，气温下降 0.5~0.6℃，故高原气温低，加之高原大风长年不断，会使人体热量大量散失，所以海拔高度也是影响环境冷强度的因素之一。

4. 湿度

空气中的水汽来自江、海水面，以及各种动植物水分的蒸发。水和汽通过蒸发和凝结过程相互转变，产生了云、雾、雨和雪等不同的天气变化，同时伴有热量的吸收和释放，影响着气温的变化。人在湿冷环境中作业时，衣服和体表的水分（如雨、雪、汗等）不易蒸发，降低衣服保暖性，而此状况下体表水分蒸发时散热量明显增加，可达干燥体表散热量的 25 倍，有风时体热散失更多。因此，湿度在构成环境冷度中具有一定作用。

二、环境冷强度的评价方法

（一）根据环境气温和风速评价

气温和风速是寒冷环境中最重要的因素，目前多根据环境气温和风速计算环境冷强度，使用最多的指标主要有以下几个。

1. 风冷指数

风冷指数（wind chill index，WCI）反映了在一定气温和风速作用下裸露体表的散热率，单位为：kcal/（m²·h），但该指数的不足之处在于未考虑太阳辐射与出汗的作用。其经验方程为：

$$WCI=(10\sqrt{V}+10.45-V)(33-Ta)$$

式中 V 为风速（m/s），33 为人体表面平均温度（℃），Ta 为空气温度（℃），结果用 kcal/（m²·h）表示，1kcal = 4.18168kJ。

WCI 计算公式是通过测定不同风速与空气温度综合作用下，1L、33℃水的散热率获得的经验方式，用来表示皮肤平均温度为 33℃的人体体表散热率，故用每小时每平方米体表面积散失的千卡热量来表示 WCI。

2. 等价致冷温度

等价致冷温度（equivalent chill temperature，ECT）是由 WCI 导出的，表示与该环境气温、风速对裸露体表散热作用相当的微风（风速小于 2.2m/s）环境的气温。其计算公式为：

$$ECT=33-0.01085WCI$$

3. 相当温度

相当温度（equivalent temperature，Teq）用于表示寒冷程度与该环境相当的无风环境气温。Teg 为 –25℃时，裸露的指（趾）约 10min 可冻结，Teq 为 –70℃时，约 1min 可冻结。风速与冻伤风险关系如图 1 所示[1]。其计算公式为：

$$Teq=Ta+(Ta-36)\times V/10$$

式中 Ta 为气温（℃），V 为风速（m/s）。

运动与低温环境

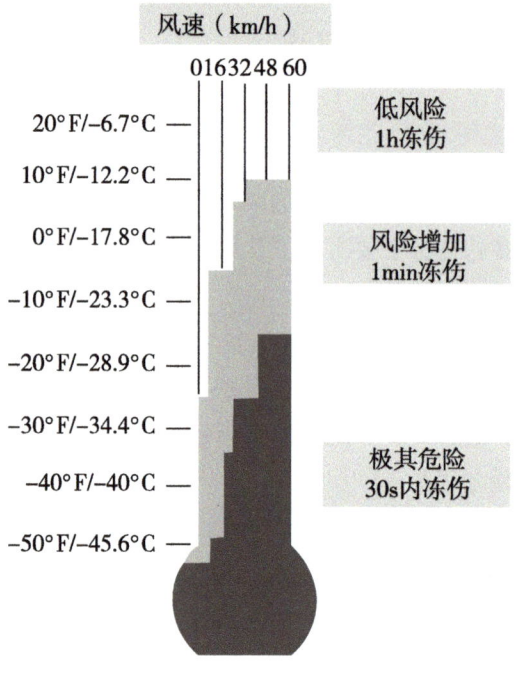

图 1 风速与冻伤风险的关系

（二）根据气温、风速和太阳辐射评价环境冷强度

静阴温度（still-shade temperature，Tss）可用于表示环境冷强度，Tss 综合考虑了气温、风速和太阳辐射对环境冷强度的影响。其计算方程为：

$$Tss=Ta-M·W/0.11+R·Ia/0.11$$

式中 Ta 为气温（℃），M 为代谢产热率与蒸发散热率之差，W 为风速引起的边界层空气隔热值得降低，R 为衣服表面吸收的太阳辐射率，Ia 为边界层空气隔热值。方程中 M·W/0.11 为风降温值（℃），R·Ia/0.11 为太阳辐射增温值（℃）。方程中所用单位为 MET，相当于安静时人体的代谢率，1 MET=209kJ/（m²·h）。

第二节　冷应激对机体的影响

寒冷环境中人体的散热增加，机体动员各系统功能增加产热、减少散热，以维持体热平衡，防止体温降低。严寒环境往往超出人体体温的调控能力，因此机体对于热应激的调节多属于生理性调节，但对于冷应激却是行为调节，如穿戴更多衣物。

一、体温

体温反映了产热和散热的平衡，当这种平衡被打破时，体温就会改变。评价冷环境对机体的影响，体温是最有意义的生理指标。通常需测定皮肤温度和核心温度，进而计算加权平均皮肤温度（weighted mean skin temperature，T_s）和平均体温（mean body temperature，T_b）。

（一）皮肤温度

在低温环境下，上肢和下肢的皮肤血管会收缩，到达肢体末端的血流减少，最大限度地减少血液的温度变低，以保持内脏器官的温度。由于人体各部位皮下脂肪厚度、肌肉厚度、血管密度和几何形状不同，其温度分布也呈现出较大的差异。即使在室温条件下，手足皮肤温度可能较头和躯干低 8~10℃，而胸、背部皮肤温度可相差 10℃以上却无不适感。任何情况下，体表的皮肤温度总是低于核心体温。

皮肤温度对冷刺激的反应最灵敏。人体冷暴露时，首先是手足末梢部位的皮肤降温，而后逐渐波及四肢和躯干。皮肤温度随环境温度和衣着的不同可有相当大的变化，环境温度越低、冷暴露时间越长，皮肤温度下降幅度越大。皮肤温度降低使人体体表与环境间的温差缩小，经体表散发的热量大幅减少，有利于保持体内温度相对稳定，具有重要的体温调节作用。但是手足皮肤温度降至 20~23℃时会感觉寒冷，降至 10~16℃时感觉疼痛，手皮肤温度低于 12℃时手指触觉敏感性及操作灵活性均明显降低。任何部位皮肤温度降至 2℃，均为寒冷耐受的临界值，此时人体会感到剧痛难忍，日常寒冷环境生活中常见指、趾皮温可达此临界温度。冷暴露可以使皮肤血管收缩和血流率减少，这是皮肤温度降低的主要原因。若以常温下皮肤血流量为 100% 计算，在环境温度 18℃（暴露 2h）时，机体皮肤血流量平均减少 16%，环境温度 15℃、12℃、10℃ 和 7℃时，血流量分别平均减少 58%、64%、65% 和 66%。持续的皮肤温度下降将不可避免地导致皮下组织和肌肉温度降低，最终必然引起体温降低。

（二）加权平均体表温度

在寒冷环境中，不同部位的皮肤温度分布可有较大差异。为获取尽可能真实的皮肤温度，一般采用多点测温，加权计算的方法，以 T_s 为例，实验测定 9 个点或 12 个点的皮肤温度，再根据各测定部位占体表总面积的比例，赋予不同的加权系数进行计算，9点计算公式为：

$T_S=0.0611T_{头}+0.0809T_{上臂}+0.0641T_{前臂}+0.0493T_{手}+0.1328（T_{胸}+T_{腹}）/2+0.1631（T_{背1}+T_{背2}）/2+0.2463（T_{股1}+T_{股2}）/2+0.1329T_{小腿}+0.0695T_{足}$

式中 T_S 多简称为平均体表温度，人体服装覆盖部位的最适 T_S 为33℃。

T_S 降低至30.3℃时，50%的人感觉到冷；降至28~29℃时，则出现战栗；降至27.5℃时，100%的人感觉极冷；而降至22℃时，则视为寒冷耐受极限。

（三）核心温度

真正意义上的体温是指心、脑、肝、肾及大、小肠等重要器官所在部位的温度，即身体内部温度，称为核心温度，可用直肠温度、鼓膜温度或食道温度表示。通常以直肠温度为代表，正常范围为36.9~37.9℃。维持人体生理功能所要求的最适核心温度，必须恒定在37℃左右，其变化范围仅限于0.4~0.6℃，变化超过1℃则影响体能和脑力。人体在寒冷环境中，核心温度变化不易出现较大的波动，这是由于皮肤、皮下脂肪和肌肉组织的隔热保温作用和机体对体温的调控能力所致。持续冷暴露一定时间后，如机体的代偿调节不能维持体热平衡，热债超过 $167kJ/m^2$ 时，核心温度将下降1℃。核心温度下降对机体产生的影响远比皮肤温度下降的影响严重，因为各脏器的功能及各种酶类的活性等对温度的变化非常敏感。尤其是心脑功能，当核心温度降至35℃时，人体可出现反应及思维迟钝、构音困难，核心温度降至32℃时，多数人会发生心脏传导紊乱。因此，从防寒的角度看，最重要的是防止人体内部各脏器的温度下降。人在极端寒冷环境中，应以直肠温度降至35℃作为耐受限度，这相当于体重60kg的人热债达到418.4kJ。超越此界限则视为低体温。

（四）平均体温

人体的加权平均皮肤温度和核心体温存在着很大的差异，二者均不能反映真实的体温。为此，引入由不同比例的 T_S 和核心体温之和构成 T_b 的概念，T_b 更接近人体体温的实际状况。其计算方法为：

$$T_b=0.67T_c+0.33T_s$$

其中 T_c 为核心体温。

二、体热平衡

核心体温的稳定有赖于机体产热和散热的平衡调节机制。辐射、对流和传导三种方式的散热量取决于机体与外环境的温度差，外界温度越低，散热越多。为维持热平衡，人体在冷环境中必须增加产热、减少散热。

代谢产热量随着机体活动强度的变化而增减。成年男子安静时代谢产热为335~377kcal/h。最大有氧运动时代谢产热增加到安静时的10倍，但一般只能维持很短的时间；持续性重体力劳动时（挖战壕和负重行军等）为安静时的4~5倍。机体冷暴露时，战栗产热可达基础产热量的3~4倍，最高可达6倍。

三、能量平衡

机体的生化代谢包括合成代谢和分解代谢。每日能量需求被称为日常能量消耗，包括基础代谢率（basal metabolic rate，BMR）、活动热效应和食物热效应。人体最适宜的环境温度为27~29℃，此时机体的代谢最稳定。环境温度降低时机体散热增加，代谢增强并产生战栗，这可以使安静状态下的代谢增加2~3倍。机体通过中枢神经系统的调节作用增加产热以维持体温的恒定。产热增加包括BMR增高和安静状态下代谢率增高。

（一）低温对能量消耗的影响

低温环境下骨骼肌的升温时间较长，工作效率下降，这就要求更多的肌纤维尤其是快肌纤维被动员，因此对糖的利用增加[2]。而较低的环境温度会导致体温和交感神经系统（sympathetic nervous system，SNS）的兴奋性下降，此时骨骼肌中糖原分解的效率降低，脂肪也被更多地动员起来参与供能。有研究表明，即使在低温环境下静坐，平均动脉压和心输出量也会升高，并且导致糖原的利用增加，脂肪的氧化也略有升高[3]。因此，低温环境下机体总的能量消耗也会较常温环境有明显增加。此外，由低温引发的战栗也会以10~15kJ/min的速率使机体产生额外的能量消耗[4]。

就糖与脂肪的供能比例来讲，研究结果尚未达成一致。大量研究表明寒冷条件下，糖的供能占主导地位，大于总供能的60%，但也有少量研究表明脂肪是主要的供能物质。Febbraio等[3]的研究表明，相对于常温下的糖脂供能比例，寒冷环境下脂肪的供能比例有所提高。

冷环境能显著提高E和NE的分泌，促进脂类代谢的分解，但游离脂肪酸（free fatty acid，FFA）的升高幅度却远低于温暖环境中运动时的状况。因为冷暴露不仅使皮肤血管收缩，也会使皮下脂肪组织的血管收缩。皮下脂肪是脂类物质的主要贮存部位,因此,血管收缩降低了动员 FFA 的血流量。所以在冷环境中运动时 FFA 浓度无法升高到与 E 和 NE 相应的水平。

糖是产热最主要的代谢底物,在战栗的肌肉中乳酸生成增加。血糖在对抗严寒和保持运动耐力方面有重要作用。例如,低血糖会抑制战栗,进而显著降低直肠温度。虽然原因不明,但是在冷环境中,机体能适度维持血糖浓度。此外,在冷水中肌糖原的利用程度要高于温暖环境。

供能物质转换现象是机体对冷环境的一种生理反应,可能是为了维持机体核心温度而采取的一种保护机制[5]。因为糖作为能源物质,在冷环境下,其需求量大大增加,再加上脑组织几乎完全依靠葡萄糖供能进行神经活动,血糖供应不足会使神经功能受损,所以工作的骨骼肌开始更多地利用脂类供能,以节省糖类物质,从而保证更重要的维持生命的器官的功能[6]。

(二)低温与运动强度对糖、脂代谢底物浓度的影响

有研究认为与 28℃环境相比,在 10℃静息状态下的血糖消耗量有所增加,但无显著性差异,且血糖提供的能量仅占总能耗的 10%,而肌糖原供能约占总能耗的 30%[6]。Layden 等[7]的研究表明在 −10℃环境下进行 (64 ± 5.8)% 最大摄氧量(maximal oxygen consumption, $\dot{V}O_2max$)强度的自行车运动时,血糖浓度显著低于在 20℃条件下运动。

Shephard 等[2]的研究表明,糖的分解可为人体提供热量,在低温环境下运动时肌肉中会产生一定量的乳酸。而低温环境下外周血管收缩,骨骼肌血供减少,将导致乳酸消除能力下降。虽然有研究表明,肌肉的局部低温可以延迟乳酸的释放,但是由血供减少引起的乳酸清除障碍,将在一定程度上导致乳酸堆积。Flore 等[8]研究表明,安静状态下环境温度为 10℃时的血乳酸浓度低于 30℃,但没有显著性差异,力竭运动后期 10℃条件下的血乳酸浓度显著高于 30℃。

运动开始的几分钟肌糖原加速消耗,骨骼肌摄取利用血糖随之增多,肝糖原分解释放葡萄糖速率超过肌细胞摄取利用的速率,血糖升高。随着运动时间的延长,肌糖原消耗增多,肌细胞摄取利用血糖供能速率加快,血糖消耗超过肝脏释放葡萄糖的速率,血糖浓度回落。随着运动强度的增大,糖酵解供能比例逐渐升高,糖的不完全氧化代谢产物乳酸堆积,实验研究表明,常温环境下,在一定范围内,运动强度越大,血乳酸浓度越高。

低温环境下运动可显著影响血清 FFA 的浓度,Vallerand 等[9]研究结果表

明，低温组（10℃）冷暴露120min后与常温组相比，血浆FFA浓度显著下降，他们认为低温环境下FFA的氧化速率与转运速率有很大关系，而FFA的转运速率在低温环境下会显著升高，这一发现目前已在动物实验中证实。

低强度（25%~40% $\dot{V}O_2max$）运动时，血浆FFA能够满足大部分脂肪代谢。运动强度从25% $\dot{V}O_2max$增加到65% $\dot{V}O_2max$的过程中，肌肉中的脂肪占脂肪氧化总量的比例相应提高[10]。在65% $\dot{V}O_2max$强度运动时，随着时间的延长，肌肉内脂肪大量排空，血浆FFA氧化比例增加[11,12]。当运动引起血浆FFA浓度升高时，酮体生成作用加强，血浆酮体水平随之升高，酮体通过直接作用和促进胰岛素分泌的间接作用降低脂解速率，通过这种敏感的反馈调节，血浆FFA浓度维持在一定水平[13]。酮体是脂肪分解代谢过程中在肝脏内产生的中间代谢产物，它包括丙酮、乙酰乙酸和β-羟丁酸。其中β-羟丁酸占酮体总量的70%，乙酰乙酸占30%，丙酮只有微量。有学者探究了运动强度与血液中丙酮含量的关系，但未能得到酮体水平与运动强度相关的显著性差异，这可能是实验中未考虑到运动强度是否足以明显降低血糖水平导致的[14]。

四、皮肤血管反应性

在寒冷环境中，交感神经紧张性增强，寒冷刺激作用于人体的冷感受器，引起外周血管和四肢小动脉收缩，使皮肤血流量减少，温度降低，散热量也因而大大减少。此时机体表层宛如一层隔热漆，起到了防止体热散失的作用。皮肤血管收缩一定时间后，其动-静脉吻合支突然开放，皮肤温度回升，这一现象称为冷血管扩张反应（cold-induced vasodilation，CIVD）。当手浸入冰水时，手指温度迅速下降，至接近0℃时一般不再降低，在此温度水平持续1~5min后手指温度急剧回升，回升幅度在1~8℃。温度回升持续1~2min后又呈指数曲线方式下降到接近0℃，如此反复，称为波动反应（hanting reaction）。随着手指皮肤温度的升降交替，痛觉也呈现缓解或加剧的变化。皮肤血管周期性地舒缩交替使皮肤温度在一定温度范围内波动，可明显提高肢端的抗冻能力。如冷暴露超过生理耐受限度，则局部血管活动减弱甚至麻痹，血流减少或停滞，引起冻伤。目前已经证实，CIVD的强弱与机体的抗冻能力有关，此反应强者抗冻能力也较强；冷锻炼可增强CIVD；增加全身热含量的因素均可增强CIVD。运动训练（50%最大功率，每周5天，进行4周训练）也可以提高CIVD的反应[15]。寒冷诱导的血管收缩对肢端皮肤区域（如手指、脚趾）有明显的影响，由此失去灵活性，更严重

运动与低温环境

时会发生组织坏死,颜色变为深红直至腐烂。在这些区域,另一种血管舒缩反应正在发生,即 CIVD,这种作用可以调节血管收缩。由 Lewis 在 1930 年首次描述[16],也被称为狩猎反射,这是一种血流和皮肤温度的周期性波动,随着寒冷暴露而出现[17]。Ducharme 等[18]发现在冷诱导前臂血管扩张过程中肌肉血管起最主要的作用。也有研究表明,中枢神经系统机制介导了 CIVD 的发生[19]。

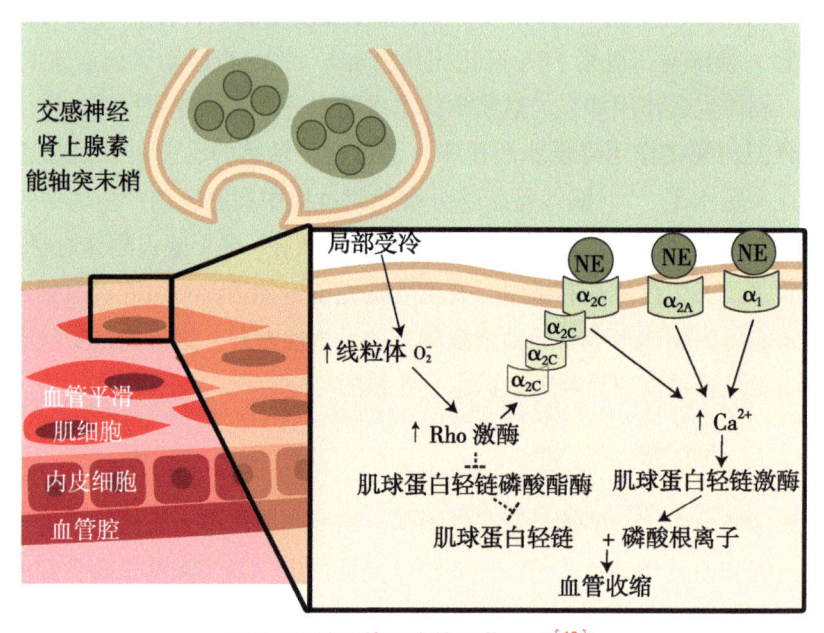

图2 皮肤血管反应的调节机制[18]

环境温度(冷空气和水等环境)的下降导致机体温度(皮肤温度和核心温度)的降低,会引起原发性的冷热调节反应(血管收缩和战栗),也称为热效应反应。来自皮肤的传入信号传导至下丘脑前部的视前区,由此产生的传出信号引起皮肤血管收缩和/或战栗的生热作用。

在寒冷的环境中,最初的生理反应是周边皮肤的血管收缩和皮肤血流量的减少。减少身体核心和躯体(皮肤、亚皮肤脂肪和骨骼肌)之间的对流传热,有效地增加了躯体与周围环境的绝缘。研究发现,与在 22℃的冷水中浸泡相比,在 8℃冷水中浸泡时股动脉血流量降低 30%~40%[20]。然而,热量仍会从暴露的身体表面散失。随着皮肤温度下降,当皮肤温度低于 35℃ 时血管开始出现紧缩;当皮肤温度低于 31℃ 时,血管收缩程度达到最大。在身材瘦小的个体中,外周血流量最低,头部浸泡在低于 30~33℃的水中时达到最大的隔热效果[21, 22]。空气温度在 10~16℃时可以获得最大的血管收缩和绝缘性[23]。肥胖的个体难以达到最大的组织绝缘，只有在某些情况下可以达到[21, 24, 25]。因此，冷暴露时血管收缩反应有助于延缓热量损失和保护核心温度，外围组织温度会持续下降。

血管收缩有 3 种主要的方式（反射、局部降温及深部体温下降），每一种都对应不同的生理机制。其中皮肤对温度最为常见的反应是反射性血管收缩。当寒冷引起全身冷却，或当身体的一个部位冷却时，会导致其他部位的血管反射性收缩。例如，上半身冷却却引起下肢血管收缩反射。冷暴露在皮肤上会触发受体介导的神经信号通路，通过脊髓背角到达外侧臂核，然后到达下丘脑视前区，传出信号从大脑经过脊髓中间外侧细胞柱到支配皮肤血管的交感神经。NE 是主要的神经递质，约占皮肤血管反射性冷诱发血管收缩的 60%[26]，而神经肽作为另一种在冷刺激时诱发血管收缩的受体，引发占 20%~30%[27, 28]。

血管收缩也是由于皮肤血管的局部冷却引起的，涉及大量的信号分子及其受体的作用。Thompson-Torgerson 等[29]发现在局部冷却反应的早期，前 10min 其他区域不会发生冷却反射，此时血管收缩主要由 NE 与 α_2 肾上腺素受体结合所介导引发。然而，随着持续冷刺激，皮肤冷却导致线粒体活性氧增加，从而引起 Rho 激酶增加[29, 30]。增加的 Rho 激酶抑制肌球蛋白轻链磷酸酶，使肌球蛋白轻链磷酸化，导致皮肤血管收缩（图 2）。同时，Chotani 等[30, 31]发现局部冷却通过上调 Rho 激酶的表达来增强 α_2 受体对 NE 的敏感性。RhoA/Rho 激酶的增加也通过下调内皮细胞的一氧化氮合酶而导致一氧化氮减少。

血管收缩的冷信号可通过瞬时受体电位 TRPM8 受体传递，该受体对温度敏感，是 Ca^{2+} 渗透的阳离子通道，同时可感受化学刺激。TRPM8 不仅表达于背根神经节和三叉神经节感觉神经元中，还表达于血管平滑肌神经元中。Almeida 等[32]发现药物阻断 TRPM8 受体可以损害机体对冷暴露的自主反应，在野生型小鼠中，使用 TRPM8 受体阻断剂（M8-B）后会导致核心体温下降。这种核心温度的变化是由于血管收缩反应和产热反应减弱，从而导致热损失增多和代谢产热下降。

周围血管收缩是人类暴露于寒冷时所表现出的一种重要的生理反应。温度越低，血流就会减少。有研究证明，当浸入温度降低的水中，手部的血流减少。而在全身冷暴露过程中，血管收缩反应不仅限于手，而是遍布整个外围躯体。外周血流量的减少会降低人体深部核心与机体表面（皮肤、皮下脂肪和骨骼肌）之间的对流热传递，有效地增加了身体的绝缘性。在全身暴露于寒冷环境时，血管收缩反应延伸超过手指并扩散整个身体的周围循环。在全身冷却过程中，全身冷暴露导致整个皮肤表面的皮肤温度下降。

五、循环和呼吸系统

冷暴露引起交感神经兴奋、血液儿茶酚胺浓度增高，使心输出量增加、血压上升和心率加快，还使血液浓缩及流变性质恶化，如血液黏度、红细胞压积和血小板数升高，增大了血流阻力和心脏负担。吸入寒冷空气常使舒张压升高，使心血管动力学改变及冠状动脉收缩，有诱发心绞痛的危险。与在温暖环境中运动相比，冷环境下运动时交感神经活动增加，总外周阻力增加，平均动脉压和心脏做功增加，心肌需氧量增加。平均动脉压可增加约17mmHg（18%），心率与收缩压乘积（rate pressure product，RPP）增加约10%[33]。吸入冷空气可引起鼻黏膜及上呼吸道产生局部的冷却效应，而吸入极冷空气可直接损伤上呼吸道黏膜，支气管分泌物增加、排出困难，严重时可发生呼吸道黏液溢出；还可使气道阻力增高，成为冬季运动性哮喘发病的主要因素，大量过冷空气的吸入对呼吸道及肺实质的血流亦有明显的影响，表现为肺静脉收缩，严重时可引起进行性肺动脉高压，甚至是右心衰竭。此外，在寒冷中进行低强度运动时，由于冷暴露会刺激机体战栗产热，此时必须增加心脏血液输出量以满足增加全身对氧气的需求[34]。常温下运动时，机体可通过增加心率来满足自身对心输出量的需求。然而，冷暴露会改变机体增加心输出量的方式，此时机体主要通过增加每搏输出量来增加心输出量。造成这一现象的可能原因是：机体在冷空气或冷水中运动时会导致外周血管收缩，进而增加中心血容量，使得心脏前负荷增加，心脏收缩能力增强，每搏输出量增加，机体可在保持较低心率的情况下，满足自身对心输出量的需求。

由于呼吸道与外界相通，呼吸道不断与外界交换气体与热量，呼吸系统通常不能完全隔热。在这种情况下，呼吸系统要么直接产生冷刺激反应，要么间接产生继发于神经和激素反射反应的冷刺激反应。急性或慢性冷暴露对呼吸系统产生三种影响，包括温度变化刺激支气管收缩引起的气道充血、分泌物和黏膜纤毛清除蠕动减少，从而损害了肺动力学。这些反应虽然在寒冷或运动中可能诱发哮喘，但更能防止机体损失过多热量。冷暴露会引起肺血管总外周阻力的增加。这种刺激与缺氧协同作用，可能介导肺部高压和高原水肿。长期暴露于寒冷环境可导致肺部杯状细胞和黏液腺数量增加，气道肌束肥大，终末动脉和小动脉肌层增多等形态学改变。后面两者可能在慢性阻塞性肺疾病、支气管炎、高原肺部高压、水肿和右心肥大等症状中起作用。

当空气通过温暖的呼吸道时，温度高且湿度增加，呼入的空气被气管调节。气道起到防御的作用，颗粒从鼻腔通道的吸气物中过滤，或者黏附在气道内壁上。这些剩余的颗粒通过吞噬作用、纤毛清除、咳嗽或打喷嚏来除去。最后，机体对感染的免疫反应也发生在气道上皮细胞中。可见，在急性或慢性暴露于寒冷环境时，可以通过多种方式（物理和化学等）用直接、反射或介质释放机制影响呼吸系统功能。

机体对寒冷和/或干燥刺激的反应是气道阻力增加，这使得在运动或寒冷引发哮喘（急性临床疾病）成为可见现象。气道高反（airway hyperresponsiveness，AHR）/哮喘是耐力性运动员特别是在冷环境中运动时最常见的一个现象。研究发现，在冷空气中运动的运动员有约28%会发生AHR现象[35]。在一些需要较高冷空气通气量的运动项目中可引起呼吸健康的急性变化，如北欧两项、冰球、速度滑冰和花样滑冰等。

潜在的常见呼吸健康风险因素是指在锻炼或比赛中吸入大量的干冷空气，导致气道的水分流失，增加气道表面内衬的渗透压。这导致支气管上皮细胞的收缩和一些促炎介质的释放，使气道平滑肌收缩，通常被称为运动诱发性支气管收缩（exercise-induced bronchospasm，EIB）。EIB可由8min的高强度运动诱发，而这种收缩随着温度的降低（0~20℃）而加重。呼吸功能恢复到运动前水平通常在30min内，但潜在的AHR，以及运动后的环境温度、个体的身高体型的差别等均会影响EIB的程度及恢复时间[36]。

哮喘这种反应是由许多因素造成的，包括冷刺激使得气道平滑肌收缩、增大通气量从而刺激黏液产生增加、黏液纤毛清除率降低、血管充血，以及上皮损伤和血管渗漏。这些反应也可以通过气道冷却或干燥感觉受体、迷走神经反射和/或介质释放的直接作用来介导。呼吸冷空气对气道有冷却和干燥的效果。因此，蒸发水损失也会导致呼吸道液体的下降，容易造成呼吸道感染或者诱发哮喘。

面对冷应激，呼吸系统的初始反应是呼吸速率显著增加，即过度通气，随后是速率显著下降，冷刺激通过皮肤温度传感器传入对呼吸功能有显著影响。当某些个体暴露在寒冷的环境时，会呼吸急促，而有些人则不会。冷应激过度换气后，由于新陈代谢减少，肺通气量也会逐渐降低。如果严重的长时间低温症损害了脑干的功能，呼吸的控制也受到损害。呼吸频率在30℃每分钟呼吸7~15次，在20~30℃时每分钟呼吸4~7次，导致组织中保留的二氧化碳浓度升高，进而引起呼吸性酸中毒。在大多数严重低体温的病例中，体温下降，心脏持续受压一段时间[37]。

在寒冷的环境下运动，对低温人员的呼吸评估具有一定难度，因为缓慢的呼吸速率可能被环境条件（如风和机器噪声）所掩盖。缺氧可加速中心体温的降低。在中度冷应激状态下，高碳酸血症使战栗阈值降低了 0.13℃，使核心冷却速率增加了近 25%，加重了体温降低[38]。

寒冷应激通常会导致机体过度换气。但是，机体处在极端寒冷的情况下，如浸泡性低温（机体浸入冰点以上冷水中而出现的身体核心温度的下降），可能会出现呼吸骤停，从而导致溺亡。此外，机体在冷水浸泡 5min 后会导致血液温度急速下降，通过血液循环，进而导致心脏和大脑温度下降[39]。研究认为，机体温度下降对机体缺氧损伤具有一定的保护作用。因此，在冷水中接近溺亡者在 45min 内接受抢救，会有一定的被救治成功的概率。然而，并非所有浸泡性低温个体都可抢救成功[40]。

六、泌尿系统和血液系统

水是人体最重要、占比最大的组成成分，约占正常成年人体重的 70%。而血液和尿液容量、生化指标的变化，不仅仅反映了机体情况，也是在低温条件下，利用水容热和体内液体循环，进行机体保护的重要的手段。早在 1992 年，Greenleaf[41] 发现在常温气候中休息时，体内的总水分波动范围十分狭窄，约 0.2% 体重。这种精妙的平衡是通过与进食和饮水有关的液体摄入，水代谢及支配体液平衡的生理系统，包括肾脏、心血管和激素来实现的。然而在体力劳动、精神压力或暴露于极端气候条件（寒冷天气和炎热天气）时，会发生水代谢障碍，例如，Bly 等[42] 在 1950 年发现，寒冷天气下进行军事行动的士兵会经常脱水，其体重会降低 3%~8%。

人体暴露于寒冷的早期症状之一，便是寒冷诱导的利尿反应，早在 1909 年，Gibson[43] 就证明了冷暴露是尿量增加的直接诱因，之后的研究也证实了冷暴露导致尿量增加，血浆和血容量相应减少。冷暴露后皮肤血管收缩，使体内血流量增加，胸内压力感受器受刺激使抗利尿激素（antidiuretic hormone，ADH）分泌减少，因而造成多尿。寒冷性利尿是冷暴露后最常见的现象，实验发现，人在 10~15℃ 的环境中裸体暴露 1h，尿量增加 1.1 倍，Na^+、Cl^- 及磷酸盐排出量增加，K^+ 和 Ca^{2+} 排出量无变化。尿量增加造成血液浓缩，血浆蛋白含量和红细胞压积升高，血液流变性质异常。冷暴露所致多尿造成的机体脱水与冻伤和低体温的发生密切相关。在寒冷刺激下，避免摄入酒精或者咖啡因，这些物质的摄入更容易引起脱水。冷暴露对体液平衡影响的最常见研究是冷利尿（cold-induced diuresis，CID）。1952年，Bader等[44]认为CID是由血管升压素（vasopressin，AVP）水平下降引起的，随着中心血容量的增加，加压素（一种AVP类似物）可以消除在寒冷时所观察到的较高的尿流量，而不影响肾小球滤过率。一系列的研究[45-47]表明，冷暴露也可使尿液电解质排泄增加，这表明CID是由于等渗性流体损失造成的。

研究发现，在冷暴露期间体液调节激素反应的静息时期，血浆肾素活性不变或下降，血浆醛固酮和心房钠尿肽（atrial natriuretic peptide，ANP）不变，AVP水平下降。这些研究发现，尿钠排泄升高，说明冷诱导的利尿作用不是通过醛固酮或ANP的变化来介导的，而可能是通过肾脏分泌的一种类似ANP的化合物（尿扩张素）影响的[48-52]。

当体温持续降低时，体内水分会发生大面积的生理交换。无论是从容量超负荷的角度，还是从离子平衡的角度，都可以用来解释冷水利尿的现象。例如，冷水浸泡实验已证明可使机体尿量增加至平时的3.5倍，这种体内水分的减少可能是导致"复温休克"的重要因素，因为"复温休克"往往发生在复温治疗引起的血管舒张之后，而体内有效循环水分减少，微循环灌注不足，造成代谢紊乱和机能障碍，从而引发休克。

长期暴露于低温可以通过几种机制降低机体内的水分，包括CID、出汗、呼吸道水分流失、水供应不足和有意识的饮水不足[49]。这些体内水分流失与血浆体积和电解质浓度的变化有关，会对后续液体调节激素产生连续的影响。

（一）呼吸失水

干燥的空气是造成寒冷环境中体液损失的原因，Brebbia等[53]发现呼吸导致的液体流失程度取决于通气量和周围空气中的水蒸气，因此，可以根据新陈代谢率和周围的空气状况（如气温和相对湿度）估算呼吸系统的水分损失。已有研究预测了水分流失量模型[54]，在冷空气中，尽管相对湿度很高（用于演示的100%），但冷空气所包含的水蒸气比温度低的暖空气要少得多。肺中的饱和空气（水蒸气为44mmHg）与周围空气之间的水蒸气压差决定了每次呼吸损失的呼吸水量。因此，环境空气中的水蒸气压力越低，呼吸失水就越多。

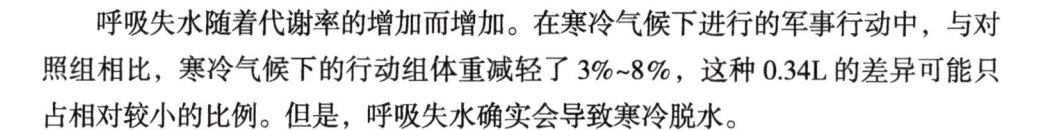

呼吸失水随着代谢率的增加而增加。在寒冷气候下进行的军事行动中,与对照组相比,寒冷气候下的行动组体重减轻了3%~8%,这种0.34L的差异可能只占相对较小的比例。但是,呼吸失水确实会导致寒冷脱水。

(二)脱水和温度调节

脱水与温度调节呈负相关,脱水的人将更容易热量流失[54],据研究仅占体重的1%的体液流失会改变运动的体温调节[55],此外,Adolph及其同事[56]在1947年发现,当寒冷导致的体液损失超过10%时,人体便已经处于威胁生命的状态。

脱水对核心温度的调控效果,取决于多种因素。例如,在中等寒冷的气候下,人们穿着沉重的衣服并进行繁重的工作或运动,脱水会加剧核心温度的升高并增加热应变。相反,在严寒中或工作效率低下且人体热量损失超过热量产生时,脱水对核心温度几乎没有影响,但可能会加剧外围冷却[57]。

脱水对温度调节的作用有多种机制。Sawka[58]在1992年发现,当个体水合过低时,出汗的时间会延迟。也就是说,与正常人相比,水合过低时,人体核心温度需要明显升高才能开始出汗。对于直肠温度,与正常水合时相比,低水合时出汗率显著较低。Montain等[59]在1995年发现,在小强度到大强度的运动中,脱水过程中出汗率降低,蒸发热损失减少。热量损失的减少将导致更多的热量存储,并可能导致核心温度的更大升高。人体核心温度的升高,对身体机能及热损伤和疾病具有重要意义。

(三)脱水和冷损伤敏感性

经常有人提出,脱水会增加人体对周围组织冻伤的敏感性[59],周围性冻伤患者经常会脱水。但是,表明脱水本身会显著增加周围冷损伤风险的直接证据是有限的。Roberts等[60]在1988年进行了一项研究,评估了冷暴露期间脱水对周围和中央温度的影响。两组受试者分别处于4种情况下(脱水前2天和脱水后2天),均处于冷空气中,其中一组保持了正常的水分状态,另一组脱水减轻了4.6%的体重(通过运动和体液限制)在15min后脱下手套,尽管直肠温度反应相似,但是脱水的受试者表现出手部血管收缩程度更高,这些数据表明,脱水可能会使冷诱导的血管舒张钝化并增加对冷损伤的敏感性。

此外,当机体处于寒冷环境下脱水时,体内有效循环水分降低,血液变黏稠,当人体受到冷刺激后,组织代谢、性能和细胞功能下降,此时可用的氧气量保持不变的情况下，氧合血红蛋白解离曲线将向左移动。这种转变在生理上是非常重要的，因为它决定了在血红蛋白不能结合氧气之前，氧气的分压必须降低到较低的值。在缺氧的情况下，细胞由有氧代谢转变为无氧代谢，产生代谢性酸中毒。当 H^+ 进入血液时，氧离解曲线向右移动，从而促进了血红蛋白与氧气的脱离。因此，可以简单地说，低温保护各种器官，是因为低体温减少了氧需求，所供应的氧气可以满足这些已经减少的新陈代谢需求[61]。在低温环境中，机体出现创口时，由于低温使酶的合适反应时间减少，从而延长了凝血时间，而且血小板被隔离在门静脉循环和肝脏中，这项研究结果也导致一些研究人员主张在手术中尽量减少轻度低体温[62]。

七、内分泌系统

（一）甲状腺激素

三碘甲状腺原氨酸（T_3）和四碘甲状腺原氨酸（T_4）是对核受体发挥主要作用的含碘酪氨酸。T_4 是甲状腺的主要产物，但 T_3 是活性更强的激素。T_3 和 T_4 对维持基础代谢和产热非常重要，是重要的调控代谢速率的激素。这些激素的热量产生效应被认为是由钠钾泵的能量消耗增加引起的，甲状腺激素（thyroxine，TH）已被证明是血管扩张剂。因此，这些激素可能会影响冷暴露期间的外周热损失。动物冷暴露1周至1个月后，甲状腺明显肥大，TH含量增高、分泌增多，血浆蛋白结合碘周转率升高，而长期冷暴露后，甲状腺重量和血浆蛋白结合碘周转率恢复正常水平。人体长期冷暴露后血浆 T_4 低于正常水平，冷习服后 T_4 的组织利用和代谢增强，T_4 半衰期明显缩短，尿中无机碘排出量明显增加。

低温暴露可以激活下丘脑室旁核甲状腺释放激素神经元，它可直接投射到下丘脑的正中隆起，使下丘脑-垂体-甲状腺轴激活。下丘脑促甲状腺激素释放素（thyrotropin releasing hormone，TRH）刺激垂体促甲状腺素（thyroid stimulating hormone，TSH）的合成和分泌，它作用于甲状腺。冷暴露可以使室旁核 TRH 的基因水平升高，并且背侧运动核和中缝尾侧核也会升高，因此这为自主神经系统和神经内分泌系统参与体温调节提供了强有力的证据[63]。

当机体处于冷环境中时，机体通过非战栗和战栗机制来产热，而 TH 可以促进基础产热和适应性产热，而 TH 是适应性产热的重要调节激素。严重甲状腺功能低下的动物不能承受寒冷暴露。人和动物通过增加全身耗氧量来响应 TH 的升高。在啮齿动物中，棕色脂肪组织（brown adipose tissue，BAT）是冷诱导热发生的首要部位。TH 和 NE 共同作用于 BAT，增加解偶联蛋白 1（uncoupling protein 1，UCP1）的表达。此外，TH 增加 BAT 的 E 能敏感性[64]。TH 可能在长时间的运动-冷应激过程中增加，通过脂质代谢提供能量，TH 可以放大 SNS 的 β 肾上腺素能反应，而核心温度的改变不是直接导致其浓度上升的诱发因素，在这些低强度运动研究中，TSH 没有升高，但在 20℃ 水中进行 30min 中等强度游泳时，TSH 升高了 90%[65]。同样，在冷水游泳期间，游离 T_4 水平增加了 46%，这种效应是否来自核心温度或外周温度输入的结果尚不清楚[66]。

在急性冷暴露期间，E 和 NE 通过 α_2 肾上腺素能受体发挥作用，它们以补体的方式和肾上腺素能激活的方式刺激 TSH 分泌。但在应激条件下，下丘脑-蓝斑肾上腺素系统的激活会导致 TSH 释放的减少。甲状腺功能减退症患者对冷不耐受，在甲状腺功能减退症十分严重时可能出现低体温。在冷空气（4~10℃）中久坐 30~180min 对血浆 TSH、T_3 和 T_4 水平没有影响[67]。相比之下，而另一些研究[68]发现，在寒冷的环境中工作 8h 后，T_3 和总 T_4 均降低。甲状腺功能减退通常与寒冷敏感性有关，即甲状腺功能不全的人更容易感觉寒冷。有研究发现，与对照组相比，容易感觉冷的女性 T_4 的浓度降低了 29%。

由于寒冷会导致迟钝的战栗和皮肤温度升高，TH 参与致热和血管扩张反应，所以其浓度水平也在改变。曾有研究发现[69]，将受试者暴露于 4.4℃ 环境中，每天两次 30min，持续 8 周（80 次总暴露）。其中一组受试者补充 T_3，以人为地抑制 TSH 和 T_4 水平。重复冷暴露计划确实诱导了习惯化，表现为急性冷暴露后氧摄取、平均动脉压和血浆 NE 值的降低。补充 T_3（低 TSH 和 T_4）组与未补充 T_4 组之间无差异，TH 浓度无变化。同样，Savourey 等[70]在 1994 年研究发现，8 名在冷适应前后接受 1℃ 冷空气试验 2h 的男性。通过 20 次冰水浸泡大腿来诱导适应，与预适应相比，直肠温度降低。但 T_3、T_4 和 TSH 在适应期后没有差异。这些研究表明，甲状腺激素在短时间内诱导的冷适应中不起作用。

（二）肾上腺素和去甲肾上腺素

遇到冷刺激时，机体在 SNS 调控下发生限制热量流失的生理反应，例如皮肤血流减少等，以防止体温下降。血浆 NE 浓度是体现 SNS 活性的急性标志物，也可作为 SNS 24h 活动的标志物。在急性冷暴露期间，NE 从外周神经末梢释放，通过骨骼肌上β肾上腺素能受体（代谢产热）和平滑肌上的α肾上腺素能受体（血管紧缩）发挥其体温调节作用。与室温相比，冷环境暴露可导致血浆NE浓度增加2~6倍，同时也会导致尿液中NE浓度升高。核心温度和皮肤温度的加权/影响因子对安静冷暴露中的NE反应比例大约为2:1，即多增加的约67%NE是核心温度降低所引发的，33%是皮肤温度降低引发的[52,71]。与在24℃环境下进行递增负荷的运动相比，在-2℃环境下运动更能引起NE水平的升高。与20℃和30℃环境相比，在5℃环境下进行90min的运动，可引起E和NE水平的升高[72]。动物实验发现，大鼠在0℃环境中冷暴露后，大鼠肾上腺内E的含量迅速减少，而后逐渐恢复，但NE并无减少；大鼠长时间在冷环境中暴露后，NE可逐渐增加4倍，但不同动物的反应程度可有较大差异。NE浓度在运动和寒冷应激期间增加，但是这个反应很可能取决于核心温度是否下降。在干燥、15℃条件下进行高强度运动时，血浆NE浓度与正常对照组相比无显著性差异。潮湿、多风、5℃环境下，一旦强度降到30% $\dot{V}O_2max$ 以下，核心温度随后下降，NE浓度增加了240%；在单纯的核心温度下降时，冷湿环境中血浆NE浓度高45%[73]。研究发现，在21℃的水中游泳，直肠温度降低0.8℃，NE浓度比27℃游泳时高87%；同样，最大温度变化和最大运动期间的核心和皮肤温度都很低时，NE反应最大[74]。

血浆E浓度与常温或者温带条件相比，在运动期间，如果核心温度下降，血浆中E浓度升高，这个反应类似于血浆NE。与直肠温差为0.4℃的15℃干燥条件相比，冷湿暴露4~6h后，E水平升高。同样，在21℃水中游泳后E水平比27℃高71%。另外，如果核心温度在寒冷和温带环境之间没有差别，E的浓度是相同的或更低[75]。

（三）肾上腺皮质激素

肾上腺皮质激素可提高动物冷暴露时的存活率，对冷习服十分重要，但具体作用机制尚不清楚。动物冷暴露初期伴随着促肾上腺皮质激素（adreno-corticotropic-hormone，ACTH）的释放，肾上腺皮质对ACTH反应增强，肾上腺的肾上腺皮质计算含量增加，分泌亢进，并在此后的一段时间内一直保持较高水平。冷习服建立后，肾上腺皮质功能才恢复正常。

在冷刺激的环境下，机体处于冷暴露会引起广泛的生理反应。这些包括增加新陈代谢速率，增加产热和血管收缩以维持体温，改变液体平衡和改变底物动员以促进增加的新陈代谢活动。这些生理反应中的许多与内分泌和浓度变化有关。

第三节　冷应激与运动表现

冷环境对有氧运动的影响尚未得到深入的研究结论。在这方面研究存在的一个问题是缺少标准化的方法（如冷暴露的气温和运动表现的评价）。对于夏季项目来说，热应激是影响耐力表现的关键因素，身体过热是限制耐力表现的重要原因，因此低于20℃的低温环境更有利于耐力表现，实际上10~13℃的环境是最优的。在环境温度与运动成绩的倒U型关系中，U的右上升段将在10~13℃的顶点结束，当温度下降到，足以显著降低肌肉温度时，低温环境对耐力运动不利[76]。研究发现，有氧运动能力、力量及做功能力在低温环境下均出现了显著性降低[20]。足球运动员在低温（10℃）的环境下的有氧耐力水平降低[77]。

一、环境温度与运动成绩呈倒U型关系

研究者分别对在环境温度为4℃、11℃、21℃和31℃下进行70% $\dot{V}O_2max$ 强度的力竭性运动进行研究，结果发现在11℃环境下的运动至力竭的时间最长，31℃最短（图3）。运动表现和环境温度存在一个倒U型的关系[78]。Galloway 和 Maughan 发现最有利于骑行的温度是11℃，随着温度降低，骑行的表现也出现降低。对于越野滑雪的最佳温度范围是 –4℃~1℃，温度高于20℃或者低于 –9℃时运动的经济性出现明显降低[79]。

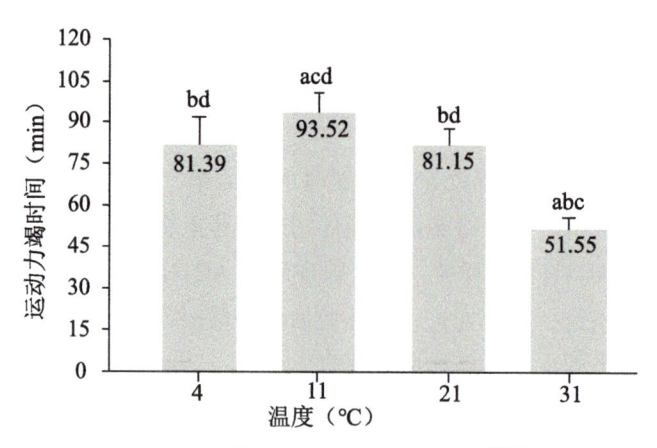

图3　环境温度与力竭时间的关系[78]

注：a、b、c、d 表示与4℃、11℃、21℃和31℃相比有显著性差异（$P < 0.05$）。

对于男子耐力性运动员的最佳温度范围是 –4~11℃，然而也有研究发现，女子耐力性运动员在 –4~10℃ 的区间的运动至力竭时间稍长，但与 20℃ 及 –14℃ 环境下的运动至力竭时间相比无显著性差异[80]。

二、低温环境下运动时摄氧量的变化

当 8 名越野滑雪运动员分别在 –15℃ 和 23℃ 的环境房中进行递增负荷的跑台运动后发现，在亚极量强度下低温环境的摄氧量较常温环境有显著性升高（图 4），并且低温环境下血乳酸值也较常温环境下高，但在低温环境下运动至力竭的时间明显较常温环境下缩短[81]。日本学者也发现了，在运动强度到达亚极量强度时，18℃ 环境下运动时的摄氧量较 26℃ 及 34℃ 环境下的摄氧量高，但 18℃ 环境下的力竭时间较常温和高温环境下明显缩短[82]。

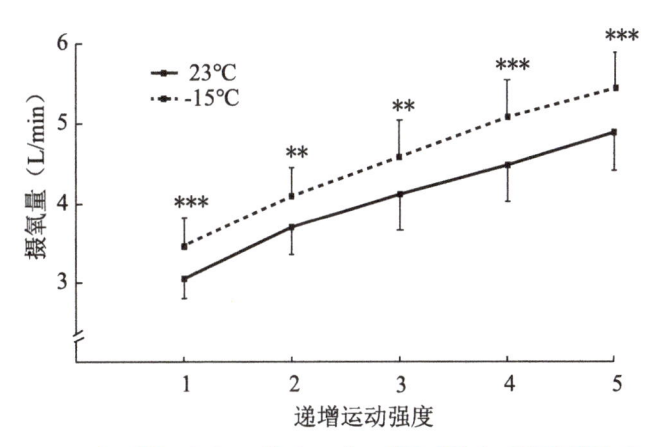

图 4　在环境温度为 –15℃ 和 23℃ 下摄氧量与运动强度的关系

注：1~5 代表运动强度从 50%~95% $\dot{V}O_2max$，**$P < 0.01$，***$P < 0.001$。

$\dot{V}O_2max$ 是指人体在进行有大量肌群参加的长时间剧烈运动中，当心肺功能和肌肉利用氧的能力达到人体极限水平时，单位时间内所能摄取的氧量。$\dot{V}O_2max$ 的大小可较客观地评价心肺功能。封文平课题组进行了低温环境和常温环境下两次 $\dot{V}O_2max$ 的测试，结果表明在低温环境下测得的 $\dot{V}O_2max$ 值略低于常温环境，但无统计学意义。Patton 等也认为，在一定范围内，环境温度对 $\dot{V}O_2max$ 测试结果影响不大[83]。此外，$\dot{V}O_2max$ 与心输出量有关，而心输出量与每搏输出量和心率有关，本研究也未发现两种不同温度环境下进行 $\dot{V}O_2max$ 测试时最大心率有显著性差异。Hurley 等[84]也表示，低温环境下只有以低强度运动时，心率才会较低于温暖环境。

三、寒冷对肌肉力量的影响

寒冷对肌肉力量有明显的影响，主要是等动收缩或等张收缩的力量。随着核心体温的降低，爆发力也出现降低。研究发现，肌肉温度每降低 1℃，垂直纵跳高度会降低 4.2%[85]。

肌肉温度和神经肌肉功能呈线性相关，因此维持肌肉温度对于寒冷环境中的表现至关重要[86]。有研究发现，在寒冷环境下冷的肌肉与正常条件下相比，力量速度曲线会出现左移[87]，也就是说，当肌肉温度降低时，产生的最大肌肉力量及速度均出现降低，产生相同力量时的速度变慢（图 5）。当骨骼肌受冷时，最大自主收缩能力降低，力量速度曲线向左偏移[88]，这意味着冷应激会降低力产生的大小，并可能减慢运动速度。对于耐力运动而言，参与者运动中最大自主力量收缩的比例增大，并且在运动的动力阶段不会产生与常温环境下相同的速度（如越野滑雪中的双极化）。冷暴露对肌肉的影响还包括肌电图（electromyogram，EMG）的振幅出现升高，在进行固定的工作任务时所需要募集的肌纤维数量增加，类似于疲劳时的肌肉状态[89]。由于肌肉温度和神经肌肉功能是线性相关的，因此，维持肌肉温度对运动员在寒冷环境中的表现是至关重要的。

在冷环境中引起运动表现降低的一个因素是肌肉血流降低，多项研究表明，安静状态下的冷暴露可以降低肌肉的血流。研究发现与在 22℃的冷水浸泡相比，在 8℃时股动脉会有 30%~40% 的血流量降低。比如在骑行过程中，随着肌肉温度的降低，力量 - 速度曲线出现向左移动的现象，表明在相同的力量输出下，骑行的速度逐渐降低（图 5）[87]。

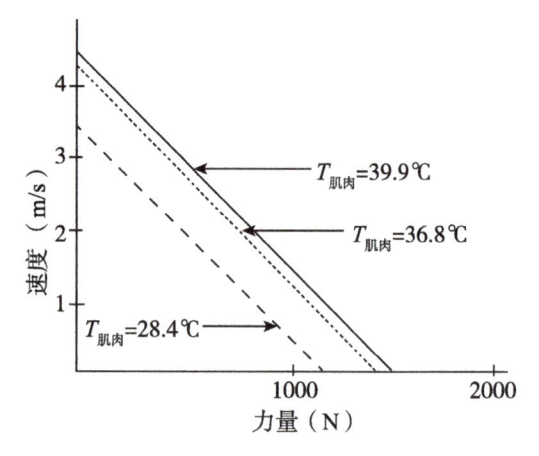

图 5　骑行过程中肌肉温度与力量速度曲线的关系[87]

四、低温对神经肌肉功能的影响

与高温环境相比,在寒冷环境下神经驱动会发生改变。体温过高似乎可以降低主动肌激活的数量,而冷环境主要作用于主动肌-对抗肌的关系。人在走路时,拮抗肌收缩的同时主动肌也收缩,这一现象叫作共激活,在冷环境下这种共激活增加。如当机体受冷后,在伸肘过程中,拮抗肌(肱二头肌)的共激活明显,而在常温环境下主要是主动肌(肱三头肌)的激活。在肌肉的收缩过程中,在冷环境下拮抗肌活动明显增加,而主动肌活动明显减弱,这种现象被称为"刹车效应"。而这两种改变可能是冷环境下肌肉表现降低的原因[86]。有报道显示,在寒冷环境下肌肉反射的电机械延迟(electromechanical delay,EMD)更长,如在5℃冷中浸泡30min后,EMD增加24.6%[90]。

冷应激对神经肌肉功能的影响既出现在需要浸泡水的运动中,也出现在陆地耐力运动中。尽管耐力运动员在陆地运动(越野滑雪的安全最低温度为-15℃)中可以忍受明显较低的空气温度,但与超耐力游泳等水上运动相比,后者的最低安全温度为14℃[91]。水的热导/耗散能力约为空气的25倍[92]。因此,水环境会比空气更有效地冷却身体,迅速超过先天的保护机制,即外周血管收缩和增加代谢热产生。在寒冷中训练和比赛的运动员很可能会遵守两种行为来调节热舒适。他们会优先选择高透气性的防护服,并在运动时提供一些隔热价值。他们选择穿衣服的原因主要是为了减少出汗的机会,这会改变衣服的隔热值,增加皮肤的湿性,并由于出汗而产生降温,最终改变热舒适。

体温是影响运动表现的一个重要因素,机体体温下降是冷环境下限制有氧运动表现的可能因素之一,因为体温下降会降低机体代谢及骨骼肌力量的产生。此外,机体的运动表现还受到多种因素的影响,如心血管系统向工作肌肉的供氧能力[36]、存储物质代谢所产生足够的能量、神经肌肉系统的适应性和心理能力(如认知能力、动机和疼痛忍受能力等)。冷暴露可通过影响这些因素,进而影响运动表现。

1. **温度**

更低的深部体温;
肌肉温度的降低;
皮肤温度的降低。

2. 代谢

乳酸的增高；
血糖水平的降低。
禁食；
摄氧量增加/运动的经济性降低。

3. 中枢/外周循环

最大心率的降低；
心输出量的降低；
肌肉血流的降低。

在寒冷条件下可能引起运动表现降低的原因有：心血管功能变化、能量的供应、神经传导和肌肉收缩功能的改变，以及疲劳的感知等。运动表现可通过多种方法定义，如运动力竭时间、自行车计时表现、$\dot{V}O_2max$、肌肉力量和肌肉耐力等。在冷环境中运动引起运动表现降低的一个因素是肌肉血流降低。多项研究表明，安静状态下的冷暴露可以降低肌肉的血流。

小结

环境冷强度受海拔、风速和湿度等多种因素的影响，其强度可根据气温和风速进行评价，也可以根据气温、风速和太阳辐射进行评价。冷环境导致机体散热增加，从而引起机体发生一系列的变化，包括机体通过分解糖和脂肪增加产热，通过收缩血管降低散热，通过调节呼吸、循环、血液、内分泌和泌尿等系统维持身体热平衡。冷环境对机体运动表现有一定的影响，如增加运动时的摄氧量、降低力竭运动时间，降低力量及爆发力和增加肌肉共激活。

参考文献

[1] Acgih.Threshold limit values（TLVs）and biological exposure index（BEIs）for chemical substances and physical agents［M］. Cincinnati, OH American Conference of Governmental Industrial Hygienists，2011.

[2] Shephard RJ. Metabolic adaptations to exercise in the cold. An update［J］. Sports medicine，1993，16（4）：266-289.

［3］Febbraio MA, Snow RJ, Stathis CG, et al. Blunting the rise in body temperature reduces muscle glycogenolysis during exercise in humans［J］. Exp Physiol, 1996, 81（4）: 685-693.

［4］Stocks JM, Taylor NA, Tipton MJ, et al. Human physiological responses to cold exposure［J］. Aviation, space, and environmental medicine, 2004, 75（5）: 444-457.

［5］Castellani JW, Ik MB, Rhind SG. Cold exposure: human immune responses and intracellular cytokine expression［J］. Medicine and science in sports and exercise, 2002, 34（12）: 2013-2020.

［6］Weller AS, Millard CE, Stroud MA, et al. Physiological responses to cold stress during prolonged intermittent low- and high-intensity walking［J］. Am J Physiol, 1997, 272（6 Pt 2）: R2025-2033.

［7］Layden JD, Patterson MJ, Nimmo MA. Effects of reduced ambient temperature on fat utilization during submaximal exercise［J］. Med Sci Sports Exerc, 2002, 34（5）: 774-779.

［8］Flore P, Therminsrias A, Oddou-chirpaz MF, et al. Influence of moderate cold exposure on blood lactate during incremental exercise［J］. Eur J Appl Physiol Occup Physiol, 1992, 64（3）: 213-217.

［9］Vallerand AL, Jacobs I. Influence of cold exposure on plasma triglyceride clearance in humans［J］. Metabolism, 1990, 39（11）: 1211-1218.

［10］Belfiore F, Iannello S, Campione R, et al. Metabolic effects of high glucose concentrations: inhibition of hepatic pyruvate kinase［J］. Diabetes Res, 1989, 10（4）: 183-186.

［11］Brown E, Rajeev SP, Cuthbertson DJ, et al. A review of the mechanism of action, metabolic profile and haemodynamic effects of sodium-glucose co-transporter-2 inhibitors［J］. Diabetes Obes Metab, 2019, 21: 9-18.

［12］Koufakis T, Karras SN, Mustafa OG, et al. The Effects of High Altitude on Glucose Homeostasis, Metabolic Control, and Other Diabetes-Related Parameters: From Animal Studies to Real Life［J］. High Alt Med Biol, 2019, 20（1）: 1-11.

［13］Ganda OP, Soeldner JS, GLEASON R E, et al. Metabolic effects of glucose, mannose, galactose, and fructose in man［J］. J Clin Endocrinol Metab, 1979, 49（4）: 616-622.

［14］Bjornshave A, Holst JJ, Hermansen K. A pre-meal of whey proteins induces differential effects on glucose and lipid metabolism in subjects with the metabolic syndrome: a randomised cross-over trial［J］. Eur J Nutr, 2019, 58（2）: 755-764.

［15］Keramidas ME, Musizza B, Kounalakis SN, et al. Enhancement of the finger cold-induced vasodilation response with exercise training[J]. Eur J Appl Physiol, 2010, 109 (1): 133-140.

[16] Lewis T. Observations on RESEARCH IN MEDICINE: ITS POSITION AND ITS NEEDS[J]. Br Med J, 1930, 1 (3610): 479-483.

[17] Lewis GN. The Symmetry of Time in Physics[J]. Science, 1930, 71 (1849): 569-577.

[18] Ducharme MB, Tikuisis P. In vivo thermal conductivity of the human forearm tissues[J]. J Appl Physiol(1985), 1991, 70 (6): 2682-2690.

[19] Lindblad LE, Ekenvall L, Klingstedt C. Neural regulation of vascular tone and cold induced vasoconstriction in human finger skin[J]. J Auton Nerv Syst, 1990, 30 (2): 169-173.

[20] Castellani JW, Tipton MJ. Cold stress effects on exposure tolerance and exercise performance [J]. Compr Physiol, 2015, 6 (1): 443-469.

[21] Veicsteinas A, Gussoni M, Margonato V, et al. Cardiac output and cardiac load during isometric exercise in man[J]. Boll Soc Ital Biol Sper, 1982, 58 (8): 457-461.

[22] Veicsteinas A, Ferretti G, Rennie DW. Superficial shell insulation in resting and exercising men in cold water[J]. J Appl Physiol Respir Environ Exerc Physiol, 1982, 52 (6): 1557-1564.

[23] Veicsteinas A, Rennie DW. Thermal insulation and shivering threshold in Greek sponge divers[J]. J Appl Physiol Respir Environ Exerc Physiol, 1982, 52 (4): 845-850.

[24] Mognoni P, Saibene F, Veicsteinas A. Ventilatory work during exercise at high altitude[J]. Int J Sports Med, 1982, 3 (1): 33-36.

[25] Gussoni M, Veicsteinas A, Sloan AW. Kinetics of adjustment of cardiac output to muscular exertion[J]. Boll Soc Ital Biol Sper, 1982, 58 (5): 191-198.

[26] Charkoudian N. Mechanisms and modifiers of reflex induced cutaneous vasodilation and vasoconstriction in humans[J]. J Appl Physiol(1985), 2010, 109 (4): 1221-1228.

[27] Charkoudian N. Optimizing heat dissipation for every environment: the cool ability of the skin to locally regulate sweating[J]. J Appl Physiol(1985), 2010, 109 (5): 1288-1289.

[28] Stephens S, Kenny RA, Rowan E, et al. Neuropsychological characteristics of mild vascular cognitive impairment and dementia after stroke[J]. Int J Geriatr Psychiatry, 2004, 19 (11): 1053-1537.

[29] Thompson-Torgerson CS, Holowatz LA, Flavahan NA, et al. Rho kinase-mediated local cold-induced cutaneous vasoconstriction is augmented in aged human skin[J]. Am J Physiol Heart Circ Physiol, 2007, 293 (1): H30-H36.

[30] Thompson-Torgerson CS, Hplowatz LA, Flavahan NA, et al. Cold-induced cutaneous

vasoconstriction is mediated by Rho kinase in vivo in human skin[J]. Am J Physiol Heart Circ Physiol, 2007, 292(4): H1700-H1705.

[31] Eid AH, Maiti K, Mitra S, et al. Estrogen increases smooth muscle expression of alpha2C-adrenoceptors and cold-induced constriction of cutaneous arteries[J]. Am J Physiol Heart Circ Physiol, 2007, 293(3): H1955-H1961.

[32] Almeida MC, Hew-Butler T, Soriano RN, et al. Pharmacological blockade of the cold receptor TRPM8 attenuates autonomic and behavioral cold defenses and decreases deep body temperature[J]. J Neurosci, 2012, 32(6): 2086-2099.

[33] Brown CF, Oldridge NB. Exercise-induced angina in the cold[J]. Medicine and science in sports and exercise, 1985, 17(5): 607-612.

[34] Doubt TJ. Physiology of exercise in the cold[J]. Sports medicine, 1991, 11(6): 367-381.

[35] Mcardle JJ. Latent variable growth within behavior genetic models[J]. Behav Genet, 1986, 16(1): 163-200.

[36] Bougault V, Turmel J, St-laurent J, et al. Asthma, airway inflammation and epithelial damage in swimmers and cold-air athletes[J]. Eur Respir J, 2009, 33(4): 740-746.

[37] Gatterer H, Dunnwald T, Turner R, et al. Practicing Sport in Cold Environments: Practical Recommendations to Improve Sport Performance and Reduce Negative Health Outcomes[J]. Int J Environ Res Public Health, 2021, 18(18): 9700.

[38] Severinghaus JW. Respiration and hypothermia[J]. Ann N Y Acad Sci, 1959, 80: 384-394.

[39] Johaston CE, Elias DA, Ready AE, et al. Hypercapnia lowers the shivering threshold and increases core cooling rate in humans[J]. Aviation, space, and environmental medicine, 1996, 67(5): 438-444.

[40] Wisslee EH. A quantitative assessment of skin blood flow in humans[J]. Eur J Appl Physiol, 2008, 104(2): 145-157.

[41] Greenleaf J. Physical exercise training to counteract the deconditioning (adaptation) experienced by astronauts during exposure to the microgravity environment of spaceflight[J]. Aviation, space, and environmental medicine, 1992, 63(2): 150.

[42] Bly CG, Johnson RE, Kark RM, et al. Survival of the Cold[J]. US Armed Forces Med J, 1950, 1(6): 615-628.

[43] Gibson A, Report C. On the Primitive Muscle Tissue of the Human Heart[J]. Br Med J, 1909, 1(2507): 148-150.

[44] Bader RA, Eliot JW, Bass DE. Hormonal and renal mechanisms of cold diuresis [J]. J Appl Physiol, 1952, 4 (8): 649-658.

[45] Lamke LO, Lennquist S, Liljedahl SO, et al. The influence of cold stress on catecholamine excretion and oxygen uptake of normal persons [J]. Scand J Clin Lab Invest, 1972, 30 (1): 57-62.

[46] Lennquist S. Cold-induced diuresis. A study with special reference to electrolyte excretion, osmolal balance and hormonal changes [J]. Scand J Urol Nephrol, 1972, 9: 1-142.

[47] Lennquist S, Granberg PO, Wedin B. Fluid balance and physical work capacity in humans exposed to cold [J]. Arch Environ Health, 1974, 29 (5): 241-249.

[48] Atterhog JH, Carlens P, Granberg PO, et al. Cardiovascular and renal responses to acute cold exposure in water-loaded man [J]. Scand J Clin Lab Invest, 1975, 35 (4): 311-317.

[49] Nakamitsu S, Sagawa S, Miki K, et al. Effect of water temperature on diuresis-natriuresis: AVP, ANP, and urodilatin during immersion in men [J]. J Appl Physiol (1985), 1994, 77 (4): 1919-1925.

[50] O'brien C, Young AJ, Sawka MN. Hypohydration and thermoregulation in cold air [J]. J Appl Physiol (1985), 1998, 84 (1): 185-189.

[51] Bestle MH, Olsen NV, Christensen P, et al. Cardiovascular, endocrine, and renal effects of urodilatin in normal humans [J]. Am J Physiol, 1999, 276 (3): R684-R695.

[52] Frank SM, Raja SN, Bulcao CF, et al. Relative contribution of core and cutaneous temperatures to thermal comfort and autonomic responses in humans [J]. J Appl Physiol (1985), 1999, 86 (5): 1588-1593.

[53] Brebbia DR, Goldman RF, Buskirk ER. Water vapor loss from the respiratory tract during outdoor exercise in the cold [J]. J Appl Physiol, 1957, 11 (2): 219-222.

[54] Pandolf KB, Gange RW, Latzka WA, et al. Human thermoregulatory responses during cold water immersion after artificially induced sunburn [J]. Am J Physiol, 1992, 262 (4 Pt 2): R617-R623.

[55] Harrison MH, Geelen G, Keil LC, et al. Effect of hydration on plasma vasopressin, renin, and aldosterone responses to head-up tilt [J]. Aviation, space, and environmental medicine, 1986, 57 (5): 420-425.

[56] Adolph EF. Water metabolism [J]. Annu Rev Physiol, 1947, 9: 381-408.

[57] Adolph EF. Forced water drinking [J]. Fed Proc, 1947, 6 (1 Pt 2): 67.

[58] Sawka MN. Physiological consequences of hypohydration: exercise performance and thermoregulation[J]. Med Sci Sports Exerc, 1992, 24(6): 657-670.

[59] Montain SJ, Latzka WA, Sawka MN. Control of thermoregulatory sweating is altered by hydration level and exercise intensity[J]. J Appl Physiol(1985), 1995, 79(5): 1434-1439.

[60] Roberts DG, Roberts BM, Peterson LE, et al. Comparison between cefotaxime and a combination of benzylpenicillin and cloxacillin as an antibiotic prophylaxis in cardiac surgery with cardio-pulmonary bypass[J]. J Cardiovasc Surg(Torino), 1988, 29(6): 650-657.

[61] Tonndorf J, Mcardle F, Kruger B. Middle ear transmission losses caused by tympanic membrane perforations in cats[J]. Acta Otolaryngol, 1976, 81(3-4): 330-336.

[62] Mcardle WD, Magel JR, Lesmes GR, et al. Metabolic and cardiovascular adjustment to work in air and water at 18, 25, and 33 degrees C[J]. J Appl Physiol, 1976, 40(1): 85-90.

[63] Arancibia S, Rage F, Astier H, et al. Neuroendocrine and autonomous mechanisms underlying thermoregulation in cold environment[J]. Neuroendocrinology, 1996, 64(4): 257-267.

[64] Ortiga-Carvalho TM, Chiamolera MI, Pazos-Moura CC, et al. Hypothalamus-Pituitary-Thyroid Axis[J]. Compr Physiol, 2016, 6(3): 1387-1428.

[65] Deligiannis A, Karamouzis M, Kouidi E, et al. Plasma TSH, T3, T4 and cortisol responses to swimming at varying water temperatures[J]. Br J Sports Med, 1993, 27(4): 247-250.

[66] Mougios V, Deligiannis A. Effect of water temperature on performance, lactate production and heart rate at swimming of maximal and submaximal intensity[J]. J Sports Med Phys Fitness, 1993, 33(1): 27-33.

[67] Hershman JM, Pittman JA, JR. Response to synthetic thyrotropin-releasing hormone in man[J]. J Clin Endocrinol Metab, 1970, 31(4): 457-460.

[68] Solter M, Misjak M. Pituitary-gonadal response to extreme cold exposure in healthy men[J]. Horm Metab Res, 1989, 21(6): 343-344.

[69] Hesslink RL, JR., D'alesandro MM, Armstrong DW, 3RD, et al. Human cold air habituation is independent of thyroxine and thyrotropin[J]. J Appl Physiol(1985), 1992, 72(6): 2134-2139.

[70] Savourey G, Caravel JP, Barnavol B, et al. Thyroid hormone changes in a cold air environment after local cold acclimation[J]. J Appl Physiol(1985), 1994, 76(5): 1963-1967.

[71] Golstein-Golaire J, Vanhaelst L, Bruno OD, et al. Acute effects of cold on blood levels of growth hormone, cortisol, and thyrotropin in man[J]. J Appl Physiol, 1970, 29(5): 622-

626.

[72] Dolny DG, Lemon PW. Effect of ambient temperature on protein breakdown during prolonged exercise[J]. Journal of applied physiology, 1988, 64(2): 550-555.

[73] Dulac S, Quirion A, Decarufel D, et al. Metabolic and hormonal responses to long-distance swimming in cold water[J]. Int J Sports Med, 1987, 8(5): 352-356.

[74] Frank SM, Higgins MS, Fleisher LA, et al. Adrenergic, respiratory, and cardiovascular effects of core cooling in humans[J]. Am J Physiol, 1997, 272(2 Pt 2): R557-R562.

[75] Leppaluoto J, Korhonen I, Hassi J. Habituation of thermal sensations, skin temperatures, and norepinephrine in men exposed to cold air[J]. J Appl Physiol(1985), 2001, 90(4): 1211-1218.

[76] Nimmo M. Exercise in the cold[J]. J Sports Sci, 2004, 22(10): 898-915.

[77] No M, Kwak HB. Effects of environmental temperature on physiological responses during submaximal and maximal exercises in soccer players[J]. Integr Med Res, 2016, 5(3): 216-222.

[78] Galloway SD, Maughan RJ. Effects of ambient temperature on the capacity to perform prolonged cycle exercise in man[J]. Medicine and science in sports and exercise, 1997, 29(9): 1240-1249.

[79] Sandsund M, Saursaunet V, Wiggen O, et al. Effect of ambient temperature on endurance performance while wearing cross-country skiing clothing[J]. Eur J Appl Physiol, 2012, 112(12): 3939-3947.

[80] Renberg J, Sandsund M, Wiggen ON, et al. Effect of ambient temperature on female endurance performance[J]. J Therm Biol, 2014, 45: 9-14.

[81] Sandsund M, Sue-Chu M, Helgerud J, et al. Effect of cold exposure(-15 degrees C) and salbutamol treatment on physical performance in elite nonasthmatic cross-country skiers[J]. Eur J Appl Physiol Occup Physiol, 1998, 77(4): 297-304.

[82] Fujimoto T, Sasaki Y, Wakabayashi H, et al. Maximal workload but not peak oxygen uptake is decreased during immersed incremental exercise at cooler temperatures[J]. Eur J Appl Physiol, 2016, 116(9): 1819-1827.

[83] Patton JF, Vogel JA. Effects of acute cold exposure on submaximal endurance performance[J]. Med Sci Sports Exerc, 1984, 16(5): 494-497.

[84] Hurley BF, Haymes EM. The effects of rest and exercise in the cold on substrate mobilization and

utilization[J]. Aviation, space, and environmental medicine, 1982, 53(12): 1193-1197.

[85] Bergh U, Ekblom B. Influence of muscle temperature on maximal muscle strength and power output in human skeletal muscles[J]. Acta Physiol Scand, 1979, 107(1): 33-37.

[86] Racinais S, Oksa J. Temperature and neuromuscular function[J]. Scand J Med Sci Sports, 2010, 20(Suppl 3): 1-18.

[87] Davies CT, Young K. Effect of temperature on the contractile properties and muscle power of triceps surae in humans[J]. J Appl Physiol Respir Environ Exerc Physiol, 1983, 55(1 Pt 1): 191-195.

[88] De Ruiter CJ, De Haan A. Temperature effect on the force/velocity relationship of the fresh and fatigued human adductor pollicis muscle[J]. Pflugers Arch, 2000, 440(1): 163-170.

[89] Drinkwater EJ, Behm DG. Effects of 22 degrees C muscle temperature on voluntary and evoked muscle properties during and after high-intensity exercise[J]. Appl Physiol Nutr Metab, 2007, 32(6): 1043-1051.

[90] Kubo K, Kanehisa H, Fukunaga T. Effects of cold and hot water immersion on the mechanical properties of human muscle and tendon in vivo[J]. Clin Biomech(Bristol, Avon), 2005, 20(3): 291-300.

[91] Tipton M, Bradford C. Moving in extreme environments: open water swimming in cold and warm water[J]. Extrem Physiol Med, 2014, 3: 12.

[92] Nadel ER, Holmer I, Bergh U, et al. Energy exchanges of swimming man[J]. J Appl Physiol, 1974, 36(4): 465-471.

专题三
冷损伤的防治

邢文娟（中国人民解放军空军军医大学）
董　玲（中国人民解放军空军军医大学）
高　峰（中国人民解放军空军军医大学）

机体可通过平衡热量的产生与散失，保持正常的核心体温。产热减少或散热增加均可引起体温调节受损，以往的冷损伤经历可增加机体再次发生寒冷损伤的风险[1, 2]。根据寒冷暴露情况的不同，个体的损伤范围包括从功能轻度下降到组织损伤（包括冻结性冷损伤和非冻结性冷损伤），再到威胁生命的低体温等不同病理状况。了解低温引起机体创伤的病因、表现、诊断、治疗与防护，可引起人们（尤其是运动员）对低温造成的机体损伤的重视，降低冬季运动冷损伤的发病率，在冬季奥运会中最大限度减少与疾病相关的并发症。

第一节　冷损伤

冷损伤的发生与温度、湿度和风速相关，也与机体的生理病理状态和个人防护程度相关。在相同的天气条件下，不同体质对遭受冷损伤的风险有所差异。低温侵袭机体可发生不同程度的组织损害，轻者形成局部冻伤，重者可引起全身组织损害。儿童和老年人因缺乏防寒意识且抵抗力较弱，故更容易发生冻伤。理解冷损伤的病理因素对于早期识别、防治和降低冷损伤的发病率具有重要意义。

一、冷损伤的分类

冷损伤是指寒冷环境导致的机体损伤，包括全身性冷损伤（如低体温/冻僵、冷晕厥和骨骼肌衰竭）和局部冷损伤，后者又可分为冻结性损伤（即冻伤）和非冻结性损伤（如冻疮和浸渍足）。

二、冷损伤发生的影响因素

（一）冷损伤发生中的机体因素

机体存在不良生理病理状态、寒冷的天气因素和防寒准备不足等是导致冷损伤的危险因素。为了保持正常的核心体温并保护肢体免受冻伤，便需要平衡热量的产生和散失。散热可通过蒸发、对流和传导的方式发生。温度平衡的变化归因于衣服单薄、潜在医疗条件造成的体温调节受损、冷水浸入及先前的冷损伤，进而会增加低体温和冻伤的风险[3]。

身体健康或提高训练水平并不会改变遭遇冷损伤的风险，机体耐受性的变化可能是由测量学差异造成的。身体健康的人可在较长时间内保持较高的代谢率，以维持机体处在正常的核心体温范围。人体可通过增加代谢热的产生和减少热量的损失来应对急性寒冷暴露[1]。随着核心温度的下降，人们可通过增加体育活动、战栗和其他行为改变引起新陈代谢产生的热量增加，进而维持核心体温[1,4]。战栗是对低温的非自主反应，可引起骨骼肌收缩，其强度根据冷应激的程度而变化[1]，战栗发生时机体摄氧量增加[1]。当皮肤温度降为17~20℃，且核心温度为32~35℃时，会出现最大的战栗反应[5]。随着核心体温进一步下降，人体保持战栗响应的能力也会下降。此外，战栗的程度也与体重指数相关，体内脂肪增加会降低战栗的强度[5]。战栗可使基础代谢率（basal metabolic rate，BMR）增加5~6倍，因此需要适当的能量存储以维持此反应[1,5]。体内较高的脂肪含量可以增加对寒冷的隔绝性。皮下脂肪厚度更高、肌肉质量更多的运动员与肌肉和脂肪较少的运动员相比，可更好地维持其核心温度[1]。国外的记录资料显示，由于人体测量学上的差异（女性表面积高于男性，但其总体体重小于男性[1]），女性患冷损伤的风险高于男性[6]。由于缺乏在寒冷天气中生活的经历及对冷损伤的认识，小于20岁年龄的人群患冷损伤的风险增加[7]；年龄大于60岁的老年人，由于血管收缩、热量维持力下降及身体素质下降等原因，患冷损伤的风险增加[1]；幼儿由于皮下脂肪较少，尤其是在冷水里游泳的时候，引起冷损伤的风险也大大增加[1]。

然而机体的病理因素可增加冷损伤发生的风险。低血糖、内分泌异常和低热量摄入会降低战栗反应和产热[1,3]。慢性皮肤病、多汗症、烧伤和晒伤，会导致全身热量损失增加[1]。神经和血管系统对于温度调节至关重要，药物可改变

运动与低温环境

这些系统并缩短人体的反应时间（苯二氮䓬类药物），增加血管收缩（β受体阻滞剂），进而增加患冷损伤的风险[3]。已经证明，雷诺综合征会损害体温调节机制，从而导致在冷暴露期间血液流向手指的血流量减少、升温时间延长，这均会增加冷损伤发生的风险[8]。已有证据表明，有冷损伤经历的患者再次发生冷损伤的机会增加1.5~4倍[2,9]。最新的研究表明，对于先前有或无冻伤经历的登山者来说，手指或脚趾之间的皮肤温度变化并无差异，且脚趾受伤或未受伤之间的皮肤温度也没有差异[10]。这表明先前的寒冷损伤有可能并非通过改变血管功能而增加反复冻伤的危险，因而与先前冷损伤相关的风险因素仍需要进一步的研究。

（二）冷损伤发生中的环境因素

同时具有低温、大风和潮湿特征的天气最易使运动员遭受冷损伤。因此，不能仅靠温度来确定冷损伤的风险。对流通过将热量从人体直接传递到流动的电流（如风或水）而导致热损失[7]。对于某些冬季户外运动（如冬季骑行和越野滑雪）而言，风寒是冷损伤重要诱因之一[11]，而这种风险常常被低估。风冷温度（the wind chill temperature，WCT）用以描述冷空气以风的形式运动时人体所承受寒冷感觉的程度，以及裸露体表被冻伤的危险度（图1）。在20km/h的风速下，暴露于-20℃的环境中30min，-30℃的环境中10min，以及低于-35℃的环境中5min可能会发生冻伤。随着风速的增加，冻伤的时间减少。当环境温度高于-15℃时，冻伤的风险低于5%[1]。较新的全身温度调节模型表明，实际情况下，比常用风冷温度指数预测更高的温度下即可能发生冻伤[11]。由于骑自行车、滑雪和拉雪橇等活动产生的明显（人为）风，因此，考虑风的因素非常重要。潮湿的条件也会增加冻伤的风险。湿的皮肤比干的皮肤冷却得更快，达到更低的温度并在更高的阈值下发生冷损伤[1,12,13]。暴露于冷水中的前臂的皮肤温度与个体的前臂周长成反比，表明较高的脂肪或肌肉厚度可能是保护性的[14]。如果没有衣物防潮层，风会降低衣物的有效隔热性。浸水和冷暴露导致的对流换热比空气传递更大，因此，暴露于雨中的游泳者和运动员在高温下比在干燥天气下的运动员有更大的热量损失[1]。美国运动医学学会（ACSM）共识声明中关于预防寒冷天气伤害的建议表明，在皮肤潮湿的情况下，用WCT评估冻伤风险时应将风险阈值温度提高10℃[7]。人体热量通过对流和传导损失到环境中。传导是人体热量直接传递到诸如地面或衣服之类的固体物体上[7]。热损失与浸没或浸湿的人体表面积成正比。运动员在承受不同水温和保持适当的核心体温方面的能力各不相同。由于将水转化为蒸汽会有能量损失，因此直接从体内蒸发的水增加了热量损失的速度[7]。在5℃的空气温度下，湿衣服可能会使干燥状态下的热量损失增加1倍，这表明选择适当衣服的重要性[1]。有意思的是，即使与相同条件下不进行运动相比，在冷水和雨中进行运动仍会导致核心体温的下降[1]，可能是由肌肉的隔热作用丧失和血流增加所致。

第二节　局部冷损伤的临床表现与治疗

局部冷损伤包括多种类型，不同类型的损伤有着不同的临床表现，了解局部冷损伤的临床表现有助于鉴别损伤，并根据损伤的不同特点采取针对性的措施。

一、冻结性冷损伤的临床表现与治疗

（一）临床表现

冻结性冷损伤（简称冻伤）大多发生于意外事故或战时，人体接触冰点以下的低温，例如在野外遇到暴风雪，陷入冰雪中或工作时不慎受致冷剂（液氮和固体二氧化碳等）损伤。冻伤又包括局部冻伤和全身性冻伤。局部冻伤皮肤苍白、冰冷、疼痛和麻木。复温后的局部表现与烧伤相似，一般分为四度。

一度冻伤：伤及表皮层。局部红肿，有发热、痒和刺痛的感觉，数日后表皮干燥脱落而愈，不留瘢痕。

二度冻伤：损伤达真皮层。局部红肿较明显，有水疱形成，水疱内为血清状液或稍带血性，痛觉迟钝。经2~3周脱痂愈合，部分留有瘢痕。

三度冻伤：损伤皮肤全层或深达皮下组织。创面由苍白变为黑褐色，痛觉消失，需植皮手术，愈合甚慢，留有瘢痕。

四度冻伤：损伤深达肌肉、骨等组织。治愈后多留有功能障碍或致残。

全身冻伤开始时有战栗、苍白、发绀、疲乏、无力和打哈欠等表现，继而出现肢体僵硬、幻觉或意识模糊甚至昏迷、心律失常、呼吸抑制，最终发生心跳呼吸骤停。如能得到抢救，心跳呼吸虽可恢复，但常有心室纤颤、低血压和休克等；也可能发生肺水肿、急性肾衰竭及其他器官功能障碍。

低温可引起呼吸系统疾病和心血管疾病的恶化，并增加急性心肌梗死（acute

运动与低温环境

风速(km/h) \ 气温(℃)	5	0	-5	-10	-15	-20	-25	-30	-35	-40	-45	-20
5	4	-2	-7	-13	-19	-24	-30	-36	-41	-47	-53	-58
10	3	-3	-9	-15	-21	-27	-33	-39	-45	-51	-57	-63
15	2	-4	-11	-17	-23	-29	-35	-41	-48	-54	-60	-66
20	1	-5	-12	-18	-24	-30	-37	-43	-49	-56	-62	-68
25	1	-6	-12	-19	-25	-32	-38	-44	-51	-57	-64	-70
30	0	-6	-13	-20	-26	-33	-39	-46	-52	-59	-65	-72
35	0	-7	-14	-20	-27	-33	-40	-47	-53	-60	-66	-73
40	-1	-7	-14	-21	-27	-34	-41	-48	-54	-61	-68	-74
45	-1	-8	-15	-21	-28	-35	-42	-48	-55	-62	-69	-75
50	-1	-8	-15	-22	-29	-35	-42	-49	-56	-63	-69	-76
55	-2	-8	-16	-22	-29	-36	-43	-50	-57	-63	-70	-77
60	-2	-9	-16	-23	-30	-36	-43	-50	-57	-64	-71	-78
65	-2	-9	-16	-23	-30	-37	-44	-51	-58	-65	-72	-79
70	-2	-9	-16	-23	-30	-37	-44	-51	-58	-65	-72	-80
75	-3	-10	-17	-24	-31	-38	-45	-52	-59	-66	-73	-80
80	-3	-10	-17	-24	-31	-38	-45	-52	-60	-67	-74	-81

图 1　不同气温、风速组合下的风冷温度（WCT）表

- 低冷伤风险
- 10~30 min 寒冷暴露时冷损伤风险增加
- 2~5 min 寒冷暴露时冷损伤高风险
- 5~10 min 寒冷暴露时冷损伤高风险
- 少于 2 min 寒冷暴露时即存在冷损伤高风险

myocardial infraction，AMI）风险。运动员和患有哮喘或运动诱发性哮喘的患者在寒冷天气中运动时诱发支气管狭窄十分常见[1, 15]。支气管狭窄被认为与寒冷条件下的低湿度和高呼吸频率有关[15]。气道温度的升高会刺激炎症介质的释放，从而导致水肿、支气管痉挛和哮喘样症状[16]。心血管相关事件的发生率随着冷暴露的增加而增加，这可能是由于在休息和运动期间冷诱导的平均动脉压、总外周阻力、心脏功能和心肌需氧量增加引起的[1, 17, 18]。寒冷会增加心绞痛和其他心脏事件的风险[18, 19]。已有证据显示，冷水游泳会改变或掩盖患者的常见心绞痛症状，从而使患者处于更大的风险中。

在当前医疗条件下，可通过外界环境、能量供应、服装和人体测量等来确定患者对冷暴露的反应[1]。人体通过体内整套体温调节系统及多种外界因素的共同作用将核心体温维持在 36.5~37.2℃。从皮肤到环境的热交换可通过对流、辐射、传导和蒸发进行，并受多种因素的影响，其中包括空气的温度、湿度和风速，太阳天空和地面的辐射水平，以及服装的隔热性能等。为了维持核心体温，人体对冷暴露的第一个反应是外周血管收缩，使周围血液从皮肤和皮下组织中分流，随着血液在机体内部聚集，向环境的热传递减少，外周血管收缩从而将热量损失降至最低[1, 20]。由于主体外部充当内部的绝缘层，仅在短时间内对减少的热损失有效[1, 7]，这种节省热量的机制所付出的代价是皮肤和肌肉温度下降。当平均皮肤温度（而非核心温度）降至 34~35℃以下时，发生外周血管收缩[1, 21]。随着低温的持续暴露，人体将失去肌肉协调能力、运动能力下降，冻伤的风险增加。为了保护周围组织，间歇性冷诱导可引起血管舒张增加，血液流量及皮肤温度暂时升高[1, 7, 14]。随着核心温度的进一步降低，血管舒张反应降低，冻伤风险增加[1]。

（二）治疗

如果怀疑人体患有冻伤首先应脱下其湿衣服，避免组织进一步遭受伤害，并将其移至温暖干燥的环境中[7, 22]。肢体尽可能避免承重，防止撕脱性骨折甚至更严重的伤害[7, 22]。摩擦受伤组织使其生热并不是治疗冻伤的首选方法[22]。研究表明，解冻－冻伤后的二次伤害会更严重，受伤的组织应在重新冻融风险最小的环境中进行加热。可以使用人体或急救人员自己腋下等最温暖的区域进行初始加热[7]，同时注意防止自己或他人受到伤害。理想情况下，冻疮应在医疗诊所或当地医疗机构进行治疗，在那里可以迅速恢复体温并进行进一步的评估

运动与低温环境

和治疗。

冻伤患者可在 37~39℃的温水浴中进行快速热疗[22, 23]，如果无法快速热疗，可允许皮肤组织自发融化。避免使用火炉或火炉加热受伤的手指以防止烧伤[22]。对受伤的组织进行温水浴加热时，观察到皮肤变成红色或紫色并触感柔软为止[22]。重新加热可能会很痛苦，并需要药物治疗。水疱应完好无损，并可用干燥的绷带包扎。避免使用绷带捆扎，因为捆扎可发生使受伤的组织肿胀的风险[22]。除非出现感染并发症，否则不使用抗生素。医院应尽快进行医学评估，以进一步评估损伤的深度并考虑更高级别的救治。

低体温的治疗效果还取决于将运动员尽快、温和地移至温暖干燥的环境中。湿衣服应换成干衣服或毯子，以使外部被动变暖。心律不齐的轻度低体温（体温为 32~35℃）患者应首选被动复温的治疗方法[7, 24]。对于心率正常的中度低体温（体温为 28~32℃）患者，可以用加热垫/毯，通过升温系统（如 3M Bair Hugger™ 升温仪）的温暖空气或强制通风积极地使外部变暖[7, 24]。有一种令救援人员担心的称为"体温后降效应"（afterdrop）的现象，人体处在极端冰冷的环境时，四肢、身体表面温度下降很快，如果此时四肢复温，可加速血液流动。但四肢冰冷的血液会流向中心，核心体温反而进一步下降，易对内脏造成损伤，尤其是心脏，严重者可发生心搏骤停。然而，有证据表明，这是在人工降温实验中发生的，可以解释直肠温度和实际核心温度之间的差异[25]。但在进行主动复温期间连续食管温度测量的结果显示，主动外部复温是安全有效的，并未发现"体温后降效应"现象[24, 25]，因而无须担心体温后降效应而延迟治疗[24, 25]。在温度低于 28℃的严重体温过低的情况下，需要在能够提供更高护理水平的中心进行积极的内部热疗[7, 24]。所有中度至重度低体温的患者都应轻柔地运动，因为此时活动会导致心室纤颤。

心脏骤停的患者应立即进行心肺复苏（cardiopulmonary resuscitation，CPR），无论他们的体温如何，并在可能的情况下进行内部复温。低体温时，脉搏和呼吸会减慢，因此可能需要长时间监测脉搏和呼吸，防止出现无灌注节律的现象。在急救现场应该进行除颤[24]。如果最初的除颤无效，则应继续进行 CPR，再进行除颤，直到核心体温升至 30~32℃[24]。由于在急救现场无法采用激进的加热技术，因此提高护理水平至关重要。低体温时机体仍存在对大脑等重要器官的优先保护机制，因此，在安全的前提下仍应后送。

二、非冻结性冷损伤的诊断与治疗

非冻结性冷损伤包括冻疮和浸渍足（也称为战壕足）等，是由0~10℃的低温加以潮湿条件所造成的机体局部皮肤损伤。战壕足和浸渍足过去多发生于战时，前者是由长时间站立在1~10℃的壕沟内所引起的；浸渍足是由长时间站在冷水中所引起的。在平时这两种冷损伤，以及长时间将手浸在冷水中引起的"浸手"，也可在某种生产劳动或部队执勤的过程中造成。非冻结性冷损伤常发生于人体远端易暴露部位，如面颊、耳部、手背和足面，可引起局部皮肤或肢体末端血管收缩和血流滞缓，降低代谢率，引起局部皮肤发绀、红肿和发痒等，起病较为隐匿，严重时组织微动静脉损伤，血流减慢，继发血栓而引发水疱、溃疡、继发感染或组织坏死等。冻疮的发生往往不自觉，直至手、耳、足等部位出现症状才察觉。局部皮肤红肿，温暖时发痒或刺痛；较重者可起水疱，水疱去表皮后创面有渗液，并发感染后形成糜烂或溃疡。好转后皮肤消肿脱屑，可能有色素沉着。治愈后遇相同的寒冷环境，如未注意，冻疮可再发。浸渍足病变比冻疮较重，疱破创面渗液，可并发感染，治愈较慢。先有皮肤苍白、发麻；继而红肿、疼痛、起水而且治愈后可能对寒冷敏感，患足有疼痛、发麻、苍白等反应。

暴露于冰点以上低温的机体局部皮肤发生血管收缩和血流滞缓，影响细胞代谢。待局部得到常温后，血管扩张、充血且有渗出，反应较大者在表皮下有积液（水疱）。有的毛细血管甚至小动、静脉受损后发生血栓，而后引起一些组织坏死。近年来研究证明，组织缺血－再灌注可引起细胞凋亡，非冻结性冷损伤也与细胞凋亡相关。另外，冻疮和浸渍足等常有个体易感因素，所以在相同的寒冷环境中只有一部分人发病。显然，容易发病的人应特别注意防护。

冬季在野外劳动、执勤的人员应有防寒和防水的服装。患过冻疮的人，特别是儿童，在寒冷季节要注意手、足、耳等的保暖。发生冻疮后，局部表皮存在者可涂冻疮膏，每日温敷数次。有糜烂或溃疡者可用含抗菌药和皮质甾类的软膏，也可用冻疮膏。浸渍足除了局部处理，宜用某些温经通络、活血化瘀的中药以改善肢体循环。

第三节　全身性冷损伤的临床表现与治疗

全身性冷损伤主要包括低体温、骨骼肌衰竭和冷晕厥，其中以低体温最常见，但不同程度的低体温临床表现也不同。因此，本节将介绍全身性冷损伤的临床表现及其防治方法。

一、全身性冷损伤的临床表现

（一）低体温/冻僵

1. 低体温概述

低体温又称低温症、失温症（hypothermia），指人体核心温度低于35℃时的现象，通常发生在机体热量损失超过生理产热的情况下。低体温发生时，机体会出现神经混乱、自觉困倦甚至言语不清等表现[1, 7, 25, 26]。依据机体温度与临床表现，低体温可分为轻度、中度和重度。

轻度低体温指体温介于32~35℃，可通过战栗、社交退缩、冷漠表现和其他行为改变来识别[1, 7]。

中度低体温指由于长期暴露于寒冷环境中而导致机体体温降至28~32℃[1, 7]，此时瞳孔可扩大、心率发生改变甚至发生心律不齐，患者将失去战栗的能力，变得更加困惑甚至失去意识。

重度低体温指体温低于28℃，可导致严重的心动过缓和心室纤颤，同时还会失去深层腱反射和自发运动。随着核心温度降至32℃以下，甚至低于28℃，心脏骤停的风险会随着温度的降低而增加[25]。核心温度降低使症状恶化，13.7℃是迄今为止所记载的意外低体温存活记录[1]。

2. 低体温与运动

冬季奥运会的环境温度通常为-5~8℃，令人欣慰的是，在这样的低温天气下，运动产生代谢热的速度通常会远远超过人体热量散失的速度[27]。例如在高山滑雪和其他户外运动中，运动员会遭受剧烈的寒冷（低气温和风）。但是，运动员在这些活动中产生的代谢热量非常高（6~11 METs，600~1000 W），并且这些比赛每次都在3min或更短的时间内完成。如此短暂的寒冷暴露及如此高的代谢率，几乎可以消除了比赛中低体温的各种风险[1]。此外，一些需要2h才能完成的冬季活动，运动员可产生更高的代谢热（13~18 METs，1250~1800 W）[28]。因此，尽管暴露时间更长，但这些极高的代谢率将抵消热量损失，可降低运动员在比赛中发生低体温的风险，更高的代谢率可帮助人们适应更极端的寒冷条件[28]。

除了冬季奥运会，夏季奥运会参加长距离公开水域游泳比赛的人也将面临低体温的风险。当浸泡在水中时，人体的热量损失是暴露于相同空气温度所造成热量损失的许多倍，有发生低体温的风险。水面1m以下水温最低约16℃，如果低于该温度，比赛将被取消。研究表明，在公开水域游泳比赛中，以常规的速度进行游泳比赛时，高于16℃不太可能发生低体温[28]。尽管如此，当水温处于16℃及以下的条件时，冷水会导致机体功能受限。男运动员在16℃的水中以1.4m/s的速度游泳，体温将降至35.7℃以下；而女运动员在16℃水中以1.3m/s的速度游泳其核心温度会升高0.5℃，在12℃水中仅会降低0.5℃[29]。但是，如果这些运动员由于疲劳而游速减慢，则该游泳者很可能会达到低体温的临床诊断标准。总之，如果水温接近16℃，在公开游泳比赛中发生低体温的可能性更高，因此，国际游泳协会不允许在水面深度低于1.4m和水温低于16℃的情况下进行比赛。

冷水可能引起的心律失常是游泳者需要关注的另一个问题。接触冷水，自发性呼吸暂停和脸部沉浸相结合，可能会导致交感和副交感活动增加，出现室性早搏[30]。因此，冷水本身是开放水域游泳中致命事件的危险因素之一。

（二）骨骼肌衰竭

寒冷暴露会导致人类代谢的增加，以此来帮助抵御热量的丧失。战栗是一种非自主的、重复的、有节奏的肌肉收缩，可能是突然产生的骨骼肌收缩。通常战栗从躯干肌肉开始，然后传播到四肢肌肉。寒冷诱导热量的产生正是由于骨骼肌的收缩-战栗[31]。人类通过非自主的战栗或者自主的活动（如运动）来产生热量。战栗好处是大量产热，相较静息状态可以使产热增加200~250W，在冷水中将增加350W。在12℃的水中战栗增加的热量可达到763W。战栗的强度和持续时间根据寒冷应激的程度不同也不同。随着战栗强度的增加将募集更多肌肉参与，进而机体氧气的摄取也随之增加，如可以增加至每分钟600~700mL。如果在冷水中浸泡，战栗导致的氧气的摄取将增至每分钟1000mL，这是静息期氧摄取量的6倍[32,33]。不同于其他动物，人类利用棕色脂肪产热的方式的实验室证据不充分[32,33]。

Thompson和Hayward曾经报道在寒冷多雨的条件下步行5h，在前3h内代谢率和核心温度保持稳定。尽管步行的速度不变，但是在步行5h中的最后2h代谢率和核心温度将进行性下降。研究者认为，后2h的战栗降低，代表了疲劳或者战栗反应的耗竭。由于可以参考的案例很少，骨骼肌活动降低可能是由于整体代谢下降，但是该结论并不确定[34]。更多的研究认为，在寒冷条件下持续 2h，表面肌电下降意味着骨骼肌的衰竭[35]。另一项研究表明，因为低血糖将抑制战栗的产生，如果血糖低于 3mmol/L，热量产生将出现障碍[36, 37]。

（三）冷晕厥

1970 年和 2014 年各有 1 例关于饮用温度较低的饮料导致晕厥的报道。其后关于饮用低温饮料后晕厥的案例报道较少[38]。饮用温度较低的饮料导致晕厥，其机制主要与吞咽刺激上消化道 - 心脏迷走反射有关。尽管该种情况非常少见，但饮用低温饮料引起的晕厥的危害仍应引起关注。其机制和吞咽温度低的饮料引发的反射使得心动过缓，进而导致大脑血流灌注减少和晕厥。其中，窦性心动过缓、房室传导阻滞，以及心房、心室的收缩异常都会导致心动过缓，但是晕厥最常见的原因是房室传导阻滞。心动过缓的患者有可能具有原发性疾病或者在低血压晕厥还伴有血管张力受损[39]。

二、全身性冷损伤的防治

全身性冷损伤以低体温和冻僵最为常见，低体温的症状因人而异，且及早意识到低体温的发生对长期康复和生存极为重要[1]。应对低体温重要的是尽早识别，重新给低温患者复温。如果现场无法使用温度计，医疗和急救人员应根据环境条件和表现考虑到低体温的可能性，并根据症状进行治疗。如果当地环境对患者不安全或无法安全复温，则应先运送受害者再进行复温。

与冰冻损伤相反，低体温可以发生在使人体热量损失超过代谢率的任何环境温度下。如果新陈代谢率较低，那么即使暴露在较高温度下也可发生低体温，并且干燥、潮湿、有风的空气条件也有助于降温。研究表明，在 4℃，20 km/h 的风速下，运动强度足以将机体维持在 600 W 或更高的代谢率水平，那么穿着湿衣服的中等身材的人可以将核心温度维持在 35℃以上至少 7h[29]。但是，暴露于 4℃，风速 20 km/h 的条件中，当运动强度较低且衣服潮湿时，核心温度会有所下降[29, 40, 41]。因此，在比赛前后如果没有为参赛者提供足够的防护服，发生低体温的风险将大大增加。

因此，在外界体温较低的环境下，预知低体温发生的风险因素，未发生之前及时停止运动，可预防低体温的发生[42, 43]。一旦发生低体温，轻度低体温可通过简单的热疗（如温暖的庇护所、毯子、衣物、运动和温热的饮料）有效的治疗，但严重的低体温则需要临床治疗。

在讨论预防策略时，了解冷损伤和低体温的病理生理和危险因素至关重要。局部组织灌注可防止软组织冻结和核心体温下降，当局部组织的热损失超过灌注的能力，就会发生冷损伤。了解天气状况、气温、风寒、水温和锻炼计划将有助于确定人们遭受冷损伤的风险，以及确定该事件是否可以继续进行[1]。不仅可以依据天气状况变化并发出及时警报，还可以通过更改开始时间来应对不断变化的天气温度。

美国明尼苏达州立高中联赛针对北欧的天气状况对滑雪制定了指南，包括取消低于 –20℃的温度条件下的比赛或训练，并且在 –23℃~–40℃寒风的环境中不进行任何练习或训练。根据国际滑雪联合会的规则，在气温下降至 –20℃时，竞赛就不允许再进行。美国铁人三项在 2013 年更新了针对运动员和竞赛主管的游泳温度建议，对于 1500m 以上的赛事，他们建议缩短水温在 11.7~13.3℃ 之间的游泳时间，并取消水温低于 11.7℃的活动。运动协调员和医疗主管应考虑寒冷天气游泳和组织体育赛事的环境和 WCT，减少冻伤和低体温的风险。

为防止冻伤和低体温，最重要的事情就是针对环境暴露做好充分防护准备。在对登山员的调查研究中发现，不适当的衣物、缺少或不正确地使用设备，以及缺乏冷损伤常识，是造成冻伤的 3 个主要原因[44]。适当的衣物和对天气变化的快速响应可以帮助维持足够的核心温度，减少寒冷天气下的热损失。每个人对衣服层数需求不同，具体取决于机体内部热量产生和外部天气条件。鼓励运动员根据以往的寒冷天气经验和训练情况确定穿衣厚度[1]。限制身体出汗对保持机体温度同样重要，出汗会增加潮湿和寒冷损伤的风险。衣物材质与寒冷防护直接相关，与皮肤直接接触的最内层应吸汗，将汗水转移到衣服的外层，水分转移后可保持皮肤附近的绝缘空气层[1, 3, 7]，但羊毛是唯一的例外，即使在潮湿的情况下也可保留热量。基础层最好使用聚丙烯、聚酯和合成羊毛，而应避免可夹锁住水分的棉花层。一个或多个中间层主要用于绝缘，应由羊毛或羊毛等材料制成。层数多少由温度和运动水平决定，随着运动强度的增加，在特定温度下保持人体热量所需的隔热衣服数量即减少。外层为蒸汽层，必须允许水分传递，允许通风并防风防水[1, 3, 7]。可用巴拉克拉法帽或其他帽子来减少头部的热量散失。连指手套比其他手套能更好地保护手免受冻伤[44]。普通环境下，通常建议避免穿含防水隔热的外套开展锻炼，可在天气变化或运动间歇期穿戴，以防止内部层的过热

运动与低温环境

和湿润[1, 3]。而在潮湿或有风的环境下，潮湿可增加冻伤风险，因此保持衣物干燥是必要的。对运动员来说，虽然大多数防水衣服都标有透气性，但运动出汗速度容易超过许多防水或耐水材料的透气性，这些外层可能会成为防潮层，将水分困在衣物内侧，即运动员的身体旁。可以肯定的是，衣服越防水，透气性就越差[3]。

当组织热量散失大于局部组织灌注时，就会发生冻伤。消除限制血流有助于维持外周血流和手指温度，这要求穿着合适尺寸的衣服、靴子和手套，并解决限制血液流动的条件或药物[3]。太紧的衣服或鞋类会限制周围的血液流动，增加冻伤的风险。如果需要多穿一双袜子，运动员则应选择大一号鞋号，因为添加额外的一双袜子来增加隔热效果，实际上可能限制血液流动并减少脚部灌注。可以使用化学手足加热器维持周围的温暖，但不应限制血液流动。不推荐使用皮肤保护性润肤剂，使用润肤剂的皮肤面部冻疮的发生率翻了一番[1, 45, 46]。这是由于主观感觉皮肤温暖，忽视了对冷损伤的保护意识及其他保护措施[12, 45]。保持核心和较大的散热区域（如头、颈和腋窝）覆盖并保持温暖，防止远端、末端的周围血管收缩可使手脚变暖。避免饮用酒精、咖啡因和增加血管收缩的药物，以及对每位运动员基础医学风险因素的良好控制，对于降低冷损伤风险也很重要[1, 3]。

保证热量摄入对预防冷损伤也同样重要。在寒冷的环境中，如果核心体温没有保持在静息值以上，通过战栗、穿着厚衣服和身体活动等方式可帮助机体维持体温，但是采取这些策略会使机体能量消耗增加10%~40%[1]若能量消耗增加，白天可以通过摄入零食来获得更多的能量。预防冷损伤时建议使用富含碳水化合物的食物[1]。虽然保持良好的水合作用对于保持良好的机能很重要，但仅轻度至中度的脱水并不会增加冷损伤的风险[1]。

运动本身是增加核心体温的一种方法。在寒冷天气，充足安全的锻炼是非常必要的，并在温暖、干燥和安全的环境中停止活动。寒冷环境中的体能耗尽会大大增加低体温和冻伤的风险。在干燥无风的地方开展锻炼是预防冻伤的有效策略。在潮湿和/或有风的情况下，运动所产生的代谢热量增加不足以增加裸露或被遮盖的手指的温度[1]。

因此，所有运动员都可以对变化的环境做出反应，适当穿戴衣物并保持足够的营养和水分。认识到早期冻伤或低体温的体征和症状可以通过衣服分层、行为改变或热量摄入增加来预防冷损伤发生或病情恶化。在运动员接触期间进行频繁的冷损伤检查，以及在可能的情况下进行系统检查，对于识别早期的皮肤和/或行为变化很重要。越早发现冷损伤，治疗越有效。

第四节　冷损伤的预防措施

对于普通人群，应对所有损害的最好的方法是预防，比如，衣服需要随运动、环境温度、风寒和干燥程度而变化。运动员则应该被鼓励根据个人情况，进行冷适应训练和选择合适的着装。在潮湿环境下，冷损伤的风险增加，因此，推荐采取合身的衣服和靴子、增加热量摄入、保持良好的水分摄入等方法预防冷损伤。此外，体检时应重点识别冷暴露造成的早期皮肤损伤和／或行为改变。

一、冷损伤的一般预防措施

运动员和其他健康提供者尽量减少暴露在寒冷环境中的体力活动，并在需要时提供有效的紧急护理。个体对寒冷的反应在生理上因寒冷、潮湿和多风的条件，以及衣服绝缘、暴露时间和其他非环境因素的组合而不同。因此，这些建议不能保证完全消除与寒冷有关的伤害，但可以降低风险。美国国家体育教练员协会提倡以下预防、识别和治疗寒冷相关损伤的方法[47]。

（1）进行一次全面的、有医生监督的、准备性的医学筛查，以根据已知的危险因素确定有过冷损伤史的运动员和易受冷损伤的运动员。该准备检查应包括有关冷损伤史和冷暴露的问题[48]，并应在计划暴露于可能导致冷损伤的条件之前实施。

（2）确定存在已知冷损伤危险因素的参与者，并加强对这些人的体征和症状的监测[49]。

（3）确保现场有经过适当培训的人员，他们熟悉冷损伤的预防、识别和治疗方法[49]。

（4）对运动员和教练员进行有关预防、识别和治疗冷损伤，以及与寒冷环境中活动相关的风险的教育[49]。

（5）教育和鼓励运动员保持适当的水分和饮食均衡。对于超过2h的活动，这些指南尤其重要[50,51]。在低强度运动中持续摄入水也是必要的，以便在典型的冷诱导利尿的情况下保持水的平衡[52-54]。即使运动员不渴，也应鼓励他们摄入水。有证据表明，正常的口渴机制随着冷暴露而减弱[54]。

（6）制定项目和实践指南，包括管理运动员参与寒冷、多风和潮湿环境下运动的建议。考虑气温和风速条件的影响，应使用风寒指南[55]。风险管理指南，可用于根据当前条件做出参与决策。参与决策取决于预期暴露时间的长短及是否有设施和干预措施（如有必要）进行复温。在高风险条件下调整活动以防止冻伤。监测运动员的体征和症状，并准备好接受基本治疗。在活动前和活动期间也要监测环境条件，如果天气条件发生变化，则要调整活动[56, 57]。

（7）衣服应带有一个内部层，使汗液蒸发最小，吸收最小，中间层提供绝缘，以及可移动的外部层，具有抗风和防水性，并允许水分蒸发。当 WCT 在 30min 或更短的时间内可能冻伤时，应保护脚趾、手指、耳朵和皮肤。尽快取出湿衣服，并用干燥、清洁的物品替换[58-60]。

（8）在活动期间和活动结束后，利用外部加热器、温暖的室内环境或添加衣物，为运动员提供必要的复温机会。浸水后，应迅速开始复温，并应监测运动员随后出现的温度下降，应注意在复温过程中，核心温度实际下降[61-62]。

（9）在现场、更衣室或方便的急救站配备以下用品用于复温：为补充水分而提供的水或运动饮料，以及为可能的复温而提供的温水。在低于冰点温度的事件中可能冻结的液体可能需要放置在绝缘容器中或间歇性更换；加热包、毯子、附加衣物和外部加热器，用于主动复温；评估核心体温的弹性直肠温度计探头。直肠温度已被确定为评估该领域核心温度的实用性和准确性的最佳组合[63, 64]。其他测量（鼓室、腋窝和食道）存在测量问题或难以获得。使用的直肠温度计应为低读数温度计（即能够测量35℃）；电话或双向无线电与其他医务人员联系，并呼叫紧急医疗运输。

（10）在大型事件发生前通知地区医院和急救人员，告知他们可能发生与寒冷有关的伤害。

二、不同冷损伤的针对性预防措施

（一）低体温（轻度）

1. 低体温的症状和体征

低体温的症状和体征包括剧烈战栗、血压升高、直肠温度低于37℃，但高于35℃、精细运动技能损伤、嗜睡、冷漠和轻度健忘。

2. 直肠温度的测量

温度计（数字或水银）读数低于35℃时，是评估疑似低体温患者的核心体温的首选方法，尽管在现场获取直肠温度可能是一个挑战。使用鼓室、腋窝或口腔温度代替直肠温度是错误的。

3. 隔离

从脱掉湿衣服开始，用温暖、干燥的衣服或毯子（包括盖住头部）隔离运动员，把运动员转移到一个温暖的环境中，躲避风雨。

4. 复温

只对躯干和其他传热部位（包括腋窝、胸壁和腹股沟）加热[65]。对四肢复温会引起核心温度继续下降甚至造成更大损伤。这是由于加热时手臂和腿部周围血管扩张引起的，这种扩张会把冷血从外周输送到心脏，通常带有高水平的酸度和代谢副产物。这种血液会冷却心脏，导致心脏温度下降，并可能导致心律失常和死亡。

5. 饮食

提供温暖的非酒精液体和含有6%~8%碳水化合物的食物，以帮助维持战栗和维持代谢热的产生。

6. 避免摩擦和按摩

避免对组织进行摩擦和按摩，因为如果存在冻伤，这可能会加剧损伤[65]。

（二）低体温（中度/重度）

1. 注意中度和重度低体温的症状和体征

中重度低体温的症状和体征可能包括停止战栗、触诊时皮肤很冷、生命体征下降、直肠温度在32~35℃、精神功能受损、言语含糊、无意识和粗大运动技能受损[66, 67]。

2. 心律失常症状

如果怀疑低体温的运动员出现心律失常症状，应非常轻地移动他或她，以避免引起阵发性心室颤动[67]。

3. 隔离

从初步调查开始，脱去湿衣服；用温暖、干燥的衣服或毯子（包括盖住头部）隔离运动员；把运动员转移到一个温暖的环境中，躲避风雨。

4. 复温

仅对躯干和其他传热部位加热，包括腋下、胸壁和腹股沟[65]。如果在治疗阶段没有医生在场，也应立即启动复温策略，并在运输期间和在医院继续复温。

5. 治疗

持续监测生命体征，并为气道管理做好准备。医生可能会要求更积极的复温程序，包括吸入复温、热静脉输液、腹腔灌洗、血液复温和抗心律失常药物的使用[68-73]。

6. 监测并发症

监测复温后机体可能出现的并发症，包括感染和肾衰竭[74]。

（三）冻伤（浅表）

1. 浅表冻伤的症状和体征

浅表冻伤的症状和体征包括水肿、红肿或斑驳的灰色皮肤外观，以及僵硬和短暂的刺痛或灼伤。

2. 评估

观察症状和体征并测量核心体温，排除发生低体温的可能。

3. 复温

复温可以在室温下进行，也可以将受累组织贴在另一个人温暖的皮肤上。复温应缓慢进行，水温应该避免高于 37~40℃。若不进行复温，则需保护受累区域免受额外损伤或组织温度进一步降低，并咨询医生或送往医疗机构。

4. 避免摩擦

避免对组织进行摩擦按摩，保持任何水疱（充满液体的水疱）完好无损[75-77]。

5. 避免再冻结

一旦开始复温，受累组织就不能再冻结，因为再冻结通常会导致组织坏死[75-77]。

6. 避免饮酒和使用尼古丁

复温开始后应避免饮酒和使用尼古丁[78]。

（四）冻伤（深层）

1. 深层冻伤的体征和症状

深层冻伤包括水肿、斑驳或灰色皮肤外观，感觉坚硬且不反弹的组织，水疱，麻木或麻醉[77, 79, 80]。

2. 评估

观察体征和症状，并测量核心体温，排除发生低体温的可能[75-77, 79, 80]。

3. 复温

应将受累组织浸入温水中水浴（37~40℃）。应监测和保持水温。脱掉任何收缩性衣物，将整个受累区域浸没。水需要轻轻循环，该区域应浸泡 15~30min。当组织柔软、颜色和感觉恢复时，解冻完成。复温会导致明显的疼痛，因此医生可以给予适当的止痛药。若不进行复温，则应保护受累区域免受额外的损伤，或组织温度进一步降低。然后咨询医生或将运动员送往医疗机构[75-77]。

4. 用药

组织纤溶酶原激活剂（tPA）可用于改善组织灌注。这些药物已被证明可以限制因组织死亡而进行后续截肢的需要[81]。如果发生组织坏死和组织脱落，可以适当给予药物治疗[75-77]。

5. 避免重新加热

不要用干热或蒸汽重新加热受累组织[75-77]。

6. 避免摩擦

避免对受累组织进行摩擦按摩或剧烈按摩，确保任何水疱或充满液体的水疱完好无损。如果水疱破裂，应进行治疗以防止感染[75-77]。

7. 避免再冻结

一旦开始复温，就不能让受累组织再次冻结，因为再冻结通常会导致组织坏死。此外，当足部受累时，应避免负重。如果存在再冻结的可能性，则应推迟复温，直到获得高级医疗护理[75-77]。

8. 应避免使用酒精和尼古丁

复温开始后应避免饮酒和使用尼古丁[75-77]。

（五）冻疮

1. 冻疮的症状和体征

冻疮的症状和体征包括在寒冷潮湿的环境中暴露 60min 以上，温度低于 16℃，出现小红斑丘疹，伴有水肿、压痛、瘙痒和疼痛。复温后，皮肤可能出现炎症、发红、肿胀、瘙痒或灼热和温度升高。

2. 脱去潮湿或紧身衣物

去除潮湿或紧身衣物，轻轻地清洗和干燥该区域，抬高该区域，并用温暖、宽松、干燥的衣物或毯子覆盖。

3. 不要穿透水疱

应用面霜或乳液进行涂抹，保持创面清洁干燥，预防感染。

4. 持续监测

治疗期间，应持续监测受累区域的循环和感觉的恢复情况。

（六）浸渍（战壕）足

1. 浸渍（战壕）足的迹象和症状

浸渍（战壕）足包括暴露在寒冷潮湿的环境中12h到3天或4天，灼热，刺痛或瘙痒，感觉丧失，皮肤发绀或斑点，肿胀，疼痛或敏感，水疱，皮肤裂缝或浸透。

2. 防止足部浸水

鼓励运动员保持鞋内干燥，包括频繁更换袜子和/或鞋子，以防止足部浸水。如果穿着水分不易蒸发的鞋子（如乙烯基、橡胶、防潮鞋或靴子），应使用吸湿排汗的袜子材料，控制足部过度出汗[78]。

3. 擦干脚

治疗时，彻底清洁并擦干脚部，然后用加热包或温水（39~43℃）浸泡患处大约5min。用干净、干燥的袜子替换湿袜子，保持鞋子干燥。

4. 风险管理流程

风险管理包括预防、识别和治疗事件期间冷损伤的策略。当可能发生冷损伤时，这些策略可用于准备和设计风险管理的协议和计划。

第五节　冷损伤的运动医务监督

目前冰雪运动的运动伤病已成为影响运动训练和运动成绩的重要因素。冰雪体育运动大多是在低温环境中进行的，运动员的肌肉黏滞性较大，或气温过低易发生冻伤，或因为肌肉僵硬，身体协调性降低而引起肌肉韧带损伤；或遇风雪天气光线不足能见度低等情况会影响视力，使身体兴奋性降低和反应迟钝而易导致受伤。参加冰雪体育运动时必须做好对气候因素的预判措施，适时调整训练和比赛时间和节奏。

一、冷损伤急救医疗物资

由于冰雪体育运动的特殊性，运动员和经常参加体育活动的人群应定期进行必要的体格检查，以免发生运动伤害。参加重大比赛的前后，更要进行身体补充检查和复查，以观察体育锻炼、比赛前后的身体机能变化。因此，除了为磨损伤、切割伤和骨科损伤等意外准备常见的医疗物资外，还应为冷损伤的急救提供充足的医疗物资。医疗可以根据可以利用的资源和配置，准备一个"灾难包"，冷损伤的急救处置医疗物资包括以下四个方面的内容[82]。

（一）医疗用品

（1）止血带或可制成止血带的材料。
（2）纱布、腹垫、军装、医用胶带和其他用品可作为压力敷料和绷带。
（3）止血剂。
（4）生理盐水，用于伤口冲洗。
（5）凡士林伤口辅料。
（6）创伤剪。
（7）夹板材料。
（8）加热毯。
（9）用于隔离的面罩。
（10）手消毒产品。

（二）分诊受害者的标签系统

其可以是商用系统或彩色系统，如下文所述。
（1）红色：严重。
（2）黄色：紧急但不重要。
（3）绿色：次要。
（4）黑色：已死亡。

（三）物资供应

（1）警戒线胶带卷用于搭建临时止血带或临时避难所。
（2）遮雨棚。
（3）用于临时夹板和设置防水油布/遮蔽物。
（4）用于线缆管理和遮蔽的拉链带。
（5）有气象频道的电池供电的收音机。
（6）用一台发电机作为照明、风扇和通信的备用电源。
（7）电池供电的广播系统、扩音器或扩音器。
（8）LED 头灯：价格便宜，但可提供停电时的良好照明。
（9）丙烷便携式加热器、大型丙烷油炸锅（在大多数五金店出售）。
（10）搭配速溶汤料：用于低温活动，作为在寒冷天气下的舒适食物。

（四）高级医疗用品

可以根据风险等级选配或基于医疗团队的技能配置。
（1）气道管理：鼻咽管、盲插管设备（各种类型）、环甲切除术手术盒、气囊阀面罩。
（2）胸管：针头、胸腔造瘘工具包。
（3）截肢工具。
（4）为上述医疗措施准备的药物和皮肤准备。

二、冰雪体育运动医务监督工作

在运动负荷的刺激下，冰雪体育运动的运动员和锻炼者身体会产生各种应激反应，体内的机能会通过一些特定的指标反映出来。由于冰雪体育运动的特殊性，为了提高运动员的竞技水平，运动员要承担大强度和大运动量的训练，就必须运用医学和生物学手段和技术对于运动员进行监测，以便及时了解运动员身体机能变化情况和运动员对于训练的适应程度，只有这样才能保证运动员充分发挥自身潜能，又不会造成运动性疾病而影响训练。因此，在训练和比赛期间均应对运动员的健康状况、身体反应、功能状况及运动成绩进行记录和观察。这种通过医学和生物学手段，对从事运动训练的人的身体进行全面的检查和观察，评价其水平和状态，为科学训练提供依据，保证训练正常进行并取得好成绩的重要手

运动与低温环境

段称为运动医务监督。其中，赛前医务监督包括在进行冰雪体育比赛前，应当加强组织管理，对所有参赛运动员进行常规体格检查，对于有感冒、发热、过度疲劳、外伤未愈及出现特殊异常情况时，一般不允许参加比赛；赛中医务监督包括在比赛期间，加强流行病防控，建立赛期临时医疗急救站，配备医务人员和急救药物器材等，对于常见伤病，做到及时发现和快速处理。对于一些严重伤病，应做到现场紧急处理后快速转送到有条件的医院进一步救治；赛后医务监督包括快速消除运动性疲劳是运动医务监督中重要的组成部分，要积极采用各种方式如运动后充分的放松整理运动、保证充足的睡眠时间、温水浴、局部按摩、热敷和局部负压等尽快恢复运动员良好的身体和机能状态。运动训练中加强医务监督工作、及时了解运动员的身体情况、掌握其疲劳程度，对消除运动性疲劳、提高运动成绩有着重要的作用。运动医务监督中的特殊医学问题还包括兴奋剂、中药的运用及减重。

医务监督主要包括以下内容。

（一）主观感受

自我监督是运动员和体育锻炼者在体育锻炼期间，观察自己身体状况和生理机能变化的一种方法。通过这种方法，运动员和体育锻炼者应及时了解自己在锻炼过程中生理机能的变化，有助于调整锻炼计划和运动负荷，为合理安排教学、训练内容和方法提供依据，也可为医生的体格检查提供参考。

1. 一般感受

经常运动的人总是精力充沛、精神愉快。但患病或过度训练时，人们就会出现身体软弱无力、精神萎靡不振、易疲劳、易激动等不良现象。在进行自我监督时，可根据自我感觉记录为良好、一般或不好。

2. 运动心情

经常参加运动的人一般是愿意参加运动的，但如果方法不对或者过度疲劳，则会降低运动兴趣或产生厌烦情绪。记录时可根据个人的心情记录为很想锻炼、不想锻炼或厌烦锻炼。

3. 睡眠状况

经常运动的人其神经功能比较稳定，一般睡眠良好，早晨起床精神焕发、精力充沛。记录时应写清楚睡眠的持续时间和睡眠状况是否良好。

4. 食欲情况

经常运动的人，食欲好，饭量也较大。在过度训练时，食欲便会减退，饭量减少。此外，运动刚结束后马上进食也会降低食欲。记录时可写食欲良好、食欲一般、食欲减退、厌食等。

5. 不良感觉

参加剧烈运动后，由于身体过度疲劳，多数人都会出现四肢无力和肌肉酸痛等不良感觉，这是正常的生理现象。经过适当的休息，这些现象会很快消失。如果在运动中或者运动后出现上述现象，还伴有精神状态或运动心情不良、睡眠不良及食欲不振、头晕、恶心、心慌、气短、胸痛、腹痛等症状，则表示运动方式不当、运动量过大抑或是健康状态不良。记录时可写头晕、恶心、气短、心慌等。

6. 出汗量

运动时出汗的多少和气候、运动程度、衣着、饮水量、训练水平、身体素质和神经系统的状况等有关。如果突然大量出汗，则可能是过度训练，应适当调整运动量。记录时可写出汗适量、出汗增多、大量出汗等。

(二) 客观检查

1. 脉搏

脉搏（心率）正常人脉率为 60~100 次/min，低于 60 次/min 为心动徐缓，高于 100 次/min 为心动过速。脉搏既能反映人整体的机能状况，也能单纯反映心脏功能，是常用的指标。运动后即刻脉搏和晨脉的差值可用于判断运动强度的大小：一般 180 次/min 为大强度，150 次/min 为中等强度，140 次/min 以下为小强度。有时也用运动后脉率的恢复情况来判断运动量大小。

2. 体重

长期坚持锻炼的人，肌肉逐渐发达起来，体重有所增加。如体重持续下降，并伴有其他异常征象，则可能是由于长期过度训练或患有慢性消耗性疾病导致的。

3. 肺活量

运动能使呼吸功能显著提升，肺活量的大小在一定程度上反映呼吸功能的好坏。经常参加锻炼的人，肺活量增加。但在过度训练时，肺活量就会减少。

4. 运动成绩

坚持合理训练，运动成绩会逐步提高或保持在一定水平上。如果运动水平没有提高，甚至下降，则可能是早期过度训练的状态，应找出原因，适当休息或调整运动量。

5. 其他指标

根据运动专项和设备条件，可采用其他特定方法进行自我监督，如握力、引体向上等。

（三）体格检查

对运动员进行的体格检查是运动医学临床工作的重要组成部分，通过体格检查可以全面了解运动员的健康状况，发现运动员的身体机能缺陷和存在的伤病，以及易患某些伤病的潜在风险因素，并以此为依据确定运动员是否符合专项训练的要求，以及为其制定相应的伤病防治措施。

体格检查主要包括一般史、运动史、体表检查、一般临床物理检查、形态测量、功能实验、化验检查、身体素质测试及特殊检查等。

1. 一般史

一般史包括病史和生活史，如重大疾病（如心脏病、高血压、有无传染病和遗传因素有关的疾病）及预防接种情况。生活史包括工作性质、劳动条件、生活制度、营养状况，有无饮酒、吸烟及偏食等不良嗜好。

2. 运动史

询问参加体育运动的情况、运动项目、年限、成绩、有无过度训练史或其他运动性伤病。

3. 体表检查和运动系统检查

体表和骨骼肌肉系统的检查提供的资料对评价运动参加者的身体发育、运动水平，以及选择运动项目和咨询有重要帮助，是体格检查的重点。应检查扁桃体、甲状腺和淋巴结的情况，以及皮肤黏膜、肌肉发达程度、弹性和硬度、肌肉大小，还应检查脊柱、胸部、上下肢和足弓形状并对皮下脂肪进行测定。

（四）一般临床检查

主要检查内容包括：心血管系统检查，如脉搏频率、血压、心脏大小和心音；呼吸系统检查，如胸部形状、呼吸频率、节律和呼吸类型、呼吸音；消化系统检查：舌苔、腹部是否有压痛、肿块和肝脾的大小位置、腹壁肌肉力量；神经系统检查与感觉器官检查：有无神经衰弱、视力、眼、鼻等是否有异常。

1. 形态测量

测量内容包括体重、身高、坐高、胸围和呼吸差，颈围、腰围、四肢围度、四肢各环节长度、肩臂长、手足间距（站立摸高）、肢体宽度，其中身高、体重和胸围是评定发育程度的基本指标。

2. 功能检查

运动系统主要检查肌力、关节活动度、柔韧性等；心血管系统主要检查有台阶试验、定量负荷试验；呼吸系统主要检查有肺活量、闭气试验、PWC_{170} 试验及最大摄氧量（maximal oxygen consumption，$\dot{V}O_2max$）测试等，植物性神经系统功能检查主要应用卧倒-直立试验、直立-卧倒试验；消化系统和泌尿系统的相关检查。

3. 心血管功能检查

定期为运动员进行心血管功能检查。长期系统的大运动负荷训练后，运动员身体机能水平应当提高。如果发现其机能水平下降，并伴有其他不良征象，应考虑运动员负荷或健康原因。如果经过训练机能水平无变化，则应考虑运动负荷大小或其他原因。

4. 生理生化指标评定

定期为运动员或锻炼者进行身体机能评定，生理、生化指标分析等医务监督工作，对科学合理安排训练具有非常重要的意义。正常情况下，当身体机能状况良好时，体内的血红蛋白、血清睾酮、血乳酸、血清肌酸激酶活性、尿蛋白和 $\dot{V}O_2max$ 等生理生化指标处于正常水平。如运动负荷过大或者身体机能状况不良，以及食物供给不足等情况，运动员的上述生理生化指标可出现改变。通过这些指标的检测，人们可以及时了解和评定运动员的现实身体状况、运动员承受运动训练负荷的能力、训练的科学性和有效性，以便合理安排和调整训练计划，避免过度疲劳，减少运动损伤，最大限度地提高运动成绩。

（五）身体素质测试

冰雪运动项目对运动员的腰腹力量、下肢爆发力和柔韧性及灵敏度等身体素质的要求非常高，应遵循该运动项目的特殊性选择有针对性的身体素质测试方法。目前国外常用的冰雪运动员身体素质测试方法有跳箱测试、软梯跳跃测试、萨金特跳测试、单足五点跳跃测试、仰卧起坐、俯卧撑等。

（六）特殊检查

特殊检查包括 X 线、计算机断层扫描术、磁共振、心电图、肌电图、脑电图等检查。心电图反映了心肌的电生理变化，与心肌的自律性、兴奋性和传导性有关。经长期运动训练后，心电图可表现出迷走神经张力增高，如窦性心动过缓、房室传导阻滞等。如果运动员的心电图出现多发性早搏、显著窦性心律不齐、ST 段及 T 波变化，提示有过度训练、过度疲劳等引起的心肌损害、心功能下降。

（七）加强运动性伤病的防治工作

参加冰雪运动前除要对运动员加强安全教育外，监督其佩戴和使用专业的防护用具也很重要。积极组建运动防护医疗团队，对运动员发生的伤病予以及时妥善诊断、急救、治疗处理和康复指导等。

（八）合理的营养补给

运动员的营养补给对恢复运动疲劳和提高运动成绩十分重要。现代运动训练经常遵循超量恢复的原则。这一训练原则使运动能力得到极大挖掘，由此产生的运动疲劳也是极为深刻。为了尽快使运动员恢复体能、提高运动成绩，就需要为其及时补充合理的营养和热能，尤其对于冰雪运动项目的运动员，他们更应该保持高热量饮食（此部分营养补充详见专题六）。

小结

机体产热减少或散热增加均会导致机体寒冷损伤，如低体温、骨骼肌衰竭、冷晕厥和局部性冷损伤（包括冻结性冷损伤和非冻结性冷损伤）。不同的寒冷损伤具有不同的临床表现，在治疗时应注意区别并采用合适的治疗策略。应对寒冷损伤的最佳方法是预防，如适当着衣、避免冷暴露和监测体温等。对于无法避免冷暴露的冰雪运动员而言，应定时进行体格检查，并做好训练过程中的医务监督工作，避免因寒冷损伤而影响运动员的训练进程和运动成绩。

参考文献

[1] Castellani JW, Young AJ, Ducharme MB, et al. American College of Sports Medicine position stand: prevention of cold injuries during exercise [J]. Med Sci Sports Exerc, 2006, 38 (11): 2012-2029.

[2] Healy JD. Excess winter mortality in Europe: a cross country analysis identifying key risk factors [J]. J Epidemiol Community Health, 2003, 57 (10): 784-789.

[3] Fudge JR, Bennett BL, Simanis JP, et al. Medical evaluation for exposure extremes: cold [J]. Clin J Sport Med, 2015, 25 (5): 432-436.

[4] Bell DG, Tikuisis P, Jacobs I. Relative intensity of muscular contraction during shivering [J]. J Appl Physiol (1985), 1992, 72 (6): 2336-2342.

[5] Eyolfson DA, Tikuisis P, Xu X, et al. Measurement and prediction of peak shivering intensity in humans [J]. Eur J Appl Physiol, 2001, 84 (1-2): 100-106.

[6] Connor RR. Update: cold weather injuries, active and reserve components, U.S. Armed Forces, July 2009-June 2014 [J]. MSMR, 2014, 21 (10): 14-19.

[7] McMahon JA, Howe A. Cold weather issues in sideline and event management [J]. Curr Sports Med Rep, 2012, 11 (3): 135-141.

[8] Greenstein D, Gupta NK, Martin P, et al. Impaired thermoregulation in Raynaud's phenomenon [J]. Angiology, 1995, 46 (7): 603-611.

[9] Sumner DS, Criblez TL, Doolittle WH. Host factors in human frostbite[J]. Mil Med, 1974, 141（6）: 454–461.

[10] Morrison SA, Gorjanc J, Eiken O, et al. Finger and toe temperature responses to cold after freezing cold injury in elite alpinists[J]. Wilderness Environ Med, 2015, 26（3）: 295–304.

[11] Shabat YB, Shitzer A, Fiala D. Modified wind chill temperatures determined by a whole body thermoregulation model and human-based facial convective coefficients[J]. Int J Biometeorol, 2014, 58（6）: 1007–1015.

[12] Keatinge WR, Cannon P. Freezing-point of human skin[J]. Lancet, 1960, 1（7114）: 11–14.

[13] Molnar GW, Hughes AL, Wilson O, et al. Effect of skin wetting on finger cooling and freezing[J]. J Appl Physiol, 1973, 35（2）: 205–207.

[14] Ducharme MB, VanHelder WP, Radomski MW. Cyclic intramuscular temperature fluctuations in the human forearm during cold-water immersion[J]. Eur J Appl Physiol Occup Physiol, 1991, 63（3-4）: 188–193.

[15] Butcher JD. Exercise-induced asthma in the competitive cold weather athlete[J]. Curr Sports Med Rep, 2006, 5（6）: 284–288.

[16] Rundell KW, Jenkinson DM. Exercise-induced bronchospasm in the elite athlete[J]. Sports Med, 2002, 32（9）: 583–600.

[17] Danet S, Richard F, Montaye M, et al. Unhealthy effects of atmospheric temperature and pressure on the occurrence of myocardial infarction and coronary deaths. A 10-year survey: the Lille-World Health Organization MONICA project (Monitoring trends and determinants in cardiovascular disease)[J]. Circulation, 1999, 100（1）: E1–7.

[18] Epstein SE, Stampfer M, Beiser GD, et al. Effects of a reduction in environmental temperature on the circulatory response to exercise in man. Implications concerning angina pectoris[J]. N Engl J Med, 1969, 280（1）: 7–11.

[19] Gao Z, Wilson TE, Drew RC, et al. Altered coronary vascular control during cold stress in healthy older adults[J]. Am J Physiol Heart Circ Physiol, 2012, 302（1）: H312–318.

[20] Stocks JM, Taylor NA, Tipton MJ, et al. Human physiological responses to cold exposure[J]. Aviat Space Environ Med, 2004, 75（5）: 444–457.

[21] Savage MV, Brengelmann GL. Control of skin blood flow in the neutral zone of human body temperature regulation[J]. J Appl Physiol (1985), 1996, 80（4）: 1249–1257.

[22] McIntosh SE, Opacic M, Freer L, et al. Wilderness Medical Society practice guidelines for the

prevention and treatment of frostbite: 2014 update [J]. Wilderness Environ Med, 2014, 25 (4 Suppl): S43-S54.

[23] Malhotra MS, Mathew L. Effect of rewarming at various water bath temperatures in experimental frostbite [J]. Aviat Space Environ Med, 1978, 49 (7): 874-876.

[24] American Heart A. 2005 American Heart Association (AHA) guidelines for cardiopulmonary resuscitation (CPR) and emergency cardiovascular care (ECC) of pediatric and neonatal patients: pediatric advanced life support [J]. Pediatrics, 2006, 117 (5): e1005-e1028.

[25] Brown DJ, Brugger H, Boyd J, et al. Accidental hypothermia [J]. N Engl J Med, 2012, 367 (20): 1930-1938.

[26] American Heart A. 2005 American Heart Association (AHA) guidelines for cardiopulmonary resuscitation (CPR) and emergency cardiovascular care (ECC) of pediatric and neonatal patients: pediatric basic life support [J]. Pediatrics, 2006, 117 (5): e989-e1004.

[27] Tanaka M, Tsuchihashi Y, Katsume H, et al. Comparison of cardiac lesions induced in rats by isoproterenol and by repeated stress of restraint and water immersion with special reference to etiology of cardiomyopathy [J]. Jpn Circ J, 1980, 44 (12): 971-980.

[28] Bergh U, Forsberg A. Influence of body mass on cross-country ski racing performance [J]. Med Sci Sports Exerc, 1992, 24 (9): 1033-1039.

[29] Weller AS, Millard CE, Stroud MA, et al. Physiological responses to cold stress during prolonged intermittent low- and high-intensity walking [J]. Am J Physiol, 1997, 272 (6 Pt 2): R2025-R2033.

[30] Marsh N, Askew D, Beer K, et al. Relative contributions of voluntary apnoea, exposure to cold and face immersion in water to diving bradycardia in humans [J]. Clin Exp Pharmacol Physiol, 1995, 22 (11): 886-887.

[31] Stocks JM, Taylor NA, Tipton MJ, et al. Human physiological responses to cold exposure [J]. Aviat Space Environ Med, 2004, 75 (5): 444-457.

[32] Cannon B, Nedergaard J. Brown adipose tissue: function and physiological significance [J]. Physiol Rev, 2004, 84 (1): 277-359.

[33] Astrup A. Thermogenesis in human brown adipose tissue and skeletal muscle induced by sympathomimetic stimulation [J]. Acta Endocrinol Suppl (Copenh), 1986, 278: 1-32.

[34] Thompson RL, Hayward JS. Wet-cold exposure and hypothermia: thermal and metabolic responses to prolonged exercise in rain [J]. J Appl Physiol (1985), 1996, 81 (3): 1128-

1137.

[35] Bell DG, Tikuisis P, Jacobs I. Relative intensity of muscular contraction during shivering [J]. J Appl Physiol (1985), 1992, 72 (6): 2336-2342.

[36] Passias TC, Meneilly GS, Mekjavic IB. Effect of hypoglycemia on thermoregulatory responses [J]. J Appl Physiol (1985), 1996, 80 (3): 1021-1032.

[37] Gale EA, Bennett T, Green JH, et al. Hypoglycaemia, hypothermia and shivering in man [J]. Clin Sci (Lond), 1981, 61 (4): 463-469.

[38] Shah R, Rashid A, Ramanathan KB, et al. Dangerous cold beverages: a case of swallow syncope [J]. Am J Med, 2014, 127 (7): e3-e4.

[39] Carey BJ, de Caestecker J, Panerai RB. More on deglutition syncope [J]. N Engl J Med, 1999, 341 (17): 1316-1317.

[40] Pugh LG. Cold stress and muscular exercise, with special reference to accidental hypothermia [J]. Br Med J, 1967, 2 (5548): 333-337.

[41] Castellani JW, Young AJ, Degroot DW, et al. Thermoregulation during cold exposure after several days of exhaustive exercise [J]. J Appl Physiol (1985), 2001, 90 (3): 939-946.

[42] Castellani JW, Young AJ, Kain JE, et al. Thermoregulation during cold exposure: effects of prior exercise [J]. J Appl Physiol (1985), 1999, 87 (1): 247-252.

[43] Thompson RL, Hayward JS. Wet-cold exposure and hypothermia: thermal and metabolic responses to prolonged exercise in rain [J]. J Appl Physiol (1985), 1996, 81 (3): 1128-1137.

[44] Harirchi I, Arvin A, Vash JH, et al. Frostbite: incidence and predisposing factors in mountaineers [J]. Br J Sports Med, 2005, 39 (12): 898-901.

[45] Lehmuskallio E. Cold protecting ointments and frostbite. A questionnaire study of 830 conscripts in Finland [J]. Acta Derm Venereol, 1999, 79 (1): 67-70.

[46] Lehmuskallio E, Rintamaki H, Anttonen H. Thermal effects of emollients on facial skin in the cold [J]. Acta Derm Venereol, 2000, 80 (3): 203-207.

[47] Cappaert TA, Stone JA, Castellani JW, et al. National Athletic Trainers' Association position statement: environmental cold injuries [J]. J Athl Train, 2008, 43 (6): 640-658.

[48] Hassi J, Raatikka VP, Huurre M. Health-check questionnaire for subjects exposed to cold [J]. Int J Circumpolar Health, 2003, 62 (4): 436-443.

[49] Castellani JW, Young AJ, Ducharme MB, et al. American College of Sports Medicine position

stand: prevention of cold injuries during exercise [J]. Med Sci Sports Exerc, 2006, 38 (11): 2012-2029.

[50] Casa DJ, Armstrong LE, Hillman SK, et al. National athletic trainers' association position statement: fluid replacement for athletes [J]. J Athl Train, 2000, 35 (2): 212-224.

[51] Askew EW. Environmental and physical stress and nutrient requirements [J]. Am J Clin Nutr, 1995, 61 (3 Suppl): S631-S637.

[52] Knight DR, Horvath SM. Urinary responses to cold temperature during water immersion [J]. Am J Physiol, 1985, 248 (5 Pt 2): R560-R566.

[53] Allen DE, Gellai M. Mechanisms for the diuresis of acute cold exposure: role for vasopressin? [J]. Am J Physiol, 1993, 264 (3 Pt 2): R524-R532.

[54] Sramek P, Simeckova M, Jansky L, et al. Human physiological responses to immersion into water of different temperatures [J]. Eur J Appl Physiol, 2000, 81 (5): 436-442.

[55] Danielsson U. Windchill and the risk of tissue freezing [J]. J Appl Physiol (1985), 1996, 81 (6): 2666-2673.

[56] Moran DS. Potential applications of heat and cold stress indices to sporting events [J]. Sports Med, 2001, 31 (13): 909-917.

[57] Holmer I. Work in the cold. Review of methods for assessment of cold exposure [J]. Int Arch Occup Environ Health, 1993, 65 (3): 147-155.

[58] Rissanen S, Rintamaki H. Thermal responses and physiological strain in men wearing impermeable and semipermeable protective clothing in the cold [J]. Ergonomics, 1997, 40 (2): 141-150.

[59] Smolander J, Louhevaara V, Ahonen M. Clothing, hypothermia, and long-distance skiing [J]. Lancet, 1986, 2 (8500): 226-227.

[60] Tanaka M, Tochihara Y, Yamazaki S, et al. Thermal reaction and manual performance during cold exposure while wearing cold-protective clothing [J]. Ergonomics, 1983, 26 (2): 141-149.

[61] Nuckton TJ, Claman DM, Goldreich D, et al. Hypothermia and afterdrop following open water swimming: the Alcatraz/San Francisco Swim Study [J]. Am J Emerg Med, 2000, 18 (6): 703-707.

[62] Romet TT. Mechanism of afterdrop after cold water immersion [J]. J Appl Physiol (1985), 1988, 65 (4): 1535-1538.

[63] Giesbrecht GG, Goheen MS, Johnston CE, et al. Inhibition of shivering increases core temperature afterdrop and attenuates rewarming in hypothermic humans [J]. J Appl Physiol (1985), 1997, 83 (5): 1630-1634.

[64] Moran DS, Mendal L. Core temperature measurement: methods and current insights [J]. Sports Med, 2002, 32 (14): 879-885.

[65] Kempainen RR, Brunette DD. The evaluation and management of accidental hypothermia [J]. Respir Care, 2004, 49 (2): 192-205.

[66] Sallis R, Chassay CM. Recognizing and treating common cold-induced injury in outdoor sports [J]. Med Sci Sports Exerc, 1999, 31 (10): 1367-1373.

[67] Ulrich AS, Rathlev NK. Hypothermia and localized cold injuries [J]. Emerg Med Clin North Am, 2004, 22 (2): 281-298.

[68] Giesbrecht GG, Bristow GK, Uin A, et al. Effectiveness of three field treatments for induced mild (33.0 degrees C) hypothermia [J]. J Appl Physiol (1985), 1987, 63 (6): 2375-2379.

[69] Daanen HA, Van de Linde FJ. Comparison of four noninvasive rewarming methods for mild hypothermia [J]. Aviat Space Environ Med, 1992, 63 (12): 1070-1076.

[70] Kornberger E, Schwarz B, Lindner KH, et al. Forced air surface rewarming in patients with severe accidental hypothermia [J]. Resuscitation, 1999, 41 (2): 105-111.

[71] Walpoth BH, Walpoth-Aslan BN, Mattle HP, et al. Outcome of survivors of accidental deep hypothermia and circulatory arrest treated with extracorporeal blood warming [J]. N Engl J Med, 1997, 337 (21): 1500-1505.

[72] Visetti E, Pastorelli M, Bruno M. Severe accidental hypothermia successfully treated by warmed peritoneal lavage [J]. Minerva Anestesiol, 1998, 64 (10): 471-475.

[73] Aslam AF, Aslam AK, Vasavada BC, et al. Hypothermia: evaluation, electrocardiographic manifestations, and management [J]. Am J Med, 2006, 119 (4): 297-301.

[74] Collins AM, Danzl DF. Hypothermia with profound anemia and pancreatitis [J]. Wilderness Environ Med, 2006, 17 (1): 31-35.

[75] Biem J, Koehncke N, Classen D, et al. Out of the cold: management of hypothermia and frostbite [J]. CMAJ, 2003, 168 (3): 305-311.

[76] Bird D. Identification and management of frostbite injuries [J]. Emerg Nurse, 1999, 7 (8): 17-19.

[77] Murphy JV, Banwell PE, Roberts AH, et al. Frostbite: pathogenesis and treatment [J]. J

Trauma, 2000, 48 (1): 171-178.

[78] Castellani JW, Young AJ, Ducharme MB, et al. American College of Sports Medicine position stand: prevention of cold injuries during exercise [J]. Med Sci Sports Exerc, 2006, 38 (11): 2012-2029.

[79] Hamlet MP. Prevention and treatment of cold injury [J]. Int J Circumpolar Health, 2000, 59 (2): 108-113.

[80] Hassi J. Frostbite, a common cold injury: challenges in treatment and prevention [J]. Int J Circumpolar Health, 2000, 59 (2): 90-91.

[81] Bruen KJ, Ballard JR, Morris SE, et al. Reduction of the incidence of amputation in frostbite injury with thrombolytic therapy [J]. Arch Surg, 2007, 142 (6): 546-551, 551-553.

[82] Collins AM, Danzl DF. Hypothermia with profound anemia and pancreatitis [J]. Wilderness Environ Med, 2006, 17 (1): 31-35.

专题四
低温环境下的运动训练生理生化监控

沈钰琳（国家体育总局体育科学研究所）
房国梁（国家体育总局体育科学研究所）
赵杰修（国家体育总局体育科学研究所）

运动训练的生理生化监控是运动训练监控的重要组成部分之一，它以运动状态下物质和能量代谢的规律为理论基础，对机体承受训练负荷后身体状态、疲劳程度，以及恢复情况等机能状态进行综合评估和诊断，特别是在大负荷训练期间，及时了解机体的机能状态及体能恢复情况，对于了解训练效果、正确评价和调整训练方案，以及防止运动损伤发生等方面有重要意义[1]。

随着2022年北京冬奥会的成功举办，冬季运动项目越来越受到人们的关注，冬季项目在我国专业运动队和全民健身领域的发展也逐渐加快，越来越多的人参与到冬季项目的运动中。冬季运动项目的一大特点是在低温环境下进行运动，低温环境下运动时，机体会产生不同于常温、高温环境的生理生化反应。因此，对低温环境下的运动进行生理生化监控有着重要意义。本专题总结了低温环境下的生理生化指标变化特点及其应用，为制订科学有效的训练计划提供参考。

第一节 低温环境下生理生化监控指标概述

低温环境是运动训练、比赛中经常遇到的一种特殊环境，低温环境会引起机体能量代谢改变从而产生不同的生理和代谢反应。在低温环境下，肌纤维黏滞性增加、骨骼肌僵硬且兴奋性下降、机体协调性和关节灵活度下降，导致运动损伤风险增加，如痉挛、肌肉和肌腱撕裂等[2]。低温环境下运动时，机体比静息状态需要更多能源物质代谢提供热量，机体能源物质选择及其供能比例很大程度上取决于冷应激程度、运动强度、持续时间和能源储备量[2]。根据低温环境下机体的能量代谢特点，科研人员经过长期的理论和实践研究，筛选了适用于低温环境

专题四　低温环境下的运动训练生理生化监控

下运动训练生理生化监控的指标体系，包括体温、心率、皮质醇（cortisol）、血清钠离子、白细胞（white blood cell，WBC）、尿液、去甲肾上腺素（norepinephrine，NE）、C反应蛋白（C-reactive protein，CRP）、肌酐（creatinine，Cr）、免疫球蛋白（immunoglobulin, Ig）、乙酰胆碱酯酶（acetylcholinesterase，AChE）等（图1），尽可能快速准确地反映运动后的机体状态，从而有助于正常进行训练。

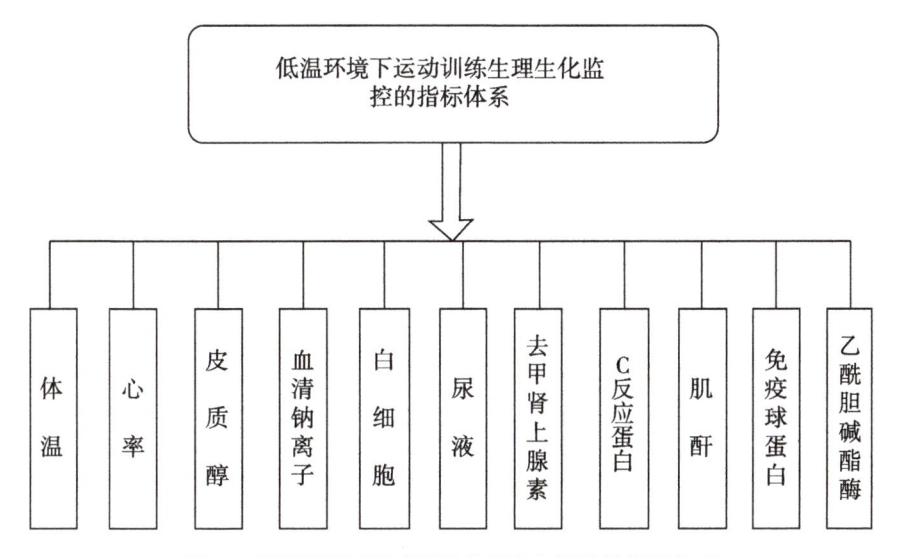

图1　低温环境下运动训练生理生化监控的指标体系

第二节　低温环境下的运动生理生化监控指标

低温环境下运动时机体不同生理生化指标可反映机体不同方面的机能状态，因此，了解不同生理生化指标变化所代表的生理学意义有助于深入了解机体的功能状态。此外，在实践过程中，我们还应掌握测试这些生理生化指标的方法及注意事项。

一、体温

（一）概述

人体内部的温度称为体温。保持恒定的体温，是保证新陈代谢和生命活动正常进行的必要条件。体温是物质代谢转化为热能的产物。正常人的体温是相对恒定的，它通过大脑与丘脑下部的体温调节中枢和神经体液的调节作用，使产热和

运动与低温环境

散热保持动态平衡。在正常生理状态下，体温升高时，机体通过减少产热和增加散热来维持体温相对恒定；反之，当体温下降时，则增加产热而减少散热，使体温维持在正常水平。正常体温不是一个具体的温度点，而是一个温度范围。临床上所指的体温是指平均体内温度。体温一般以口腔、直肠和腋窝的温度为代表，其中直肠温度最接近体内温度。人体在冷环境中，势必会增加能量的消耗，从而出现体温下降，代谢、呼吸和循环功能障碍，体温过低会引起死亡。在冷环境中进行长时间运动（1~4h），身体热量会过度散发，超过机体对体温调节控制能力，引起过低体温[3]。

（二）应用

静息状态下，人体对冷应激的最初反应是通过皮肤冷觉感受器反射，引起皮下血管收缩，减少向体外散热。当基础代谢的产热不能维持体温，同时血管运动的调节不能弥补寒冷引起的散热时，机体通过战栗和非战栗两种形式增加产热。在冷环境下运动时，由于机体能量代谢速率加快，运动可部分或全部取代战栗性产热。但是，由于运动时机体骨骼肌血管舒张，导致外周血流增多，促进散热，身体对寒冷的绝缘能力下降，进一步增加热量消耗。这一点可能是不同程度低温环境影响核心体温调节而导致运动能力表现差异的关键所在[2]。

通常，正常人腋下温度为36~37℃，口腔温度比腋下高0.2~0.4℃，直肠温度又比口腔温度高0.3~0.5℃，直肠温度和口腔温度代表体内核心温度，腋下温度代表体表温度。与在常温环境下运动相比，运动员在低温环境下运动时，核心体温会下降，训练或比赛时，一般检测核心体温较为准确。

（三）测试方法

该指标使用体温计进行测量，详细测量方法见专题一。

（四）注意事项

测定不同环境下的训练体温时应注意选择相同的训练条件，避免因不同训练条件造成测试误差。

使用水银体温计需要注意使用时的安全性。若水银体温计不慎被打碎，正确处理办法是洒落出来的水银必须立即用滴管、毛刷收集起来，并用水（最好用甘油）覆盖，然后在污染处撒上硫黄粉，无液体后（一般约一周时间）方可清扫。

测试腋温前应先将腋下汗液擦拭干净，避免对测试结果造成影响。

二、心率

（一）概述

心率是心脏周期性机械活动的频率，即心脏每分钟搏动的次数，以次/min表示。心率可因年龄、性别及其他生理情况而不同。在成年人中，女性的心率一般比男性稍快；同一个人，在安静或睡眠时心率减慢，运动或情绪激动时心率加快；在某些药物或神经体液因素的作用下，心率也会加快或减慢；经常进行体力劳动和体育锻炼的人心率较慢。

常用的心率指标有基础心率、安静心率、运动时心率和运动后心率。基础心率是清晨起床前空腹卧位心率，一般个人基础心率较为稳定。安静心率有明显个体差异，一般正常健康成人的心率为60~100次/min，运动员的安静心率一般较低，正常范围为45~80次/min。运动时心率分为极限负荷心率（180次/min以上）、次极限负荷心率（170次/min左右）和一般负荷心率（140次/min左右）。运动时心率增加到最大限度时称为最大心率，最大心率随年龄增长而逐渐降低，一般用220-年龄估算最大心率。心率储备计算公式为最大心率-安静心率，它表示人体运动时心率可能增加的潜在能力。运动后心率的恢复速度和程度，可衡量运动员对训练负荷的适应水平或身体功能状况，相同运动负荷后心率恢复加快，提示运动员对训练负荷适应或功能状况良好。

（二）应用

心率是监测运动员训练强度和恢复水平的有效指标。安静状态下，人体处于低温环境中的心率低于常温环境，且温度越低心率越慢。运动时，在相同运动强度下，低温环境下的运动心率高于常温环境。一般情况下，相同训练方案运动时心率在未适应阶段升高幅度越小、适应时下降速度越快，说明运动员对低温环境的适应能力越强。

（三）测试方法

测试该指标使用心率表。心率表分为两大类，有胸带心率表和无胸带心率表。有胸带的心率表（如SUUNTO、POLAR、FITBOX等）都是通过佩戴在胸口的胸带上的传感器检测心跳并通过无线传递给手表，在手表上显示，其检测的准确性比较高，也可以实时测量心率，是被广泛应用的一种心率表。无胸带的心率表（如MIO、华为）是通过光电感应或者传感器采用心电图原理来检测心率，其优点是比较方便。

（四）注意事项

测定不同环境下的运动时心率应注意选择相同的训练条件，避免因训练条件不同造成测试误差。测定安静心率时应该在停止运动、进食、洗澡30min后进行，避免外界因素影响。

三、皮质醇

（一）概述

皮质醇是由肾上腺皮质分泌的，对糖类代谢具有最强作用的肾上腺皮质激素，属于糖皮质激素的一种。皮质醇是通过肾上腺皮质线粒体中的11β-羟化酶的作用，由11-脱氧皮质醇生成。皮质醇也可通过11-β-羟类固醇脱氢酶的作用变成皮质素。皮质醇在操纵情绪和健康、免疫细胞和炎症、血管和血压间的联系，以及维护缔结组织（如骨骼、肌肉和皮肤）等方面具有特别重要的作用。正常的皮质醇代谢遵循着一种生理节奏，是一个周期为24h的循环，一般在早晨（6:00—8:00）皮质醇水平最高，在凌晨（0:00—2:00）最低。通常在上午8:00—12:00间皮质醇水平会骤然下跌，之后全天都持续一个缓慢的下降趋势。皮质醇作为反映中枢神经兴奋性的指标之一已在运动员生理生化监控中广泛应用，通过抽取运动员晨起后的空腹静脉血，测定皮质醇指标值来判断运动员功能状态。运动员皮质醇正常范围为10~25 ng/mL，低于10 ng/mL提示神经系统兴奋性较弱，高于25 ng/mL则表示可能已经产生中枢疲劳，教练员可根据测试结果适时调整训练方案。

（二）应用

冷环境暴露及低温环境下运动都会使皮质醇增加。长期反复的寒冷暴露引起交感神经激活减弱，而副交感神经激活增强。在相同的运动强度下，低温环境与常温环境相比，运动引起的皮质醇浓度显著升高。测试低温环境下安静状态和运动后的皮质醇，可以判断运动员的冷适应能力及运动后的恢复状态。

（三）测试方法

本指标测试使用化学发光免疫分析仪和皮质醇测试的国外或国产试剂盒。可取受试者静脉血或唾液进行检测。

（四）注意事项

采集唾液前应先清洁口腔，避免出血性伤口。γ计数仪也可以测试皮质醇，但准确度差。运动员的心理应激对皮质醇分泌有刺激作用，因此在通过监测皮质醇判断运动员热适应能力时需要结合运动员当时的心理状态进行综合评价。测试时应注意不同时间点对皮质醇的影响。

四、血清钠离子

（一）概述

血清钠是指血清中 Na^+ 浓度。Na^+ 是细胞外液（如血液）中最多的阳离子，对保持细胞外液容量、调节酸碱平衡、维持正常渗透压和细胞生理功能有重要意义，其参与维持神经–肌肉的正常应激性。细胞外液 Na^+ 浓度的改变可由水、钠任一含量的变化而引起，所以钠平衡紊乱常伴有水平衡紊乱。水与钠的正常代谢及平衡是维持人体内环境稳定的重要因素。人体血清钠正常范围为135~145mmol/L，血清钠的测定具有重要的临床意义，尤其有助于低钠血症、高钠血症、脱水等的诊断和治疗。剧烈运动后，随着机体排汗量的增加，大量离子随汗液丢失极易导致体内电解质紊乱。

（二）应用

长时间运动后24h内容易发生的运动相关性低钠血症（exercise-associated hyponatremia，EAH），特别是在炎热和寒冷的环境中[4]。有明确的证据表明，EAH是一种稀释性低钠血症，其原因是血流量过大和精氨酸加压素释放不当[5]。运动相关性低钠血症是公认的和潜在的耐力运动严重并发症。运动相关低钠血症的发展与极限运动项目中及之后的过度液体消耗有关，其他危险因素包括女性、较长比赛时间及非甾体抗炎药的使用[6]。不同强度的运动训练会导致体内电解质变化及运动后再分配，当运动强度适度，体液丢失未达到机体损伤程度时，血 Na^+ 浓

运动与低温环境

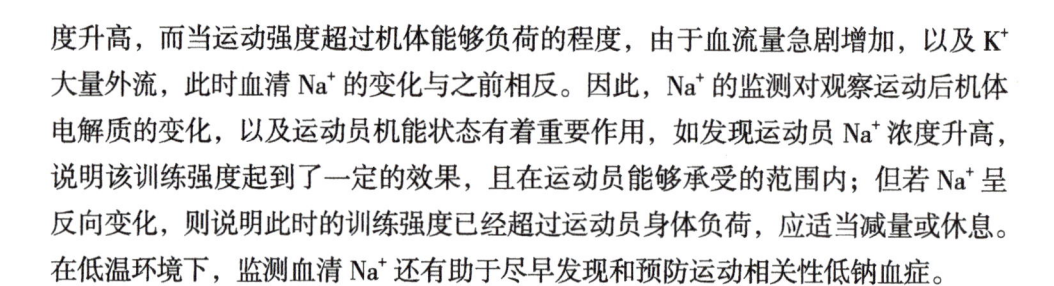

度升高，而当运动强度超过机体能够负荷的程度，由于血流量急剧增加，以及 K^+ 大量外流，此时血清 Na^+ 的变化与之前相反。因此，Na^+ 的监测对观察运动后机体电解质的变化，以及运动员机能状态有着重要作用，如发现运动员 Na^+ 浓度升高，说明该训练强度起到了一定的效果，且在运动员能够承受的范围内；但若 Na^+ 呈反向变化，则说明此时的训练强度已经超过运动员身体负荷，应适当减量或休息。在低温环境下，监测血清 Na^+ 还有助于尽早发现和预防运动相关性低钠血症。

（三）测试方法

本指标测试采用血液生化分析仪。采集 2~3mL 静脉血于促凝管，离心分离血清，用血液生化分析仪检测 Na^+ 浓度，观察运动员运动后疲劳程度及休息后恢复情况。

（四）注意事项

血液生化分析仪不便携带，且检测时间较长，检测结果有滞后性，特别是用于判断运动性低钠血症时，因此对血清钠离子检测方法的改良还有待进一步研究。

五、白细胞

（一）概述

WBC 是血液中的一类细胞，分为中性粒细胞、嗜酸性粒细胞、嗜碱性粒细胞、单核细胞和淋巴细胞。其主要作用是吞噬细菌、防御疾病。人体内 WBC 总数和各种 WBC 的百分比是相对稳定的。正常人每立方毫米的血液中有 5000~10000 个 WBC。各种 WBC 的百分比为：中性粒细胞 50%~70%；嗜酸性粒细胞 1%~4%；嗜碱性粒细胞 0~1%；淋巴细胞 20%~40%；单核细胞为 1%~7%。机体发生炎症或其他疾病都可引起 WBC 总数及各种 WBC 的百分比发生变化，因此检查 WBC 总数及 WBC 分类计数成为辅助诊断的一种重要方法。正常人 WBC 数量为 4×10^9~10×10^9/L。机体发生炎症、组织损伤、免疫力下降等疾病都可引起 WBC 总数及 WBC 分类计数发生变化，另外某些状态如妊娠、女性生理期、剧烈运动、严寒和酷热环境等也会导致 WBC 生理性增高。因此，WBC 总数及 WBC 分类计数检查是临床上常见的辅助诊断方法之一，具有重要参考价值。WBC 作为反应机体免疫力及炎症状态的主要指标，在运动生理生化监测中已经广为应用。

（二）应用

WBC 除了能反映机体免疫力和炎症状态外，还可作为监测机体氧化还原状态的指标，氧化还原指标和血乳酸一样，都能够反映肌肉疲劳，监测 WBC 的氧化还原状态可作为对优秀运动员长期管理，防止过度训练的一个方法[7]。剧烈运动及冷热环境刺激都可引起 WBC 升高，监测低温环境下安静状态和运动后的 WBC 数量，可以判断运动员的冷适应能力及运动后的恢复状态。

（三）测试方法

本指标测试采用血液生化分析仪。采集静脉血 2mL 于 EDTA 抗凝管，充分混匀，用血液生化分析仪检测 WBC 计数，血液离心后取血浆，复苏细胞，可用流式细胞仪检测 WBC 氧化还原水平。

（四）注意事项

运动员的生理病理状态会影响 WBC 水平，故该指标结果分析时应结合运动员身体状况综合考虑。

六、尿液

（一）概述

尿液是人类和脊椎动物为了新陈代谢的需要，经由泌尿系统及尿路排出体外的液体排泄物。通过排出尿液，机体可调节体内水和电解质的平衡，以及清除代谢废物，尤其是退化变性的蛋白质和核苷酸所产生的含氮化合物。尿液是生物标志物的理想来源，因为它含有较少的脂质和比血清或组织中含量更高的多肽。正常尿液呈淡黄色，比重 1.010~1.030。尿的酸碱度受食物性质的影响，变动很大，pH 值变动范围可达 4.5~8.0，平均为 6.0。

（二）应用

尿十项检测已被广泛运用于运动员生理生化监控，尿蛋白作为一种非侵入性生物标记物，可以准确地监控运动员生理心理的变化，包括在剧烈运动、比赛及过度训练下的身体状况，以及身体恢复情况[8, 9]。在剧烈运动、高温、寒冷、精神紧张等因素影响下，肾血管痉挛或充血，导致肾小球滤过膜通透性增强而使蛋白大量释放，随尿液排出，就会形成尿蛋白增多，呈阳性。尿比重和尿渗透压能够准确反映运动员在运动过程中急性脱水的情况，而高温环境下运动员往往也处于一个快速脱水的状态，可以应用这两个指标监控运动员在高温环境下的训练和比赛。尿比重和尿渗透压指标可以反映运动员的脱水或补水情况，运动员尿比重和尿渗透压处于高水平可能反映机体处于脱水状态。此外，还能通过观察尿液颜色判断运动员脱水和补液程度，颜色越深代表脱水程度越重。另外，蛋白质组学技术的发展提供了一个高通量、高效、准确和敏感的研究平台，并使人们能够研究运动诱导的免疫调节与尿蛋白成分之间的关系[10]。通过对尿液代谢产物的分析，我们可以精准地了解运动前后机体代谢情况的变化，与常规的检验尿液中不同物质的含量相比，尿蛋白组学分析受其他因素的影响较小，能更准确客观地反映疲劳程度。

（三）测试方法

本指标测试使用尿液分析仪和渗透压自动测定仪。

尿液分析仪是测定尿中某些化学成分的自动化仪器，它是医学实验室尿液自动化检查的重要工具，具有操作简单、快速等优点。仪器在计算机的控制下通过收集、分析试带上各种试剂块的颜色信息，并经过一系列信号转化，最后输出测定的尿液中化学成分含量，可检测项目主要有尿8项~尿14项。

渗透压测定仪是一种辅助检测的科研工具，分为冰点渗透压测定仪、露点渗透压测定仪、胶体渗透压测定仪和蒸汽压渗透压测定仪。目前最为常用的是冰点渗透压测定仪。

尿蛋白组学通过磁共振和模式识别技术进行尿液的代谢图谱分析。

（四）注意事项

采集尿液时应先清洁尿道口，以采集中段尿为宜。

七、去甲肾上腺素

（一）概述

NE学名1-（3,4-二羟苯基）-2-氨基乙醇，是肾上腺素（epinephrine，

E）去掉 N- 甲基后形成的物质，在化学结构上也属于儿茶酚胺。它既是一种神经递质，主要由交感节后神经元和脑内肾上腺素能神经末梢合成和分泌，是后者释放的主要递质，也是一种激素，由肾上腺髓质合成和分泌，但含量较少。循环血液中的 NE 主要来自肾上腺髓质。

（二）应用

长期、反复冷暴露会使神经内分泌系统活动增强，释放更多的神经递质，导致交感神经活动减少，而副交感神经活动增强，血液中的儿茶酚胺浓度增加。低温环境暴露下及剧烈运动都会诱导血浆中 NE 升高。测试低温环境下安静状态和运动后的 NE 水平，可以判断运动员的冷适应能力及运动后的恢复状态。

（三）测试方法

本指标测试采集受试者 2~3mL 静脉血，使用血液生化分析仪或酶联免疫法检测。

（四）注意事项

目前国家队未配备血液生化分析仪，需要到医院或实验室检测。

使用某些药物会影响 NE 水平，故分析结果时应结合运动员身体状态和用药情况综合考虑。

八、C 反应蛋白

（一）概述

CRP 是在机体受到感染或组织损伤时血浆中一些急剧上升的蛋白质，通过激活补体和加强吞噬细胞的吞噬而起调节作用，清除入侵机体的病原微生物，以及损伤、坏死和凋亡的组织细胞。在机体的天然免疫过程中，CRP 发挥重要的保护作用。它能与肺炎链球菌 C 多糖体反应形成复合物的急性时相反应蛋白，半衰期 19h；血清 CRP 由肝脏合成，白细胞介素 –1β（IL–1β）、白细胞介素 –6（IL–6）及肿瘤坏死因子（tumor necrosis factor，TNF）是其合成的最重要的调节因子；CRP 的分子量为 105500，由含有 5 个相同的未糖基化的多肽亚单位组成，每个亚单位含有 187 个氨基酸，这些亚单位间通过非共价键连接成环状的五聚体，并有一个链间二硫键。CRP 是一种炎症标志物。

(二) 应用

在一项对 13 名经过训练的男性进行为期 6 天的山地自行车比赛测试的试验中发现，第 1 天运动后 IL-6 立即升高，但在运动期间休息时 IL-6 没有变化；相比之下，在运动第 1 天，可溶性 IL-6 受体（sIL-6R）、CRP 和肌酸激酶浓度在运动后没有立即变化，但在运动期间休息时，与运动前基线相比浓度显著升高，说明 sIL-6R 升高与 CRP 相关，可能影响运动后休息时的主观疲劳感觉[11]。有研究认为，高强度运动与炎症性疾病的急性反应期相似，他们让受试者分别进行三种运动，70% 无氧阈负荷下运动 30min，以 20w/min 的速率增加负荷在功率自行车上运动至疲劳，以 70%IRM（1repeat maximal）的强度进行抗阻运动至疲劳，结果发现高强度运动显著增加了血清超敏 C 反应蛋白（hsCRP）[12]。这说明 CRP 可能参与了运动疲劳的发生，可作为运动员生理生化监测的一项指标。低温环境下对运动员进行 CRP 的监测，有助于观察运动员的训练和恢复水平。需要注意的是，当机体由于饮食控制等因素处于应激状态时，CRP 先升高，适应之后 CRP 逐渐下降，此时 CRP 的下降表明机体运动应激适应能力加强。

(三) 测试方法

取静脉血 2mL 于促凝管，离心分离血清，用血液生化分析仪检测 CRP 浓度。

(四) 注意事项

对 CRP 的监控应结合运动员身体状况及训练阶段。

现有的研究对专业运动员的监测报道还较少，因此该指标在专业运动队的监测应用及运动员实验室正常值范围的确立还有待更多的实验研究佐证。

九、肌酐

(一) 概述

Cr 是肌肉在人体内代谢的产物，主要由肾小球滤过排出体外。每 20g 肌肉代谢可产生 1mgCr，在肉类食物摄入量稳定时，身体的肌肉代谢又没有大的变化，Cr 的生成就会比较恒定。人体 98% 的 Cr 存在于肌肉，剩余 2% 分布在脑、肾、肝及体液中。在骨骼肌细胞中，约 60% 的肌酸在肌酸激酶催化下与三磷酸腺苷（ATP）反应生成磷酸肌酸。磷酸肌酸作为骨骼肌系统供能的主要物质基础，可在 ATP 耗竭后紧急提供能量。骨骼肌中的肌酸与磷酸肌酸每天以一定比例脱水生成 Cr。生成的 Cr 一部分由组织细胞扩散到血循环中，另一部分经肾小球滤过且不被肾小球重吸收而随尿液排出。血 Cr 有外源性和内源性两种来源，外源性 Cr 是肉类食物在体内代谢后的产物，内源性 Cr 是体内肌肉组织代谢的产物。临床上 Cr 是评定肾功能的重要指标。

（二）应用

Cr 与运动也有着密切联系。在运动过程中，当训练强度过大或温度过高时，肾血管收缩、肾血流量下降，会导致 Cr 水平升高，内生 Cr 清除率下降，进而影响肾功能[13, 14]。因此，Cr 浓度在运动员功能监控方面既可评价训练效果，又是监控训练过程中肾功能状况、防止运动导致肾损伤的有效手段。在运动员训练监控方面，不同的运动方式对 Cr 值的影响也不一样。在有氧训练和力量训练后，对 Cr 值的监控在反映训练强度方面意义重大，当 Cr 值异常升高时应注意适当减少训练量，防止过度疲劳。另外，在运动训练过程中 Cr 上升，肾血流量、肾小球滤过率下降，就会对肾脏造成不良影响，应结合其他肾功能指标，判断是否出现肾损伤。

（三）测试方法

Cr 的检测根据其来源不同分为尿 Cr 检测和血 Cr 检测。尿 Cr 又包含 24h 尿 Cr 和随机尿 Cr 两种检测方法。24h 尿 Cr 准确度相对较高，但是必须留取 24h 尿液并进行防腐处理，对运动员来说可操作性和依从性较差，不易留取标本。随机尿 Cr 受饮食等因素影响较大，它的优点在于采样简便、无创，运动员易接受。血 Cr 检测在准确度上要优于尿 Cr，且其干扰因素较少，结果较稳定。

尿 Cr 检测：将留取的 24h 尿液混匀，提前加入甲苯对尿液进行防腐处理，取 10mL 于试管里（24h 尿 Cr）或留取清晨空腹尿液或运动后尿液 10mL（随机尿 Cr），采用苦味酸法或酶法在生化分析仪上检测。

血 Cr 检测：清晨空腹或运动后抽取静脉血 3mL，离心处理，用全自动生化分析仪检测。

（四）注意事项

运动员由于长期训练，他们的 Cr 值往往比普通人高，甚至已超出临床正常范围，因此，不能简单地用临床上的正常值范围来判断，还需根据不同种类的运动项目，建立运动员 Cr 值实验室正常范围，更加科学地做出评定。

当 Cr 值超过个人阈值时，需密切关注运动员身体状态，结合饮食、用药、是否痛风等情况进行评估，防止过度训练导致的肾损伤。

十、免疫球蛋白

（一）概述

Ig 指具有抗体（Ab）活性或化学结构，与抗体分子相似的球蛋白。Ig 是由两条相同的轻链和两条相同的重链通过链间二硫键连接而成的四肽链结构。Ig 分为 5 类，即免疫球蛋白 G（IgG）、免疫球蛋白 A（IgA）、免疫球蛋白 M（IgM）、免疫球蛋白 D（IgD）和免疫球蛋白 E（IgE）。免疫系统由免疫组织、器官、免疫细胞及免疫活性分子等组成。Ig 是免疫活性分子中的一类，而免疫活性分子包括免疫细胞膜分子，如抗原识别受体、分化抗原、主要组织相容性分子，以及一些其他受体分子；也包括由免疫细胞和非免疫细胞合成和分泌的分子，如 Ig、补体分子及细胞因子等。

（二）应用

运动对人体来说是一种应激源，剧烈的运动和极端环境暴露都可能导致免疫功能下降，IgA、IgM 分泌减少；相反，适度的训练及在对冷环境适应后可提高机体免疫功能，血液中的 IgA、IgG、IgM 增加，使人体更好地适应寒冷环境[15, 16]。因此，对 Ig 的监测有助于判断运动员对运动强度和寒冷环境的适应性，以及训练和赛后的恢复情况。

（三）测试方法

本指标需采集清晨空腹静脉血 4~5mL，采用免疫比浊法测定。

（四）注意事项

运动强度及不同的冷环境温度可能对 Ig 产生不同影响，应根据实际情况综合考虑。

十一、乙酰胆碱酯酶

（一）概述

乙酰胆碱（acetylcholine，ACh）介导的神经传递是神经系统功能的基础。AChE 是一种多分子型复杂蛋白，参与 ACh 介导的神经传递过程，主要分布在神经元和神经肌肉接头处，它的典型功能是通过迅速水解 ACh，达到终止 ACh 兴奋传递的效果，并能调节胆碱能功能。因此，在胆碱能受体神经传导过程中它起着至关重要的作用[17, 18]。AChE 参与细胞的发育和成熟，能促进神经元发育和神经再生。

（二）应用

在对定向越野运动员赛前训练周和赛后一周每周末（休息日后一天）血液 AChE 的变化进行监测时发现，赛前 2~3 周周末血液 AChE 值下降较显著，且女运动员下降幅度较男运动员明显，AChE 值下降越明显，提示疲劳程度越高[19]。这说明 AChE 值能较精确地反映运动强度和训练量的大小，以及运动员身体功能的适应能力，可作为反映运动性疲劳的生化指标。

（三）测试方法

本指标测试需采集空腹静脉血 4mL，采用分光光度法测定 AChE 活性。

（四）注意事项

该指标受性别、运动强度和时间、运动训练水平、运动项目和运动方式等因素的影响。此外，在其他运动项目特别是特殊环境下的训练监控中该指标应用较少，因此应用本指标测试时还需根据具体情况做出判断。

小结

我国竞技体育特别是冬季项目发展时间较西方国家晚，训练监控生理生化研究在科研人员几十年的探索中逐渐形成了较完整的体系。一些指标的检测也从最开始的必须由实验室大型仪器完成逐渐由小型便携的设备替代，能够更加快速及时地反馈检测结果。AChE、CRP、血清电解质和 Cr 都与运动疲劳的发生密切相关，Cr 还能反映肾功能，血清 Na^+ 是快速检测运动性低钠血症的一项重要的直接指标，WBC 氧化还原水平和尿蛋白组学分析也作为能够提示运动疲劳的新方法越来越多地被报道，这些指标的变化对评价身体功能状态起到重要的指导作用。

低温环境下对运动员生理生化指标的监控有助于及时了解身体功能，以及对冷环境的适应能力，有效防止过度训练和运动疲劳的发生。目前我们筛选出适用于低温环境下运动训练生理生化监控的指标体系，包括体温、心率、皮质醇、血清钠离子、WBC、尿液、NE、CRP、Cr、Ig、AChE。需要注意的是，低温环境下的运动训练生理生化监控指标使用时，要考虑运动者及其运动项目的个体性和纵向性特点，并且需要结合个体训练状况及当时的身体健康状态，以及用药情况对测试结果做出科学综合的判断。

当然目前低温环境下的运动训练生理生化监控体系还不够丰富和完善，不同类别的运动项目其各指标的变化程度不同，因此，应该根据不同类别的项目有针对性地选择监测指标，确定其正常值范围，为低温环境下有效预防运动疲劳和运动损伤的发生，使个体保持最佳的训练和/或比赛水平提供更加科学的依据。

参考文献

[1] 冯连世, 冯美云, 冯炜权. 运动训练的生理生化监控方法 [M]. 北京：人民体育出版社, 2006.

[2] 翁锡全, 王朝格, 林宝璇. 冷环境与运动能力的生化分析 [J]. 中国体育教练员, 2019, 27(2): 31-33.

[3] 罗素玉. 冷环境对运动员身体功能的影响 [J]. 中国临床康复, 2005 (20): 215.

[4] Stuempfle KJ. Exercise-associated hyponatremia during winter sports [J]. The Physician and sportsmedicine, 2010, 38(1): 101-106.

[5] Dugas J, Noakes T. Hyponatraemic encephalopathy despite a modest rate of fluid intake during a 109 km cycle race [J]. British Journal of Sports Medicine, 2005, 39(10): e38-e38.

［6］Davis DP, Videen JS, Marino A, et al. Exercise-associated hyponatremia in marathon runners: A two-year experience［J］. The Journal of emergency medicine, 2001, 21(1): 47-57.

［7］Theofilidis G, Bogdanis GC, Koutedakis Y, et al. Monitoring exercise-induced muscle fatigue and adaptations: Making sense of popular or emerging indices and biomarkers［J］. Sports, 2018, 6(4): 153.

［8］McTaggart MP, Lindsay J, Kearney EM. Replacing urine protein electrophoresis with serum free light chain analysis as a first-line test for detecting plasma cell disorders offers increased diagnostic accuracy and potential health benefit to patients［J］. American journal of clinical pathology, 2013, 140(6): 890-897.

［9］Samudrala D, Geurts B, Brown PA, et al. Changes in urine headspace composition as an effect of strenuous walking［J］. Metabolomics, 2015, 11(6): 1656-1666.

［10］Harpole M, Davis J, Espina V. Current state of the art for enhancing urine biomarker discovery［J］. Expert review of proteomics, 2016, 13(6): 609-626.

［11］Robson-Ansley P, Barwood M, Canavan J, et al. The effect of repeated endurance exercise on il-6 and sil-6r and their relationship with sensations of fatigue at rest［J］. Cytokine, 2009, 45(2): 111-116.

［12］Nakajima T, Kurano M, Hasegawa T, et al. Pentraxin3 and high-sensitive c-reactive protein are independent inflammatory markers released during high-intensity exercise［J］. European journal of applied physiology, 2010, 110(5): 905-913.

［13］Saraslanidis PJ, Manetzis CG, Tsalis GA, et al. Biochemical evaluation of running workouts used in training for the 400-m sprint［J］. The Journal of Strength & Conditioning Research, 2009, 23(8): 2266-2271.

［14］Baeza-Trinidad R, Brea-Hernando A, Morera-Rodriguez S, et al. Creatinine as predictor value of mortality and acute kidney injury in rhabdomyolysis［J］. Internal medicine journal, 2015, 45(11): 1173-1178.

［15］于瑷旗. 低温环境下不同强度运动对人体免疫球蛋白和补体系统的影响［J］. 辽宁体育科技, 2020, 42(1): 48-52.

［16］Tomasi TB, Trudeau FB, Czerwinski D, et al. Immune parameters in athletes before and after strenuous exercise［J］. Journal of clinical immunology, 1982, 2(3): 173-178.

［17］周伯儒, 卢慧甍, 曹慧玲, 等. 乙酰胆碱酯酶分子研究进展［J］. 生物技术通讯, 2012, 23(1): 148-152.

[18] Lotti M. Cholinesterase inhibition: Complexities in interpretation [J]. Clinical Chemistry, 1995, 41(12): 1814-1818.

[19] 王国基, 郑盛, 宋卫红. 定向越野运动员赛前训练乙酰胆碱酯酶变化的实验研究 [J]. 邵阳学院学报（自然科学版）, 2015（1）: 49-53.

专题五
冷习服

房国梁（国家体育总局体育科学研究所）
汪　涵（国家体育总局体育科学研究所）
赵杰修（国家体育总局体育科学研究所）

冷习服是指机体在一定的时间内，在生理方面对冷环境应激的代偿性反应。人体在生理耐受限度内，一段时间（一般为4~6周）反复接受冷刺激而发生的一系列的适应性改变，表现为冷应激反应（如战栗、皮肤微血管收缩、心率加快等）逐渐减弱，而耐寒与抗冻能力明显增强[1]。另外，随着冷习服的产生，人体在寒冷环境中作业时间不断延长，精细操作能力逐渐增强，冷损伤发病率也有所降低[2]。

第一节　冷习服的形成过程

寒冷刺激人体的冷感受器，引起外周血管和四肢小动脉收缩，降低皮肤的血流量和温度，从而减少散热。此外，冷暴露会引起交感神经兴奋，增加血液中儿茶酚胺的浓度，增加心输出量、血压和心率；冷暴露还可以使血液浓缩及流变性质恶化，如血液黏度、红细胞比积、血小板数升高，血流阻力和心脏负荷增加。而且，寒冷影响神经系统和肌肉、关节的功能，削弱肌肉的收缩力、协调性和操作灵活性，降低人体的工作效率和精细工作能力，更容易疲劳[1]。

冷习服建立在中枢神经系统调节下，是神经系统、内分泌系统、组织细胞代谢等发生复杂的生理生化改变的过程，甚至可出现组织形态学变化。这些改变的最终结果是增加机体产热、减少散热，具体表现为以下几个方面。

一、血管内皮细胞合成增加

近年来，国内外许多学者发现动物和人在冷刺激后血管内皮细胞（vascular

endothelial cell，VEC）的合成增加，推测 VEC 与冷习服的形成有关[3]。杨增仁等发现，与未冷习服大鼠相比，冷习服大鼠循环血 VEC 数量显著增加，血清血管紧张素 I 转换酶（angiotensin converting enzyme，ACE）活性降低[4]。冻伤后未习服组此指标显著降低，除 ACE 外，其余均急剧升高；冷习服组仅见短暂轻微的改变或改变不明显，而且其冻伤组织存活面积亦显著增加。冷习服后，VEC 代谢更新率加快、功能增强，提高了机体对冷损伤的应激和修复能力。

二、肾上腺素和去甲肾上腺素分泌增多

研究证实，在寒冷环境中锻炼可增加肌肉糖原的消耗，增加冷习服后肾上腺素（epinephrine，E）和去甲肾上腺素（norepinephrine，NE）的分泌，增加耗氧量，增加产热，减少冷暴露时的战栗，并保持较高的核心体温；在冷暴露期间，低体温出现时间较晚，存活时间显著延长，即冷习服后机体耐寒性和抗冻性增强[5]。

三、游离脂肪酸动员增加

杨义军等从动物实验和人员观察两个方面研究了刺五加复方口服液在冷习服过程中的作用[6]。结果表明，给药 10~20 天后，治疗组士兵尿液中的香草扁桃酸（vanillymandelic acid，VMA）显著高于对照组，说明士兵体内儿茶酚胺含量显著增加；体内儿茶酚胺含量增加刺激肾上腺素能受体，激活腺苷酸环化酶（adenylyl cyclase，AC），将三磷酸腺苷（ATP）转化为环磷酸腺苷（cyclic adenosine monophosphate，cAMP），cAMP 的增加可促进脂肪组织和游离脂肪的降解，游离脂肪酸（free fatty acid，FFA）动员的增加，促进了组织线粒体氧化磷酸化底物的能量供应，与动物实验结果一致。

四、甲状腺素和棕色脂肪组织

一些研究发现，冷习服者在寒冷环境中出现战栗的时间较晚，这与甲状腺素（thyroidhormone，TH）分泌增加和机体组织对 NE 敏感性增加有关[7]。非战栗产热也与棕色脂肪组织（brown adipose tissue，BAT）的刺激有关，导致氧化磷酸化脱节，即增加热量释放，而这与 ATP 生成无关。这种机制对一些动物非常重要，因为几乎所有耐寒动物都受益于棕色脂肪。

在寒冷条件下，机体各系统在冷习服过程中发生变化，各系统相互作用，很难区分轻重主次。

第二节　冷习服的生理指标

在寒冷的环境中，人体会出现多种生理性变化，并通过多种代谢途径增加产热，从而生成相应代谢产物。通过检测代谢产物和反映生理变化的指标，可间接评估寒冷环境对人体的刺激程度，反映人体对寒冷环境的适应性，为寒冷环境下的生理生化监测提供科学有效的手段。

经过长期的理论研究和实际应用，科研人员最大限度地筛选出了一系列指标，尽可能真实、准确地量化人体的冷习服程度，帮助人们在寒冷环境中科学运动、训练和比赛。在实际应用过程中，不能仅用单一指标评价机体的冷习服能力，应当用多个指标对其进行综合分析。

一、冷血管反应指数

冷血管反应指数（index of vaso-response to cold，VRCI）是由局部冷暴露时皮肤温度的变化决定的，反映了局部血管对冷刺激的反应强弱[8]。VRCI是评价机体冷习服水平的重要指标。VRCI水平与肢体局部皮肤血流密切相关，能较为全面地反映局部血管对冷环境刺激的反应，评价耐冷锻炼的效果。测定方法如下。

受试者在室温环境下静坐30min，左手中指在30℃水中浸泡10 min，然后在0℃冰水中浸泡20 min，浸泡深度为近端指间关节与掌骨结合处。将左手中指从冰水中取出并擦干，室温下观察5min。

将热电偶温度传感器粘贴在中指甲沟后2 mm处，记录皮肤温度变化。根据公式计算VRCI。计算公式为：$VRCI=0.2(20-X_1)+0.11X_2+0.52X_3+0.17X_4$，其中$X_1$为入水后皮肤温度开始回升的时间，$X_2$为回升达到的最高皮肤温度，$X_3$为冰水中第5~20 min的平均皮肤温度，$X_4$为出水5 min后的皮肤温度。

有研究发现，新兵经过20天的寒区训练，逐渐达到冷习服水平，VRCI值得到明显提高；经过40天的训练，达到了寒区冷习服人员的水平，VRCI值得到进一步提高[9]。

二、抗冻伤指数

实践证明，冷习服者的冻伤发生率低于未习服者。冻伤主要发生在四肢，四肢的耐寒性与全身的冷习服密切相关。局部冷暴露法是将冷刺激应用于肢体末端部位，以测试其生理反应，主要是皮肤血管反应。随着冷刺激时间的延长，皮肤血管出现交替舒张和收缩的现象，表现为局部温度的波动。冷习服人群血管反应强，局部血流充足，皮肤温度高；未冷习服人群血管反应弱，血流量减少，皮肤温度较低。

根据吉村寿人[10]提出的"抗冻伤指数"，将中指浸泡冰水 30 min 后局部皮肤温度 3 项指标的综合得分：强反应 8~9 分，中等反应 5~7 分，弱反应 3~4 分，以区分不同群体的冷习服程度。

三、甲襞微循环

微循环是指微动脉和微静脉之间的血液循环，它是血液和组织细胞交换物质的场所。在正常情况下，微循环的血流量与组织器官的代谢水平相适应，保证各种组织器官的血液灌注流量，调节回流心脏血液量，对维持人体内稳态具有重要意义。如果微循环出现障碍，各器官的生理功能将受到直接影响。微循环作为整个循环系统的末梢部分，对寒冷环境非常敏感，受到寒冷刺激时，血流速度减慢，血流量减少[11]。

甲襞微循环是临床观察微循环动态的常用窗口，甲襞微循环所显示的微血管数量、形态、血流状态和血管周围状态是反映微循环状态的重要指标，在一定程度上反映了大循环的动态[12]。有研究表明，冷刺激后，甲襞微循环血液速度减慢，总积分值增加，甲襞微循环血流量减少。冷习服后，血液循环改善，血管舒张幅度和持续时间增加，血流量增加，皮肤温度升高，对寒冷环境的耐受性增强[13]。

四、循环血管内皮细胞计数

正常情况下，由于血管壁新陈代谢过程中循环血管内皮细胞（circulating endothelial cell, CEC）脱落到血液中，CEC 数值相对稳定。而血管受到某些生理生化因素的刺激而损伤时，血液中内皮细胞的数量增加[3]。已经证明，冻伤引起的最初血管损伤是血管内皮细胞的损伤[14]。非冷习服组大鼠严重冻伤后各时间点 CEC 数值明显增加，其原因是严重冻伤后血管严重损伤，导致血管内皮脱落，大量 CEC 弥散入血。这与我们先前关于单纯冻伤对大鼠 CEC 计数影响的研究一致[14]。冷习服后，未冻伤大鼠的 CEC 数值较未冷习服大鼠显著增加，说明冷习服通过调节血管舒张与收缩反应和神经体液机制调节，使 CEC 代谢旺盛，更新加快；冷习服组大鼠冻后不同时间与冻前对照组比较，CEC 数绝对值虽有所减少，但差异无显著性。在冻后 4h，冷习服组大鼠的 CEC 数值明显低于未冷习服组，其他时间点两组间无显著性差异[3]。

五、纤维蛋白原

纤维蛋白原（fibrinogen，Fbg）是一种由肝细胞合成和分泌的糖蛋白，也是一种参与凝血和止血的重要纤维蛋白，由凝血酶从纤维蛋白原中切除血纤肽 A 和 B 产生。

罗斌[15]等研究人员发现，冷空气降温过程可以增加人体血液中 Fbg 的含量，增强凝血功能。Fbg 是凝血系统的"中枢"蛋白，主要反映内、外凝血系统共同途径。作为血浆中含量最丰富的凝血因子，它不仅作为凝血因子直接参与凝血过程，而且影响血液黏度。Fbg 血液含量的增加会增加血液黏度，减慢血流速度，这是血液高凝状态的独立危险因素之一[16]。

六、冷凝蛋白

冷凝蛋白（cold insoluble protein，CIP）是人体血浆经低温冷冻后形成的一种大分子冷不溶蛋白。它 37℃复温后仍不溶于水，不易溶于稀酸和变性剂。CIP 以大颗粒形式存在于血浆中，可引起微血管淤积或堵塞，导致微循环障碍。施永德等[17]研究人员发现，人血浆中存在 CIP，冷季 CIP 增多，夏季 CIP 减少。李江等[18]研究发现，在冬季自然低温条件下，随着环境温度的降低和暴露时间延长，家兔心血和外周血中 CIP 水平升高，进一步说明 CIP 是一种冷应激蛋白，低温环境下 CIP 产生量增加可能是引起微血管血流淤积和堵塞，导致微循环障碍的重要因素。

七、一氧化氮

一氧化氮（nitric oxide，NO）是一种由血管内皮细胞产生和释放的"内皮依赖性血管舒张因子"，它是一种无机小分子化合物，以 L-精氨酸和分子氧为底物，以还原型辅酶Ⅱ为辅助因子，在一氧化氮合酶（nitric oxide synthase，NOS）的催化

下生成[19]。NO 调节并参与体内各种生理和病理活动，能舒张血管，抑制血管平滑肌增殖，抑制血小板聚集，减轻血细胞间及与血管内皮之间的黏附，有助于改善血流[20]。研究表明，冷应激会干扰细胞内 NO 的代谢。秦明等[21]研究发现急性冷应激可降低大鼠血浆 NO 含量，而针刺后 NO 含量恢复正常，证实针刺对应激大鼠胃黏膜损伤的保护作用可能与 NO 水平有关。周舫等[22]测定了冷库工人血浆中 NO 和 NOS 的含量，结果表明，0℃保鲜冷库和 −20℃水产冷库工人的 NO 含量和 NOS 活性均显著高于正常对照组。吕朝辉等[23]研究表明，在慢性冷应激过程中，随着冷应激时间的延长，NO 含量先降低后升高。冷刺激训练 30 天后，血浆 NO 含量明显高于训练前，说明一定时间的冷刺激能促进 NO 的代偿性释放，减弱血管收缩因子对血管的收缩作用，有助于提高机体耐寒能力，产生冷习服[13]。

八、游离脂肪酸

冷暴露早期，血清 FFA 含量增加，反映脂肪动员增强。冷暴露逐渐适应后，血清 FFA 含量下降，体重增加，表明冷习服形成。此外，FFA 的组成也发生了变化。人体血清中含量最多的两种 FFA 是油酸和棕榈油酸，其次是亚油酸、硬脂酸和肉豆蔻酸。习服者与未习服者相比，未习服者的油酸百分比较高；习服者总饱和脂肪酸的百分比高于未习服者；相反，只有不饱和脂肪酸未习服者较高。此外，未习服者的血清 FFA 组成接近于储存脂肪的类型，而习服者的更接近于固定脂肪酸组分的类型。适应低温的人血浆 FFA 浓度较低，而不适应低温的人血浆 FFA 浓度较高。可以认为，冷习服者体内 FFA 代谢较快[5]。

九、尿香草扁桃酸含量

冷习服建立后，激素特别是儿茶酚胺含量显著增加，不仅促进能量代谢，还可作用于肝、肌肉、脂肪组织细胞的 β 受体，激活 AC，增加 cAMP 生成，增强磷酸二酯酶活性，促进能量和物质的动员。尿 VMA 是儿茶酚胺的代谢物，是反映机体应激能力和冷习服能力的指标。当机体受到寒冷环境刺激时，体内儿茶酚胺的含量就会增加，从而使身体能够承受应激和适应。此时，VMA 在尿液中的排泄量增加。当机体受到同一水平的反复刺激时，由于机体的调节，儿茶酚胺含量不增不减，VMA 排泄量也随之减少。董兆申等[24]的研究表明，儿茶酚胺对寒冷习服有调控作用，尿中儿茶酚胺和 VMA 的变化可作为判断人冷习服水平的指标。因此，增加体内儿茶酚胺的含量，可以使身体处于应激状态，尽快适应冷刺激。

十、红细胞膜 Na^+-K^+-ATP 酶活性

红细胞膜 Na^+-K^+-ATP 酶活性在冷习服中具有重要意义。据报道，冷暴露期间，羊、鼠等动物 BAT 和肝脏等组织中的 Na^+-K^+-ATP 酶处于高代谢状态，促进 ATP 分解，从而释放大量能量，提高抗寒性。大鼠红细胞膜 Na^+-K^+-ATP 酶能灵敏地反映冷习服过程。NE 直接作用于细胞膜 Na^+-K^+-ATP 受体，在应激阶段提高酶活性，分解 ATP，增加能量释放，满足寒冷环境下能量代谢的需要[24]。红细胞存在于循环系统中，当红细胞与全身组织密切接触时，能更灵敏地反映机体的变化。因此评价冷习服，选择红细胞膜 Na^+-K^+-ATP 酶有一定适用性。

十一、去甲肾上腺素

NE 是一种神经递质，主要由交感节后神经元和脑内肾上腺素能神经末梢合成和分泌，是后者释放的主要递质。此外，肾上腺髓质也可以合成和分泌 NE，但含量较少。循环血液中的 NE 主要来自肾上腺髓质。NE 是调节非战栗产热的主要调节因子，非战栗产热的能源物质主要是脂质，血清自由脂肪酸水平升高可作为 NE 脂质动员的指标。研究证实，在寒冷的环境中运动，肌糖原消耗增加，机体冷习服后 NE 分泌明显增多，耗氧增多，产热增加，冷暴露过程中战栗减少，维持较高的核心体温；冷暴露时低体温延迟出现、存活时间明显延长，即冷习服后耐寒力、抗冻能力增强[5]。

第三节　冷习服形成的影响因素

冷习服是机体应对冷环境发生的适应性变化，机体在冷习服过程中受到多种因素的影响，如人种、体成分、性别和年龄等。了解影响冷习服的因素有助于了解机体冷习服的规律，并在遵循规律的前提下加快冷习服过程。

一、人种

不同人种在冷习服机制上存在差异。对居住在地球不同地区的 862 名受试者的基因进行分析，结果表明在寒冷刺激下，可能在血管收缩中起作用的基因肾上腺素能受体 α2A（adrenergic receptor alpha2A，ADRA2A）和肾上腺素能受体

α2C（adrenergic receptor alpha2C，ADRA2C）在相对寒冷的地区出现的情况有所增加[25]。

如果寒冷地区土生土长的人比热带人增加更多的产热量以应对寒冷，那么他们就可以被认为是新陈代谢冷习服的人。新陈代谢冷习服确实存在于温带和北极地区的人中，因为与非洲人相比，他们对寒冷的战栗反应要高得多。Adams 和 Covino[26] 将裸体黑人、高加索人和爱斯基摩人置于17℃的气温下，55min 后，高加索人和爱斯基摩人的新陈代谢平均增加 $26W/m^2$，分别比对照水平 $46W/m^2$ 和 $64W/m^2$ 高。107 名黑人受试者待在冷藏室中 85min 后，体热产生量仅增加了 $12W/m^2$。

在啮齿类动物中，非战栗产热可以归因于 BAT[27]。同时，研究表明，成年人也具有活跃的冷诱导 BAT[28-31]，但远低于啮齿类动物[32]。人类的棕色脂肪燃烧是非战栗产热的一个重要来源[26-28, 30, 31, 33, 34]。生活在热带地区的人体内也存在棕色脂肪[35]。回顾性研究发现，黑人和白人之间的 BAT 患病率没有差异[36]。然而，Bakker 等[37]指出，生活在欧洲的亚洲人 BAT 较少，对寒冷的战栗和非战栗反应比同龄和体重指数相同的高加索人差。另外，生活在极地地区的受试者有更高的 BMI，可能更多的白色脂肪用于身体能量储备和隔热[38]。

然而，群体间的基础代谢率（basal metabolic rate，BMR）似乎存在差异。尽管 Rodahl 观察到爱斯基摩人和白人之间的 BMR 没有差异[39]，但 Leonard 等最近的研究清楚地表明，环极原住民的男性和女性的 BMR 比温带气候下的人预测的要高 3%~19%。当根据身体成分进行调整后，最初在亚洲人和高加索人之间没有观察到 BMR 的差异[40]，但后来 Bakker 等观察到，高加索人的 BMR 值高于居住在欧洲的亚洲人。在 2002 年的一项研究中，尼日利亚黑人居民的静息代谢率比美国黑人低[41]。因此，白人，特别是环极地土著人口，似乎比非洲原住民在休息时产生更多的热量。

总而言之，人口研究表明，生活在非洲的人，有更好的散热能力，但对寒冷暴露的新陈代谢反应迟钝。

二、身体形态和体成分

在冷暴露期间，个体之间体温调节反应和保持正常体温的能力的主要差异可归因于身体形态和体成分的差异。体型较大的个体在寒冷中比体型较小的个体损失更多的体温，因为他们的身体表面积较大。一般来说，表面积与质量比大的人在冷暴露期间体温下降幅度大于表面积与质量比小的人。所有的身体组织都提供对来自身体内部的热传导（即隔热）的耐热性。在静息状态下，未灌注的肌肉组织对身体的整体隔热有很大贡献[42]。然而，在锻炼或其他体力活动中，这种贡献会下降，因为通过肌肉的血液流动增加，促进了从核心到身体外壳的对流热传递。脂肪是人体所有组织中耐热性最高的。因此，皮下脂肪水平高的人不会受到热量损失和随后的核心温度下降的影响，而冷暴露期间核心温度的下降与皮下脂肪厚度成反比。皮下脂肪厚度的这种保护作用的机制主要是生物物理机制。更多的皮下脂肪，更多的隔热，减少了底层组织的传导热损失。因此，随着皮下脂肪厚度的增加，皮肤温度下降得更多。降低皮肤温度会降低皮肤和周围环境之间的热梯度，由于体热损失的速度取决于该梯度，因此较低的皮肤温度有效地降低了全身的热损失，并减弱了核心温度的下降[43, 44]。

三、性别

全身冷暴露期间体温调节反应和热平衡的性别差异几乎完全归因于身体形态和体成分特征，因为男性和女性之间的战栗敏感性[45, 46]是相似的。在体重相同的男性和女性中，表面积是相似的，但女性的脂肪含量通常更高，这可以增强隔热效果。然而，在皮下脂肪厚度相同的女性和男性中，女性的表面积比男性大，但体重比男性小，因此，虽然隔热效果相当，但女性在静息冷暴露期间的总热量损失会更大，因为她们有更大的对流表面积，在任何给定的温度梯度下，体温往往会下降得更快。因此，在严寒条件下，核心温度可能比同等体重的男性下降得更快[47, 48]。然而，在冷水运动中，体脂百分比相等的男性和女性表现出相似的体温调节反应。这是因为与男性相比，女性在肢体脂肪分布更有利[48]。女性和男性对寒冷暴露的外周反应是不同的。Bartelink 等[49]在局部寒冷暴露期间观察到，与男性相比，女性的手指皮肤温度和血液量较低，并持续到恢复。从机制上讲，这可能与雌激素增加冷敏感的 ADRA2C 的表达有关[50]。另外，女性月经周期内对寒冷的温度效应反应会有所不同。与卵泡期相比，女性在黄体期战栗反应的敏感性较低[51]。使用口服避孕药也会影响体温调节效应器对冷暴露的反应。Charkoudian 等研究发现[52]，与低激素期相比，口服避孕药的高激素期，皮肤血管收缩发生在较高的核心温度时。

四、年龄

研究发现，60岁以上的人比年轻人更不耐寒，这是因为与年轻人相比，老年人血管收缩和热量保护减少[53, 54]。如前所述，NE和神经肽Y是青少年反射性血管收缩的主要交感神经递质。然而，在老年人中，神经肽Y并不介导血管收缩。此外，由于神经递质的合成或释放随着年龄的增长而减少，NE介导的血管收缩逐渐减弱[55]。随着年龄的增长，体能普遍会下降。如果老年人与年轻人以相同的绝对代谢率进行锻炼，老年人必须以更高的运动强度进行锻炼，这将导致老年人更快地产生疲劳。疲劳导致绝对产热量减少，增加了降低核心温度的可能性。衰老似乎也降低了战栗和皮肤血管收缩开始的深层体温阈值[56]。总体而言，与年龄相关的变化可能会增加老年人对低体温的易感性。

五、疲劳程度

Pugh[57, 58]首次报道了疲劳与低体温之间的关系，他分析了23个不同情况的报告。在对这些事件的分析中，Pugh认为疲劳是导致低体温的一个因素。体力活动期间或之后体温调节效应器反应（战栗和血管收缩）的退化可能会潜在地增加低体温的风险。这种退化的效应器反应被称为"体温调节疲劳"[59]。Thompson和Hayward研究发现，在寒冷、下雨的条件下以恒定的速度步行5h，其中一名参与者在暴露的前3h保持稳定的代谢率和深层体温，但在最后2h表现出代谢率和深层体温的渐进性下降，尽管整个步行速度保持不变[60]。进行后续研究，以具体检查在不同情况下是否会发生体温调节性疲劳，包括多重应激源（身体疲惫、进食不足、睡眠不足）和多次冷水浸泡。在多重应激源研究中发现，在完成了9周训练课程[61]或84h的劳力疲劳、负能量平衡和睡眠缺失[62]后立即进行的冷暴露试验中，战栗反应被延迟。为了确定对寒冷的战栗反应是否表现出疲劳，我们测量了冷水（20℃）浸泡2h期间的代谢产热，连续测量三次，在一天内连续进行（2h复温干预）。然后将这些战栗反应与在一天中同一时间完成的单次浸泡过程中测量的代谢产热进行比较[63]。冷水浸泡会产生更快的核心和外围冷却，并导致比冷空气更高的战栗率，有可能导致疲劳。与多应激源研究中的发现类似，连续浸泡期间的代谢产热低于在同一时间只完成一次浸泡的代谢产热。重复中迟钝的生热反应似乎是由于战栗开始的延迟，即 Tb 的截距 - 代谢产热关系的变化发生了移动，使得在1100天和1500天重复暴露期间没有观察到代谢产热的增加，直到受试者达到较低的 Tb。这些数据，就像在多个应激源研究中观察到的战栗开始时间的变化一样，表明战栗产热的肌肉招募过程中的中枢调节变化，以及对低温的更大易感性。后续工作检查了急性运动和慢性运动的作用，没有伴随着进食不足和睡眠不足的压力。这些研究发现，对冷暴露的血管收缩反应在短时间[59]或几天[64]运动后变得迟钝。

六、冷应激强度

冷习服水平与低温环境的冷应激强度有关。风冷指数（wind chill index, WCI）是衡量大气环境对人体的冷应激强度的良好指数。WCI 在生物气象环境评价、人们的衣食住行、冬季野外作业、部队训练与感冒、冻伤防治方面具有重要的应用价值。

七、冷暴露时间

耐寒锻炼与低温环境的寒冷强度及作用时间有关，机体冷暴露的持续时间决定了耐寒运动训练的效果。适当延长冷暴露时间有利于冷习服的形成，但应注意防止冷损伤的发生。因此，潜水员耐寒训练的时间安排，应选择每年的 12 月至次年的 3 月，此时间段平均温度为 –3~–11℃，寒冷程度集中，每周训练 5 天，每天保持 1~2h。

八、低氧

实际生活中，寒冷和低氧两种因素常同时或先后作用于机体。寒冷与低氧之间有无交叉习服对暂时性或持续性寒冷或/和低氧暴露的机体来说很重要。低氧习服（hypoxia acclimatization，HA）对耐寒力的影响是寒冷与低氧交叉习服的另一个侧面。现有研究表明，HA 降低机体的冷习服能力。HA 后全身冷暴露时直肠温度降低加快。5791 m HA 大鼠与对照组大鼠一起在 5℃冷空气中暴露，直肠温度降低速度分别为 0.106℃/min 和 0.079℃/min[65]。HA 后局部冷暴露时，VRCI 减低，提示耐寒力减弱。平原人移居 3658 m 高原 HA1 或 2 年后，VRCI 均低于初上高原的平原人；高原藏族学生移居平原 4~5 年脱习服后，VRCI 高于世居高原的藏族学生[66]。

HA 后呼吸、循环功能代偿增强，血中血红蛋白含量和红细胞比积增高[67]，氧离曲线右移，氧的摄取、运输与释放相对改善，有利于低氧环境中重要器官

的组织呼吸，维持生命活动。HA 后甲状腺功能减低，UCP 含量减少，非战栗产热减少，室温下安静时耗氧量明显少于对照组[67]，冷暴露时直肠温度降低加快。HA 后外周组织循环血量减少，通气过度引起的低碳酸血症使皮肤血管收缩，外周组织温度降低，抗冻力减弱。血红蛋白和红细胞比积增高使血黏度升高[67]，加之 HA 后血凝倾向增强使微循环灌流发生障碍。冻伤亦使血黏度、红细胞比积和红细胞聚集指数增高，血液流变性质恶化[68]，血凝倾向增强[69]，微循环灌流障碍。HA 和冻伤对微循环的影响叠加在一起，必然使 HA 大鼠受冻部位血液循环更加恶化，皮肤温度降低，损伤加重[68]。

九、膳食营养

在寒冷环境中，人的摄食量增加，以满足机体产热、保温的需要。环境温度每降低 10℃，人体摄食量将增加 5%。冷习服训练时机体对热量的需求比常温下高 25%~50%，因此保证充足的热量和营养，提供适宜的食物是冷习服训练的重要保证。在寒冷暴露和冷习服过程中，机体也处于应激和调整的状态中，主要表现为战栗产热增加，代谢增强。冷习服后，则以非战栗产热所代替，代谢仍有增加。因此，冷习服过程中肌肉代谢增加，各种氨基酸的代谢也增强，尤其是支链氨基酸。肌肉是支链氨基酸的主要代谢场所。研究发现，冷习服后血清支链氨基酸明显变化，甘氨酸、丝氨酸、半胱氨酸明显减少之外，除蛋氨酸外其他支链氨基酸有显著性增高。亮氨酸被认为是合成蛋白质的调节剂，它的水平升高，有助于蛋白质的合成。而血清亮氨酸、异亮氨酸、丙氨酸、苏氨酸、缬氨酸、精氨酸和脯氨酸水平在冷习服后均有明显升高，说明冷习服后氨基酸的代谢有明显加强[70]。徐杨等[71]指出，在冷习服过程中大鼠脑组织和脾淋巴细胞蛋白质合成活性增强。这与中枢神经系统在寒冷环境下调节各系统冷习服功能及对冷暴露和冷习服的记忆过程有关，特别是冷习服建立时，脑蛋白质合成最多，RNA 合成增强，与其耐寒力有直接关系。而冷习服过程中供给足量的各种氨基酸，为冷习服的建立提供了坚实的物质基础。详细内容见专题六。

第四节 冷习服机制

冷习服的形成是个复杂的过程，并受到机体多个系统的调控，包括中枢神经系统和交感－肾上腺轴等。从生理学角度分析，冷习服的机制主要包括代谢型冷习服、绝热型冷习服、神经系统习服和氧毒性习服四个方面。

一、机体对寒冷应激反应的生理机制

机体对寒冷应激反应的机制十分复杂，几乎涉及所有的组织和器官，其中中枢神经系统及其高级部位（大脑皮层）起着整合调节作用，通过交感-肾上腺髓质轴、下丘脑-垂体-肾上腺皮质轴和下丘脑-垂体-甲状腺轴等途径来实现调节。

动物对寒冷应激的生理性反应，首先是通过交感神经的兴奋，发挥神经调节作用，然后是垂体-肾上腺髓质系统的兴奋。垂体-肾上腺髓质系统的兴奋主要是通过促肾上腺皮质激素（adrend-cortico-tropic-hormone，ACTH）的释放，同时交感神经系统（sympathetic nervous system，SNS）兴奋性加强，导致髓质儿茶酚胺类的分泌增多。儿茶酚胺动员机体的脂肪、肝糖原和肌糖原，促进分解代谢，同时抑制胰岛素分泌，选择性地抑制肌肉对糖原的摄取。另外，胰高血糖素分泌增加，促进糖原分解。糖皮质激素的抗应激作用主要是通过减少缓激肽、蛋白水解酶和前列腺素等对机体产生的不良影响，使能量运转以糖代谢为中心，维持血压的正常，增强儿茶酚胺对心血管的调节作用[72,73]。

应激时机体体温的变化主要受下丘脑的体温调定点的调节，当外界环境温度下降时，引起机体温度低于体温调节的阈值时，机体的冷敏神经元兴奋，发放神经冲动频率增加，促进产热活动加强，同时热敏神经元放电频率下降，散热活动受到限制，从而维持体温的恒定。

二、冷习服的生理机制

（一）代谢型冷习服

当机体处于寒冷环境中时，散热量增加，为保持体温，其代谢产热量往往相应增加。现有研究表明，冷习服的形成是神经系统、内分泌系统激素及调节生化代谢的酶类共同作用于机体的产热组织，从而使机体的战栗产热为非战栗产热所取代，机体产热增加，耐寒力增强[74]。Ismail-Beigi等[75]研究表明，细胞钠泵功能增强是哺乳动物冷习服非战栗产热的主要作用机制。机体冷习服时，细胞钠泵功能增强，从而机体产热增加。肝脏、骨骼肌及BAT等组织器官为机体非战栗产热的重要部位[76]。

研究发现，将受试者暴露在冷环境中，冷习服者战栗的发生较晚，这与受试者 TH 分泌的增加及机体组织对 NE 敏感性提高有关[7]。非战栗产热还与刺激 BAT 有关，其结果是氧化磷酸化的脱节，即热能释放增加而与 ATP 的产生无关。这一机制对于某些动物是十分重要的，因为几乎所有耐寒动物的生存都得益于体内的棕色脂肪。

AC 在动物冷习服的代谢调节中也越来越受到重视。动物在冷习服时，AC 通过分解胞浆内的 ATP，使 cAMP 浓度增加，从而发挥代谢产热作用[77, 78]。Zamora[79]、庞仲卿等[80]的实验结果显示，动物冷暴露机体产热作用的主要机制为 AC 引起的 cAMP 浓度升高，以及 Na^+-K^+-ATP 酶活性增强。

（二）绝热型习服

体表绝热性对于冷暴露时机体减少散热量有重要意义，皮下脂肪增多和体表血管收缩均可增加体表绝热性。脂肪导热性减少有利于保存热量。寒冷刺激下末梢血管收缩，从而使散热减少，绝热性增强[81]。Lewis[82]最先观察到温度对血流量的影响。当肢体浸入冰水中时，手指温度迅速下降，直到接近 0℃，几分钟后又上升到 5~6℃，此后在 0~5℃波动。进一步研究表明，这种由寒冷引起的血管扩张是由于动、静脉吻合支的开放。Eagle 等观察到因纽特人在冰水或冷空气中接受寒冷试验时，其手指维持足够的血流，因而皮温明显高于对照组，在同样条件下，对照组有 13 人发生冻伤，而因纽特人无一冻伤。

（三）神经系统习服

机体作为一个整体，各种机能都是在神经系统的统一协调下工作的，在寒冷习服中从末梢冷感受器到中枢神经系统均参与习服。神经内分泌系统和免疫系统存在着内在的联系，特别是垂体、下丘脑、脾淋巴细胞和血浆中某些生物活性肽及其基因的变化在双向调节环路中发挥重要作用[83]。通过冷习服过程中小鼠脾淋巴细胞转化，自然杀伤细胞活性和白细胞介素 –2（IL-2）产生能力的动态变化，证实冷习服的建立与细胞免疫系统的调节功能密切相关[84]。此外，激素及 NE 的分泌也与神经机制密切相关。研究证实，在寒冷的环境中运动，肌糖原消耗增加，机体冷习服后 E 和 NE 分泌明显增多，耗氧增多，产热增加，冷暴露过程中战栗减少，维持较高的中心体温；冷暴露时低体温延迟出现、存活时间明显延长，即冷习服后耐寒力、抗冻能力增强[5]。另外，长期注射微量激素和 NE 造成模拟性的冷习服，有力地证明了这一点。

冷感受器也是寒冷习服的指标之一。皮肤在长时间冷习服后，冷感受器在低温范围内工作的部分减少，冷敏感性降低。支持皮肤冷感受器适应变化的因子是交感神经递质。冷感受器活动取决于细胞外 Ca^{2+} 浓度。神经递质可调节神经元 Ca^{2+} 和 K^+ 的通道功能，从而对皮肤温度感受器的静态和动态活动皆有影响。冷习服后皮肤温度感受器对神经递质敏感性增高。

（四）氧毒性习服

冷习服过程中机体由于高代谢率造成脂质过氧化增强，伴随产生大量的氧自由基从而造成氧毒性[85]。由于堆积的过氧化产物刺激，机体通过超氧化物歧化酶（SOD）和谷胱甘肽酶（GSH-Px）的活性增强来进行调节。这一抗氧化机制的建立是冷习服过程中不可分割的一部分，也为探讨冷习服机制和提高机体耐寒能力提供了一条新的途径。

第五节 冷习服训练策略

在寒冷环境下进行适当的训练可以提高机体对寒冷的适应性，增强运动者身体素质、防止冷损伤发生，以及提高寒冷环境下的运动表现。

一、冷习服训练原则

冷习服训练应该坚持循序渐进的原则，训练时环境温度应由高至低，训练强度由弱至强，训练负荷由小至大，训练时间由短至长，但训练时应以不出汗为宜[1]。

训练应在对机体有明显冷刺激的环境下进行，保证足够的寒冷刺激强度。同时应注意运动者的个体差异，冷暴露与运动等多种方法相结合。当寒潮突然来袭或遇较大风雪天气时，应进行充分热身准备，加强手、足活动，揉搓、按摩脸、耳、鼻等部位，并对肢体末梢部位进行保护。冷习服训练要持之以恒，在获得冷习服后，仍需坚持耐寒训练（每周至少3次），以巩固训练效果，直至气温转暖为止。

二、冷习服训练方法

常用的冷习服训练方法有耐寒体能训练、冷暴露（冷水浸泡训练、冷空气

训练）及综合性冷习服训练等，同时需要改善膳食和营养，如有条件配以中药辅助。

（一）耐寒体能训练

寒冷环境造成机体散热量增加，为维持体温恒定，机体各系统将进行复杂的生理功能调整。其中，冷暴露时机体最主要的生理反应是皮肤血管收缩，肢端血流量显著降低，每100cm³组织的血流量从血管完全扩张时的80~90mL/min下降到完全收缩时的0.5~1.0mL/min[86]。血流量的降低使输往肢端的热量减少，虽有利于减少散热，但增加了局部组织冷损伤的风险。

耐寒体能训练是一项积极有效的防寒抗冻措施。通过在寒冷环境中进行一定时间、一定强度、反复多次的体能训练，机体植物神经活性将获得改善，皮肤血管交感神经活性降低，血液循环改善。皮肤血管在寒冷环境下舒张的幅度增大、持续时间延长，冷血管扩张反应（cold-induced vasodilation, CIVD）增强，皮温提高，机体耐寒能力增强，加快形成冷习服[87]。日本学者森谷等[88]研究发现，训练组受试者的VRCI显著降低，并且VRCI出现的时间显著延长，平均皮肤温度显著升高。另有研究发现，训练组与对照组之间寒冷升压反应出现显著差异。一般情况下，自然形成冷习服需要3个月，而通过一系列科学规律的训练能使大部分受试者在1个月或更短的时间内快速形成冷习服。成伟等[89]研究发现，每日晨起长跑5 km，正课时间进行户外军事体能训练，日户外活动时间不少于8 h，平时及早晚冷水（5~10℃）洗脸和手脚，连续1个月，结果显示其四肢末梢对寒冷的适应性增强；中、高度习服的人数比例由原来的53%升高至90%，70%战士的冷习服程度提高了一个等级。

耐寒体能训练要遵循循序渐进的原则，训练环境温度由高至低，强度由小至大，时间由短至长[1]。由于存在个体差异，在训练过程中要做好日常监督，防止冷损伤。在遇风雪天气时，训练前应加强手、足、颜面、耳廓等末梢部位的活动和保护。机体产生冷习服后，应继续进行耐寒体能训练，以防脱习服[90]。

训练应以长跑训练为主，一般在10月下旬至11月上旬开始，着装应视天气情况而定，防止大量出汗，大风低温时可增加着装，戴棉帽或面罩以保护暴露部位，如耳、鼻、面部。跑步前做10 min准备活动以热身。运动量应掌握在第1周每天跑3~4 km，以后逐渐增加至5~7 km，运动量由小到大，逐渐增加。运动强度不能太高，运动心率控制在120~150次/min，每周5次，持续2个月。从第

4周开始逐渐产生冷习服能力，2个月可达到良好的习服水平。

（二）冷暴露

1. 冷水浸泡训练

冷水浸泡训练是一种简便易行的促冷习服方法。由于水的导热系数比空气高，在相同温度下，人体浸泡在冷水中散失的热量比在冷空气中散失的热量多几十倍。反复几次冷水浸泡后，血管收缩反应增强，体表血流量减少，皮温降低，皮肤和环境间的温度梯度减小，能有效降低热量散失；与此同时，战栗产热逐渐被非战栗产热取代，冷习服形成[91]。冷水浸泡训练有全身浸泡和局部浸泡两种方式。

Jansky[92]等研究表明，通过将全身反复浸泡于冷水（14℃，每次1h，每周3次）中4次后，皮肤血管收缩加强，能够快速建立冷习服。Wakabayashi等[93]发现，在较温和的水（26℃，每次1h，每周3次）中浸泡4周后，皮肤温度和血流量显著降低，而代谢水平没有改变，表明机体形成了隔热型冷习服。冬泳运动是一项兼具运动与冷刺激的训练项目。在寒冷与运动的双重刺激下机体快速产生"应激适应"，从而提高机体对寒冷的耐受能力，延长作业时间。我军潜水员常进行冬泳训练以提高低温耐受力，减轻低温对水下作业的不利影响[94]。法国海军潜水员在10~12℃水温的海域进行潜水训练，其动脉弹性增加、血压降低、心肺功能增强、有氧能力提高，在低温下的作业能力增强[95]。刘杰等[96]对30名常年坚持冬泳运动健康男性进行研究，结果表明，冬泳运动促进机体应激反应以ACTH的合成和释放增加、促进血清皮质醇浓度升高为主；1年和3年以上冬泳者冬泳运动时的应激能力基本无区别，3年以上的冬泳者冷习服基本稳定，而1年冬泳者冷习服尚未完全建立，这说明长期坚持冬泳运动，机体的冷习服能力才能增强。但需要注意是，冷水浸泡训练（冬泳训练）要循序渐进，且不间断，防止应激过度。

局部冷水浸泡也可形成冷习服。手指CIVD反应是决定局部耐寒性个体差异的重要因素。较高的CIVD反应一般预示着在寒冷环境中皮温较高，手部冷习服后，冷暴露时手部主观痛感减轻，手指灵活性较好，精细操作能力提升，手背皮肤触觉分辨能力提高，人在寒冷中的工作能力增强[97]。胡成彪等[98]发现，将双手浸于4℃冷水中10 min，4周后，手部冻疮发病率显著降低。Wakabayashi

等[99]研究发现，将前臂反复浸泡在5℃冷水中（3周，每次70 min，8次），骨骼肌的氧化代谢会发生适应性改变，有助于手部肌肉在低温中的表现。李永宏等[100]在对135名健康新兵进行冷习服研究时发现，进行冷水浸泡双手和用冰碴按摩双手均有效提高战士VRCI指数，说明非特异性冷应激和冷刺激局部穴位群能加速冷习服的形成。采用局部冷水浸泡方法，建议自夏秋季开始训练，采用冷水洗手、洗脸、洗脚，或冷水泡手、泡脚等方法对机体末梢或暴露部位进行冷暴露训练[1]。每日早晚用5~10℃冷水，每次10 min，连续4~6周，一般经2~4周锻炼，可明显改善末梢血管功能，提高手在寒冷环境下的操作技能。需要注意的是，在冷水中浸泡时，手脚需活动，以洗为宜，禁止静止浸泡。

2. 冷空气训练

冷空气训练的户外活动时间一般每日不少于6~7 h，并适当减少着装，持续2个月或整个冬天。户外活动宜安排非静止类的训练项目。

（三）综合性冷习服训练

综合性冷习服训练，指在同一段时间内，采用两种或两种以上的方法进行冷习服训练，或以一种方法为主配合其他方法进行冷习服训练。常用的综合性冷习服训练组合方案有：①长跑训练方法为主。每日早操时间长跑5000m/30min，同时每日早晚用5~10℃冷水泡手10 min，训练时间为1个月。②冷空气训练方法为主，同时每日早晚用5~10℃冷水泡手、泡脚各10 min，训练时间为1个月。③冷水浸泡训练方法为主，同时每天户外训练不少于3 h，训练时间为1个月。

（四）改善膳食与营养

冷习服是一个复杂的生理和生化调节过程，已知在冷习服中，神经内分泌和免疫系统参与调节，而这两个调节过程与蛋白质和氨基酸的代谢密切相关。因此，膳食与营养是冷习服形成的重要物质基础。在冷习服形成过程中，随着机体生理功能的调整，物质与能量代谢也会随之发生改变。调整人体膳食结构，提高营养供应是促进冷习服形成的重要措施。

在寒冷环境下，机体的供能方式从以糖供能为主转变为以脂肪供能为主。此时，机体脂肪动员能力增强，组织细胞对脂肪的利用率增加，使体脂含量降低，而棕色脂肪含量升高[101]。高脂膳食能够更好地维持体温，提高耐寒力。因此进行冷习服训练建议适量增加脂肪摄入，使脂肪供能占总能量供给的 30%~35%[102]。同时糖类供能不低于 50%，避免因突然地大量摄入脂肪引起血脂升高[103]。保证优质蛋白质的供应，使机体有充足的必需氨基酸。有研究表明，经过 1 个月的耐寒训练获得冷习服后，各种必需氨基酸摄取量均在正常标准之上，超出供给量的 5~10 倍[70]。血清中支链氨基酸含量变化明显，除甘氨酸、结氨酸、精氨酸、丝氨酸、胱氨酸含量明显减少外，其他支链氨基酸含量均有明显增高，说明冷习服后氨基酸的代谢有明显增强[70]。

维生素是机体不可或缺的辅酶或辅因子，对冷习服的形成具有促进作用。维生素 C 能改善外周血液循环，促进棕色脂肪产热，降低冷损伤发生率[104]。维生素 D 能促进机体对钙的吸收与利用。维生素 E 是重要的氧化自由基清除剂，通过影响环核苷酸代谢，促进冷习服[105]。在寒冷环境下，机体对维生素的需求量增加。因此，进行冷习服训练，维生素的摄入量应比平常增加 30%~50%，以增强能量代谢。

寒冷环境下，机体的无机盐代谢水平增强，体内微量元素含量降低。尹旭辉等[106]研究发现，在冷暴露初期铜、铁、锰含量明显下降。姜在福等[107]观察了新入伍战士冷习服前后血清中微量元素的变化情况，结果表明经过 1 个月的冷习服训练，25 名战士的 VRCI 值由习服前的 10.05 ± 1.66 提高到 11.76 ± 2.29（$P<0.05$），说明耐寒能力显著增强；而此时血清中微量元素铜、铁、锰、铅含量明显下降。Quisumbing 等[108]的研究表明，低温环境下，即使轻度的缺铁，也会导致骨骼肌琥珀酸脱氢酶含量降低，使部分肌肉功能丧失。陈景元等[109]研究发现，适量增加锌的摄入可提高耐寒力，这可能与锌能稳定下丘脑 – 垂体 – 肾上腺轴的功能有关。董兆申等[110]发现，初入寒区的部队战士在短期内食用高脂膳食并补充抗氧化剂锌和维生素 C、维生素 E，可加速冷习服。因此，进行冷习服训练要适当增加微量元素的摄入量，使机体微量元素含量保持正常水平。

（五）中药辅助

研究发现，服用红景天、刺五加、人参多糖等中药，可以有效提高冷习服速度。

红景天为多年生草本植物，生长在海拔 1800~2500m 高寒无污染地带，生长环境恶劣，因而具有很强的生命力和特殊的适应性。红景天具有增强局部组织血管反应能力、改善微循环的作用[111]。在对红景天在冷习服过程中对正常人体免疫功能的调节作用研究中发现，初始暴露于寒冷环境的正常人体非特异性和特异性免疫功能要先经历一个抑制阶段，暴露 10 天后仍明显低于正常状态，到暴露 24 天后才能达到自然冷习服，使免疫功能恢复到正常水平；而服用红景天，暴露 10 天后即可使免疫功能恢复到正常水平，表明红景天是寒冷环境的促适应药物，能加速正常人体冷习服的获得，这可能与红景天提高了机体内儿茶酚胺的含量有关，使机体处于应激状态，能够尽快适应外界的寒冷刺激[112]。

刺五加生于森林或灌丛中，海拔数百米至 2000m。喜温暖湿润气候，耐寒、耐微荫蔽。它分布于我国黑龙江、吉林、辽宁、河北和山西。研究发现，刺五加复方口服液能增强冷暴露机体的能量代谢，增加 SOD 活性，改善机体局部微循环功能，提高冷习服能力，并有一定的抗疲劳作用[6]。张伟建等[111]对新入伍的战士分别服用红景天、刺五加复方口服液后的冷习服能力进行了研究，结果显示，服药后战士的 VRCI 值显著提高，说明这两种药物均可增强局部血管反应能力，改善微循环，提高和加速机体冷习服能力，预防和延缓冻伤发生，对于提高部队在寒带地区的战斗力具有良好效果。

人参多糖是人参提取物，具有水溶性。其生物活性主要表现为增强免疫力，促进造血，降血糖，抗利尿，抗衰老，抗血栓，抗菌，抗炎，抗肿瘤等。同时，人参多糖能够提高体内儿茶酚胺含量，使机体对冷刺激的反应更加敏感，改善外周微循环，减轻局部冷痛感，加速机体冷习服[113]。

此外，冷刺激通过激活瞬时受体电位香草酸亚型 1（transient receptor potential vanilloid 1，TRPV1）通道，增加体内 BAT 含量，提高产热量。而辣椒素和辣椒素酯类物质是一类 TRPV1 激动剂，能模拟寒冷刺激，提高 BMR、促进血液循环，增强耐寒力[114]。服用富含这些物质的中药或辣椒可促进产热，增强机体耐寒能力。宋志宏等[115]对低温下大鼠口服沙棘油和维生素 E 后的研究结果表明，沙棘油也可通过对低温下大鼠体内环核苷酸代谢的影响，促进机体对寒冷的适应，其作用优于同等剂量的维生素 E。

小结

综上所述，提高和加速机体冷习服，应以冷习服训练为主，每天可采用两种或两种以上的方法进行冷习服训练，或以一种方法为主配合其他方法进行冷习服训练。在此过程中，提高膳食营养结构中脂肪和糖类供能比例，并给予优质蛋白质，确保各种维生素和矿物质元素供应充足，保证建立冷习服的物质基础。此外，配合服用红景天、刺五加、人参多糖、辣椒素等药物可以进一步提高组织代谢水平、改善外周微循环，从而提高机体产热量，增强机体耐寒能力，促进冷习服形成。

参考文献

[1] 牛贵君，朱银华. 低温环境适应性训练 [J]. 军事体育学报，2014，33（1）：45-46.

[2] 杨天，王泽军，王艾平，等. 促冷习服的措施研究进展 [J]. 西南国防医药，2020，30（9）：873-875.

[3] 颜培华，李凤芝，杨增仁，等. 冷习服及其冻伤对大鼠循环血中血管内皮细胞计数的影响 [J]. 解放军预防医学杂志，1997，（4）：22-24.

[4] 杨增仁，刘嘉瀛，颜培华，等. 冷习服大鼠血管内皮细胞适应性改变与抗冻能力的研究 [J]. 中国应用生理学杂志，1997，（3）：44-46.

[5] 伊藤真次. 适应的机理-寒冷生理学 [M]. 北京：中国环境科学出版社，1990：116.

[6] 杨义军，杨成君，陈悦，等. 刺五加复方口服液提高冷习服能力的研究 [J]. 解放军预防医学杂志，2000，（4）：241-244.

[7] 王枫. 关于冷适应研究的反思 [J]. 医学与哲学，1995，（6）：322-323.

[8] 尹旭辉，杨成君，杨义军，等. 新老兵冷习服前后 vrci 变化的研究 [J]. 职业与健康，2009，25（19）：2031-2032.

[9] 刘恩波. 寒冷与寒冷损伤 [M]. 北京：人民军医出版社，1996：84-86.

[10] Yoshimura H, Iida T. Studies on the reactivity of skin vessels to extreme cold ii. Factors governing the individual difference of the reactivity, or the resistance against frostbite [J]. Jpn J Physiol, 1952, 2(3): 177-185.

[11] 张荷叶，王玉华，张保亮，等. 冷刺激对青年人甲襞微循环及微区血流量的影响 [J]. 微循环学杂志，2009，19（04）：22-23，131，135.

[12] 张保亮，陈莹莹，王佳玲，等. 冷刺激过程中大学生甲襞微循环的动态变化 [J]. 河北北方学院学报（医学版），2009，26（6）：11-13.

[13] 刘涛波. 冷习服训练对新兵甲襞微循环和血浆 no 含量的影响 [J]. 西北国防医学杂志，2017，38（4）：211-215.

[14] Marzella L, Jesudass RR, Manson PN, et al. Morphologic characterization of acute injury to vascular endothelium of skin after frostbite [J]. Plast Reconstr Surg, 1989, 83(1): 67-76.

[15] 罗斌, 张书余, 周骥, 等. 探讨模拟冷空气降温过程对健康大鼠和高血压大鼠凝血功能的影响 [J]. 中国应用生理学杂志, 2012, 28(5): 390–393.

[16] 廖奔兵, 叶妙琴. 糖尿病患者血脂及凝血指标的监测 [J]. 实用医技杂志, 2007, (25): 3440–3441.

[17] 何子安, 孙方人, 马子敏. 冷暴露大白鼠血浆中冷凝蛋白的含量测定及其分离鉴定 [J]. 解放军预防医学杂志, 1996, (4): 257–260.

[18] 李江, 邵同先, 赵明蕊, 等. 低温环境对兔急性心肌缺血时血浆冷凝蛋白水平的影响 [J]. 郑州大学学报(医学版), 2012, 47(4): 448–450.

[19] 王皓, 吴新民, 郭亚民, 等. No 在大鼠急性胰腺炎微循环障碍中的研究 [J]. 青海医药杂志, 2011, 41(2): 1–7.

[20] Spinnewyn B, Cornet S, Auguet M, et al. Synergistic protective effects of antioxidant and nitric oxide synthase inhibitor in transient focal ischemia [J]. J Cereb Blood Flow Metab, 1999, 19(2): 139–143.

[21] 秦明, 黄裕新, 王景杰, 等. 预防性针刺足三里穴对冷应激大鼠胃黏膜损伤的影响 [J]. 西南国防医药, 2005, (2): 133–136.

[22] 周舫, 姚武, 谷庆, 等. 冷库工人血浆中 no 及 nos 水平的研究 [J]. 河南科技大学学报(医学版), 2005, (1): 9–10.

[23] 吕朝辉, 王巧红, 贾海燕, 等. 冷应激对雏鸡十二指肠及血清 NO 代谢的影响 [J]. 中国家禽, 2008, 30(20): 11–13, 17.

[24] 董兆申, 白志龙, 庞仲卿. 大鼠冷适应指标的探讨 [J]. 解放军预防医学杂志, 1990, (Z1): 470–474.

[25] Raj SM, Pagani L, Gallego Romero I, et al. A general linear model-based approach for inferring selection to climate [J]. BMC Genet, 2013, (14): 87.

[26] Adams T, Covino BG. Racial variations to a standardized cold stress [J]. J Appl Physiol, 1958, 12(1): 9–12.

[27] Cannon B, Nedergaard J. Brown adipose tissue: Function and physiological significance [J]. Physiol Rev, 2004, 84(1): 277–359.

[28] Nedergaard J, Bengtsson T, Cannon B. Unexpected evidence for active brown adipose tissue in adult humans [J]. Am J Physiol Endocrinol Metab, 2007, 293(2): E444–E452.

[29] Saito M, Okamatsu-Ogura Y, Matsushita M, et al. High incidence of metabolically active brown adipose tissue in healthy adult humans: Effects of cold exposure and adiposity [J]. Diabetes,

2009, 58(7): 1526-1531.

[30] Virtanen KA, Lidell ME, Orava J, et al. Functional brown adipose tissue in healthy adults [J]. N Engl J Med, 2009, 360(15): 1518-1525.

[31] van Marken Lichtenbelt WD, Vanhommerig JW, Smulders NM, et al. Cold-activated brown adipose tissue in healthy men [J]. N Engl J Med, 2009, 360(15): 1500-1508.

[32] Cypess AM, Lehman S, Williams G, et al. Identification and importance of brown adipose tissue in adult humans [J]. N Engl J Med, 2009, 360(15): 1509-1517.

[33] 程军, 石长青, 刘建文. 寒冷应激对机体的影响机制研究进展 [J]. 动物科学与动物医学, 2004, (3): 24-26.

[34] van Marken Lichtenbelt WD, Schrauwen P. Implications of nonshivering thermogenesis for energy balance regulation in humans [J]. Am J Physiol Regul Integr Comp Physiol, 2011, 301(2): R285-R296.

[35] Nnodim JO. The occurrence of brown adipose in man inhabiting the tropics [J]. Z Mikrosk Anat Forsch, 1990, 104(5): 721-728.

[36] Perkins AC, Mshelia DS, Symonds ME, et al. Prevalence and pattern of brown adipose tissue distribution of 18f-fdg in patients undergoing pet-ct in a subtropical climatic zone [J]. Nucl Med Commun, 2013, 34(2): 168-174.

[37] Bakker LE, Boon MR, van der Linden RA, et al. Brown adipose tissue volume in healthy lean south asian adults compared with white caucasians: A prospective, case-controlled observational study [J]. Lancet Diabetes Endocrinol, 2014, 2(3): 210-217.

[38] Kuhnlein HV, Receveur O, Soueida R, et al. Arctic indigenous peoples experience the nutrition transition with changing dietary patterns and obesity [J]. J Nutr, 2004, 134(6): 1447-1453.

[39] Rodahl K. Basal metabolism of the eskimo [J]. J Nutr, 1952, 48(3): 359-368.

[40] Wulan SN, Westerterp KR, Plasqui G. Ethnic differences in body composition and the associated metabolic profile: A comparative study between asians and caucasians [J]. Maturitas, 2010, 65(4): 315-319.

[41] Luke A, Durazo-Arvizu RA, Rotimi CN, et al. Activity energy expenditure and adiposity among black adults in nigeria and the united states [J]. Am J Clin Nutr, 2002, 75(6): 1045-1050.

[42] Ducharme MB, VanHelder WP, Radomski MW. Tissue temperature profile in the human forearm during thermal stress at thermal stability [J]. J Appl Physiol (1985), 1991, 71(5): 1973-1978.

[43] Buskirk ER, Thompson RH, Whedon GD. Metabolic response to cold air in men and women in relation to total body fat content [J]. J Appl Physiol(1985), 1963, 18(3): 603-612.

[44] Cannon P, Keatinge WR. The metabolic rate and heat loss of fat and thin men in heat balance in cold and warm water [J]. J Physiol, 1960, 154: 329-344.

[45] Glickman-Weiss EL, Cheatham C, Caine N, et al. The influence of gender and menstrual phase on thermosensitivity during cold water immersion [J]. Aviat Space Environ Med, 2000, 71(7): 715-722.

[46] Glickman-Weiss EL, Cheatham CC, Caine N, et al. Influence of gender and menstrual cycle on a cold air tolerance test and its relationship to thermosensitivity [J]. Undersea Hyperb Med, 2000, 27(2): 75-81.

[47] McArdle WD, Magel JR, Gergley TJ, et al. Thermal adjustment to cold-water exposure in resting men and women [J]. J Appl Physiol Respir Environ Exerc Physiol, 1984, 56(6): 1565-1571.

[48] McArdle WD, Magel JR, Spina RJ, et al. Thermal adjustment to cold-water exposure in exercising men and women [J]. J Appl Physiol Respir Environ Exerc Physiol, 1984, 56(6): 1572-1577.

[49] Bartelink ML, De Wit A, Wollersheim H, et al. Skin vascular reactivity in healthy subjects: Influence of hormonal status [J]. J Appl Physiol(1985), 1993, 74(2): 727-732.

[50] Eid AH, Maiti K, Mitra S, et al. Estrogen increases smooth muscle expression of alpha2c-adrenoceptors and cold-induced constriction of cutaneous arteries [J]. Am J Physiol Heart Circ Physiol, 2007, 293(3): H1955-H1961.

[51] Gonzalez RR, Blanchard LA. Thermoregulatory responses to cold transients: Effects of menstrual cycle in resting women [J]. J Appl Physiol(1985), 1998, 85(2): 543-553.

[52] Charkoudian N, Johnson JM. Reflex control of cutaneous vasoconstrictor system is reset by exogenous female reproductive hormones [J]. J Appl Physiol(1985), 1999, 87(1): 381-385.

[53] Degroot DW, Kenney WL. Impaired defense of core temperature in aged humans during mild cold stress [J]. Am J Physiol Regul Integr Comp Physiol, 2007, 292(1): R103-R108.

[54] Smolander J. Effect of cold exposure on older humans [J]. Int J Sports Med, 2002, 23(2): 86-92.

[55] Holowatz LA, Thompson-Torgerson C, Kenney WL. Aging and the control of human skin blood

flow [J]. Front Biosci (Landmark Ed), 2010, 15: 718-739.

[56] Frank SM, Raja SN, Bulcao CF, et al. Relative contribution of core and cutaneous temperatures to thermal comfort and autonomic responses in humans [J]. J Appl Physiol (1985), 1999, 86 (5): 1588-1593.

[57] Pugh LG. Accidental hypothermia in walkers, climbers, and campers: Report to the medical commission on accident prevention [J]. Br Med J, 1966, 1 (5480): 123-129.

[58] Pugh LG. Cold stress and muscular exercise, with special reference to accidental hypothermia [J]. Br Med J, 1967, 2 (5548): 333-337.

[59] Castellani JW, Young AJ, Kain JE, et al. Thermoregulation during cold exposure: Effects of prior exercise [J]. J Appl Physiol (1985), 1999, 87 (1): 247-252.

[60] Thompson RL, Hayward JS. Wet-cold exposure and hypothermia: Thermal and metabolic responses to prolonged exercise in rain [J]. J Appl Physiol (1985), 1996, 81 (3): 1128-1137.

[61] Young AJ, Castellani JW, O'Brien C, et al. Exertional fatigue, sleep loss, and negative energy balance increase susceptibility to hypothermia [J]. J Appl Physiol (1985), 1998, 85 (4): 1210-1217.

[62] Castellani JW, Stulz DA, Degroot DW, et al. Eighty-four hours of sustained operations alter thermoregulation during cold exposure [J]. Med Sci Sports Exerc, 2003, 35 (1): 175-181.

[63] Castellani JW, Young AJ, Sawka MN, et al. Human thermoregulatory responses during serial cold-water immersions [J]. J Appl Physiol (1985), 1998, 85 (1): 204-209.

[64] Castellani JW, Young AJ, Degroot DW, et al. Thermoregulation during cold exposure after several days of exhaustive exercise [J]. J Appl Physiol (1985), 2001, 90 (3): 939-946.

[65] 刘嘉瀛. 寒冷与低氧的交叉习服 [J]. 解放军预防医学杂志, 1996, (2): 153-156.

[66] 姚家邦, 刘全发, 张亦红, 等. 高原战士耐寒能力的研究 [J]. 解放军预防医学杂志, 1996, (2): 91-95.

[67] Fregly MJ. Cross-acclimatization between cold and altitude in rats [J]. Am J Physiol, 1954, 176 (2): 267-274.

[68] 刘友梅, 李凤芝, 张是敬, 等. 冷损伤大鼠血浆中纤维结合蛋白含量改变 [J]. 解放军预防医学杂志, 1993, (2): 114-117.

[69] 李凤芝, 颜培华, 刘友梅, 等. 冻伤对大鼠血凝系统某些因素的影响 [J]. 中国应用生理学杂志, 1995, (1): 60-63.

[70] 尹旭辉，于宁，陈秋红，等. 冷习服对机体氨基酸代谢的影响 [J]. 中国公共卫生，2000，(12): 12-13.

[71] 徐扬，杨泽田，苏成芝. 冷适应大鼠脑组织和脾淋巴细胞蛋白质合成活性增强 [J]. 科学通报，1990，(19): 1500-1503.

[72] Selye H. A syndrome produced by diverse nocuous agents. 1936 [J]. J Neuropsychiatry Clin Neurosci, 1998, 10(2): 230-231.

[73] Dantzer R, Mormede P. Stress in farm animals: A need for reevaluation [J]. J Anim Sci, 1983, 57(1): 6-18.

[74] Barney CC, Katovich MJ, Fregly MJ, et al. Changes in beta-adrenergic responsiveness of rats during chronic cold exposure [J]. J Appl Physiol Respir Environ Exerc Physiol, 1980, 49(6): 923-929.

[75] Izmail-Beigi F, Edelman IS. Mechanism of thyroid calorigenesis: Role of active sodium transport [J]. Proc Natl Acad Sci U S A, 1970, 67(2): 1071-1078.

[76] Chan EL, Swaminathan R. Measurement of brown adipose tissue uncoupling protein by enzyme linked immunosorbent assay [J]. Biochem Int, 1991, 23(2): 291-298.

[77] Prikryl P, Rysanek K, Tovarek J, et al. Effect of cold stress on catecholamines, cyclic amp and cyclic gmp in hardened and unhardened men [J]. Act Nerv Super (Praha), 1982, 24(1): 32-33.

[78] Azuma T, Motoshima K, Tsunoda T, et al. Changes in rat liver na+, k(+)-atpase activity during long-term preservation at 4 degrees c [J]. Transplant Proc, 1990, 22(2): 498.

[79] Zamora F, Alemany M, Arola L. Parallel modulation of brown adipose tissue gdp-binding, substrate uptake and [na(+)-k+]-atpase activity in the rat [J]. Int J Obes, 1991, 15(10): 697-702.

[80] 庞仲卿，董兆申，高双斌，等. 冷暴露大鼠应激与适应代谢状态的实验研究 [J]. 解放军预防医学杂志，1990，(Z1): 474-479.

[81] Rennie DW, Covino BG, Howell BJ, et al. Physical insulation of korean diving women [J]. J Appl Physiol, 1962, 17: 961-966.

[82] Lewis T. Observations upon the reactions of the vessels of the human skin to cold [J]. Heart, 1930, 15: 177.

[83] 徐扬，杨泽田，苏成芝，等. 冷适应大鼠脑垂体、下丘脑、脾淋巴细胞和血浆 β-内啡肽及其 mrna 的变化 [J]. 第四军医大学学报，1993，(1): 49.

[84] 尹旭辉, 杨晓临, 周正任. 寒冷适应过程中小鼠脾细胞 nk 活性和 il—2 产生能力的动态变化 [J]. 中国医科大学学报, 1994, (3): 211-213.

[85] 李亿农, 杨泽田. 慢性冷暴露过程中 sd 大鼠 rbc 抗氧化系统和膜行为的变化 [J]. 解放军预防医学杂志, 1990, (Z1): 479-483.

[86] Burton AC. The range and variability of the blood flow in the human fingers and the vasomotor regulation of body temperature [J]. Am J Physiol, 1939, 127(2): 249-250.

[87] Daanen HA. Finger cold-induced vasodilation: A review [J]. Eur J Appl Physiol, 2003, 89(5): 411-426.

[88] 邓树勋, 洪泰田, 曹志发. 运动生理学 [M]. 北京: 高等教育出版社, 1999: 490-491.

[89] 成伟, 顾锐, 苏军华, 等. 合理训练方法加速冷习服能力的研究 [J]. 中国公共卫生学报, 1994, (3): 150-151.

[90] Makinen TM. Different types of cold adaptation in humans [J]. Front Biosci (Schol Ed), 2010 (2): 1047-1067.

[91] Lee JY, Park J, Kim S. Cold adaptation, aging, and korean women divers haenyeo [J]. J Physiol Anthropol, 2017, 36(1): 33.

[92] Jansky L, Janakova H, Ulicny B, et al. Changes in thermal homeostasis in humans due to repeated cold water immersions [J]. Pflugers Arch, 1996, 432(3): 368-372.

[93] Wakabayashi H, Wijayanto T, Kuroki H, et al. The effect of repeated mild cold water immersions on the adaptation of the vasomotor responses [J]. Int J Biometeorol, 2012, 56(4): 631-637.

[94] 于波扬, 赵波. 海军潜水员冷习服训练方法探析 [J]. 军事体育学报, 2015, 34(4): 56-57.

[95] Mourot L, Gole Y, Louge P, et al. Military diving training improved arterial compliance [J]. Int J Sports Med, 2009, 30(6): 455-460.

[96] 刘杰, 符谦, 杜晓平. 冬泳者机体应激反应与冷适应能力的实验研究 [J]. 辽宁体育科技, 2006, (6): 19, 21.

[97] Cheung SS. Responses of the hands and feet to cold exposure [J]. Temperature (Austin), 2015, 2(1): 105-120.

[98] 胡成彪, 王孝奎, 解放, 等. 耐寒锻炼预防手冻疮的疗效 [J]. 东南国防医药, 2013, 15(6): 634.

[99] Wakabayashi H, Nishimura T, Wijayanto T, et al. Effect of repeated forearm muscle cooling on

the adaptation of skeletal muscle metabolism in humans [J]. Int J Biometeorol, 2017, 61 (7): 1261-1267.

[100] 李永宏, 周振荣, 张立明, 等. 冬初三种加速冷适应方法的效果观察 [J]. 解放军预防医学杂志, 1996, (4): 267-268.

[101] van der Lans AA, Hoeks J, Brans B, et al. Cold acclimation recruits human brown fat and increases nonshivering thermogenesis [J]. J Clin Invest, 2013, 123 (8): 3395-3403.

[102] Mercer SW, Trayhurn P. Effect of high fat diets on the thermogenic activity of brown adipose tissue in cold-acclimated mice [J]. J Nutr, 1984, 114 (6): 1151-1158.

[103] 陈耀明, 蒙晓泽, 董兆申, 等. 膳食脂肪对战士耐寒力与脂代谢的影响 [J]. 解放军预防医学杂志, 1999, (5): 340-343.

[104] Purkayastha SS, Sharma RP, Ilavazhagan G, et al. Effect of vitamin c and e in modulating peripheral vascular response to local cold stimulus in man at high altitude [J]. Jpn J Physiol, 1999, 49 (2): 159-167.

[105] 葛鑫, 宋志宏, 钱明珍, 等. 维生素E对大白鼠寒冷保护作用的实验观察 [J]. 蚌埠医学院学报, 1997, (4): 17-18.

[106] 尹旭辉, 杨成君, 于宁, 等. 冷习服机体内氨基酸和矿物质含量的变化 [J]. 解放军预防医学杂志, 2001, (6): 397-400.

[107] 姜在福, 陈秋红, 杨义军, 等. 新战士冷习服时体内微量元素的变化 [J]. 解放军预防医学杂志, 1997, (5): 38-40.

[108] Quisumbing TL, Wong TM, Jen LS, et al. Biochemical effects of mild iron deficiency and cold acclimatization on rat skeletal muscle [J]. Biochem Med, 1985, 34 (3): 355-363.

[109] 陈景元, 董兆申, 陈耀明, 等. 补锌对新兵血浆acth水平及耐寒力的影响 [J]. 解放军预防医学杂志, 2002, (2): 96-98.

[110] 董兆申, 陈耀明, 蒙晓泽, 等. 抗氧化剂协同脂肪提高战士耐寒力的研究 [J]. 解放军预防医学杂志, 2000, (1): 10-13.

[111] 张伟建, 尹旭辉, 刘宏斌, 等. 高山红景天、刺五加提高战士冷适应能力和抗疲劳效果的研究 [J]. 中国公共卫生学报, 1996, (1): 46-48.

[112] 尹旭辉, 杨成君, 姜在福, 等. 红景天对寒冷适应过程中正常人体免疫功能的调节作用 [J]. 解放军预防医学杂志, 1996, (6): 405-408.

[113] 杨成君, 杨义军, 郭凤鸣, 等. 人参多糖、刺五加提高冷适应能力的研究 [J]. 解放军预防医学杂志, 1994, (6): 436-439.

[114] 隋峰, 戴丽, 李倩, 等. Trpv1 通道介导的热生成是辛热（温）中药药性表征的重要模式 [J]. 药学学报, 2015, 50(7): 836-841.

[115] 宋志宏, 葛鑫, 傅墨林. 沙棘油和维生素 E 对大鼠抗寒冷作用影响的比较 [J]. 蚌埠医学院学报, 1997, (6): 11-12.

专题六
低温环境的运动营养

艾 华（北京大学第三医院）

不管是处于安静状态还是运动状态，低温环境都会对运动员和健身者的全身组织器官和物质代谢造成影响，这些影响涉及体温调节、心血管、呼吸、神经内分泌、消化、泌尿、免疫、运动等各个系统。正是这些全身性生理变化，使得几乎所有的食物营养素和能量在代谢和消耗上都发生一定的改变。本章将重点讨论低温条件下运动机体营养素和能量代谢的主要变化特点，以及不同的低温环境、个体状况、运动项目等因素对这些变化的影响，并介绍低温环境下运动人群每日营养素推荐供给量及相应的膳食营养措施。

第一节　低温环境下运动机体生理代谢的变化

无论是处于安静状态还是运动状态，低温环境对运动员和健身者的全身组织器官和生理系统均可造成影响，从而引起代谢和营养需求的改变。

一、体温调节系统

在寒冷环境中，由于体热从体表皮肤和黏膜丢失增加，体温下降，刺激下丘脑调节中枢，引起肾上腺－交感神经系统（sympathetic nervous system，SNS）兴奋，产能营养素分解代谢加速，产热增加。同时，皮肤血管收缩，皮肤血流量减少，皮肤散热减少。如果仍不能维持必要体温，骨骼肌将会不自主收缩，即战栗。战栗时要消耗一定量的肌糖原等营养储备，其产热量往往有限。机体通过多种增热保温措施，以保持体热平衡和体温稳定。

如果外界环境过于寒冷，机体不能维持体温，机体核心体温（以直肠温度或食道温度表示）就会持续降低。当核心体温降至35.5~36℃，运动者的思维能力和运动能力将明显降低。如果降至35℃以下，则会出现低体温的一系列症状[1, 2]。

在寒冷环境中运动，肌肉收缩的同时有大量热能产生，有助于提升体温。因此，当人体感觉到寒冷时，会情不自禁地进行运动或活动，甚至下意识地提高运动强度。不过，当运动时间延长，体内热量超出需要，致使体温升高，机体则不得不排出多余的热，以维持体温的恒定。机体这种冷热交替经常出现在寒冷环境下进行大运动量训练的过程中，这种情况会导致体内产能营养素储备的大量消耗。

产能营养素在体内分解，所产生的一部分能量用于合成、修复、代谢、做功等生理作用，一部分能量转换为热能，维持体温，多余的热能散出体外。人体散热的形式有四种：传导、对流、蒸发和辐射。

在低温水中运动，经传导散热，可使体热丢失严重。水的导热率为静止空气的240倍，人体在水中丢失体温的速率远大于在空气中。而且，人们在空气中运动可以穿着保温服装，能够有效地减少体温的流失，但在水中却难以做到。进行冬泳或在低温开阔水域横渡，均可导致体内体温调节系统的剧烈反应。

冷空气可通过对流散热，从暴露的皮肤带走体热。冷空气的流动速度越大，体热散发也就越多，皮肤表面温度及机体核心温度就会越低。

运动中皮肤出汗是非常有效的蒸发散热的方式。运动训练时通气量增大，吸入的干冷空气在肺部和呼吸道加温加湿，呼出时以蒸发散热形式带走大量体热。如果处在高原、低压、寒冷的环境中，从呼吸道蒸发散热的情况就更加明显。

运动者在寒冷环境中，身体的温度高于周围的环境或接触的物体，可产生辐射散热而丢失体温。

二、心血管系统

寒冷刺激除了可直接或反射性引起肢端末梢血管和皮肤血管收缩，以减少体表体热散发外，还可通过兴奋SNS，引起血中儿茶酚胺浓度升高，使心输出量增加，血压上升，心率加快。其结果导致尿量增多，血容量下降，血液黏稠度增加，循环阻力加大，心肺循环负荷增加。这些都可能造成运动能力下降。及时补充水分，增加血容量，对维持运动能力和保护健康十分必要。

由于面颊部皮肤血管的收缩张力比较弱，在寒冷中依然保持较大的血流量，再加上常暴露于寒冷中，造成所谓的局部高散热。在严寒的环境中，头面部的散

运动与低温环境

热量有时甚至可达全身体表散热量的 25%[2]。

三、呼吸系统

口腔、咽喉、气管的正常温度为 26~32℃。寒冷环境下运动时，特别是在风速和运动强度较大的情况下，运动者往往口腔和鼻腔同时呼吸，容易引起口腔、咽喉表面黏膜的干燥。吸入寒冷的空气可使气管和支气管收缩，分泌物增加，气道变狭窄，黏膜纤毛清除功能降低。这些都可造成上呼吸道黏膜细胞的损伤，容易引发呼吸道病毒性和细菌性感染。

寒冷环境下运动，换气量显著增加，加之寒冷空气往往较为干燥，从呼吸换气中丢失的水分明显增加。运动时大量冷空气的吸入，可使呼吸道黏膜直接受到刺激，引起气道平滑肌收缩，导致气道阻力增高，出现换气频率加快。冷空气中长时间运动，呼吸道外冷内热气体频繁交换，也使得体热从呼吸道丢失增加，从而增加了对能量的需要。

四、运动系统

极冷环境下运动，机体为防止体温快速下降，会减少肌肉的血流量，导致肌肉僵硬，兴奋性降低，骨骼肌的收缩速度与力量下降。训练开始时应注意适度延长热身运动的时间，增加热身运动的强度。

寒冷可影响外周神经系统，造成皮肤和肢端感觉下降，骨骼肌的协调能力减弱，关节的灵活性也下降。关节处血管较少，寒冷中关节温度降低较快，致使关节囊液黏度升高，活动阻力增大。寒冷环境中进行运动训练，关节容易受伤。由于骨骼肌的协调性和关节的灵活性下降，骨骼肌容易疲劳，还易发生肌肉、肌腱、韧带撕裂及抽筋等运动性损伤。

研究显示，受试者在冷环境中（5℃）进行下坡跑后的血清肌酸激酶活性显著高于室温下（22℃）运动，说明环境温度与骨骼肌损伤的程度有关，在严寒环境中骨骼肌运动损伤的发生率较高[2]。

受试者以相同的速度在 17℃与 26℃的水温中游泳，前者每分钟的摄氧量比后者多 500mL。这是因为前者需要更多的氧气进行有氧氧化，以产生更多的热量，从而维持体温的恒定，同时也说明前者消耗了更多的能量营养素。

研究发现，动物在低温环境下（10℃），其快收缩肌纤维和慢收缩肌纤维线粒体中的琥珀酸脱氢酶、还原型辅酶Ⅰ（NADH）、黄递酶和细胞色素氧化酶

（aa3）的活性明显升高。这说明，低温可使骨骼肌有氧氧化和能量代谢加快，以增加热量产生，维持体温。另外，慢肌纤维的肌纤维数量在暴露于低温环境一定时间后也会增加，提示脂肪有氧氧化产热能力提高。

寒冷环境下运动，无氧代谢供能能量的比例增加，有氧代谢供能的比例下降，血糖和肝糖原的消耗增加、增快，骨骼肌利用肌糖原的比例增加，而利用脂肪酸氧化供能的比例降低，这容易造成乳酸堆积，引起运动性疲劳。此外，严寒条件下容易战栗，也造成肌糖原的损失。这些都可以引起肌糖原储备下降，导致运动能力和训练水平下降。

五、神经内分泌系统

寒冷可影响外周神经纤维神经信号的传导速度，导致机体的反应速度和灵敏度下降。寒冷刺激增加热能消耗量，进而引起甲状腺及肾上腺皮质活动增强。促甲状腺素（thyroid stimulating hormone，TSH）和甲状腺素（thyroidhormone，TH）分泌增加，使体内产能营养素氧化所释放的能量以热的形式散发增强，即氧化磷酸化解耦联增强。交感-肾上腺系统的活动增强，血中儿茶酚胺浓度升高，使体内三羧酸循环代谢加强，能量代谢酶活性增强，促进产能营养素分解代谢产生能量，产热增加。

寒冷还可刺激人体瘦素（leptin）分泌减少，血液浓度下降，进而通过中枢神经系统的瘦素受体，引起食欲增加。减少的瘦素还可作用于SNS，减弱交感神经对于皮下脂肪组织的信号刺激，导致脂肪分解速率下降。瘦素对交感神经支配的作用先经下丘脑弓状核中的刺参相关肽和阿片皮质素原神经元介导，再通过下丘脑室旁核中脑源性神经营养因子（brain-derived neurotropic factor，BDNF）表达神经元发挥作用[3]。

寒冷对大脑中枢亦有一定影响，可造成注意力不集中、呆笨、反应时间延长、易激动或冷漠等现象。

六、免疫系统

动物与人体的实验均表明，在冷暴露开始的1周时间内，免疫系统的功能有所下降。长时间处于低温状态，或进行长时间大强度运动训练，均是导致人体免疫功能下降的独立因素[4]。如果将这两个因素叠加，对机体免疫系统的影响将加剧。免疫功能下降，将损害运动者的身体健康，容易引起各种感染，特别是上呼吸道感染，干扰运动者的训练与比赛[5]。如果在机体免疫系统功能尚未完全恢复时又进行下一轮低温条件下的高强度运动，将会加深免疫系统的抑制作用。

研究显示，寒冷环境的刺激对人体血液免疫细胞因子的影响与运动刺激的影响不同。运动可引起血液单核细胞内白细胞介素-1α（IL-1α）、白细胞介素-1β（IL-1β）白细胞介素-6（IL-6）及肿瘤坏死因子（tumor necrosis factor，TNF）的升高，而寒冷则上调 IL-1β 和 TNF 的表达，下调 IL-1α 和 IL-6 的表达。这种细胞因子表达的变化可能与寒冷增强儿茶酚胺的分泌有关。

寒冷刺激可使机体内源性 β-内啡肽的合成和释放增多，导致血清 β-内啡肽含量增高。在寒冷环境下进行运动训练，可减少冷应激时 β-内啡肽的释放，并使血液中自然杀伤细胞数量增加，维持机体内分泌和免疫功能的稳定。

七、消化系统

低温条件下机体的消化功能增强，胃液分泌增多，胃液酸度增大，胃排空减慢，食物在胃肠道内停留时间延长，食物在胃肠内的消化较充分。寒冷环境还可使人体的食欲增加，这些与暴露于热环境的情况截然相反[6]，反映了机体在寒冷环境中能量消耗量和需要量的增加。

八、泌尿系统

寒冷环境中人体的排尿量增多。实验显示，裸体在 10~15℃中滞留 1h，尿量为常温下的 2.1 倍。随着尿液的增多，尿液中排出的 Ca^{2+}、Na^+、Cl^- 等离子和磷酸盐也增多[2]。寒冷致利尿的作用原理可能与垂体后叶抗利尿激素分泌减少有关，也与寒冷引起外周皮肤血管收缩造成血液容积的减少有关。

第二节　低温环境下影响运动机体代谢反应的因素

有许多因素影响低温环境下运动人体的代谢反应。一般来说，环境温度越低，暴露时间越长，运动人体代谢反应的程度就越大。

当运动人体长期暴露于低温环境中，会产生一定的适应性，这将大大改变机体对低温的反应程度。人体的肥胖程度或皮下脂肪厚度、服装的保温效应，也影响人体对低温的反应。低温环境中的其他因素，如风速、海拔高度、湿度、日照、是否处于水中等，都影响人体对低温的反应程度，进而影响体内各种营养素的消耗和贮存，以及对食物营养素的需求。

一、机体对低温环境的适应性改变

人体通过较长时期暴露于低温环境，并在低温环境中长期运动，经过自身各系统生理生化调节，机体对低温环境逐渐产生适应，机体的生理反应程度逐步趋于轻缓，这种状态称为冷习服。冷习服后，机体的产热能力增强，散热能力减弱。运动者冷习服后，可减轻寒冷环境对机体的负面影响。

（一）内分泌系统

冷暴露的最初阶段，甲状腺和肾上腺皮质在寒冷刺激下功能增强，血中TH和儿茶酚胺的浓度有所提高。经过长期冷暴露，冷适应形成后，低温环境中甲状腺和肾上腺皮质的反应程度逐渐转低[7]。不过，血中去甲肾上腺素（norepinephrine，NE）的水平仍然较高，此现象可能是冷适应的结果，与冷适应的维持和生理需要有关。

（二）免疫系统

冷习服前，最初阶段的冷暴露可引起免疫系统功能下降。随着冷暴露时间的延长，以及机体的适应形成，免疫系统的功能可逐步恢复，且呈上升的趋势。

（三）棕色脂肪组织

研究发现，长时期多次性冷暴露引起的机体适应性改变之一就是引起棕色脂肪组织（brown adipose tissue，BAT）增多。这种改变是一种组织结构上的变化，且具有生理意义。

BAT的细胞内含有大量血红蛋白和血红素卟啉，颜色呈浅棕色。棕色脂肪的细胞体积较小，细胞中脂肪颗粒也较小，但是，却含有大量的线粒体。线粒体中的解偶联蛋白（uncoupling protein 1，UCP1）可将葡萄糖和脂肪酸分解代谢产生的能量直接转化为热能，而不是生成能量物质三磷酸腺苷（ATP）。BAT的这些组织结构和生物化学特点决定了该组织的主要作用就是产生热量，以维持体温。棕色脂肪的产热能力是肝脏的60倍，是肌肉的10倍。

BAT在所有哺乳动物体中都存在，刚出生时含量最多，随着年龄的增长逐渐减少，成年后仅有少量存在。BAT的产热属于机体非肌肉战栗的紧急产热，在冷应激中起重要作用，对于维持体温平衡和能量平衡也起重要作用[8]。这对于运动机体而言，可以起到节约宝贵的肌糖原储备的作用。如果体内 BAT 少，在冷应激中将会因肌肉战栗产热而消耗较多的肌糖原，造成运动能力下降。许多研究显示，BAT 不仅具有御寒的作用，而且还会燃烧多余的脂肪和糖分，产生热量，防止体内脂肪储存过多[9]。

NE 是交感神经的主要递质。寒冷条件下，交感神经兴奋，末梢释放 NE，通过受体激活组织快速产热，这是冷应激状况下体温调节的生理基础。NE 可通过作用于棕色脂肪细胞上的受体，使细胞内环磷酸腺苷（cyclic adenosine monophosphate，cAMP）浓度发生改变，促使脂肪滴内的甘油三酯分解代谢增加，产生热量。NE 对棕色脂肪细胞还有慢性作用，主要引起棕色脂肪细胞的增殖和分化，使 BAT 逐渐增大、增多。

研究发现，一种小型冬眠哺乳动物冬季时棕色脂肪细胞中的线粒体数量比夏季时多，而脂肪滴体积也比夏天小，这表明寒冷季节更容易利用棕色脂肪产热。冷暴露是激活 BAT 耗能产热的最常见也是最有效的激发因素，长期冷暴露也会将白色脂肪组织（white adipose tissue，WAT）转化为富含 UCP1 的米黄色细胞（beige cell）[10]。

机体对环境的适应是一个能动的过程，通过启动相关的抗冷性基因表达，调整生理代谢和组织结构，维持体温恒定。形成冷适应后，基础代谢率（basal metabolic rate，BMR）增加，非肌肉战栗性应激产热能力提高，以保证体热的维持。棕色脂肪细胞或米色细胞增多，或其亚细胞结构向更加有利于快速产热的方向演化，使得非战栗性产热能力提高，减小或避免肌糖原的损耗，这对于运动员在寒冷环境下保持完备的运动能力十分重要。

（四）骨骼肌系统

研究发现，在寒冷环境下进行长期运动，可使骨骼肌细胞线粒体体积变大，UCP1 表达增多，骨骼肌产能、产热的速度和能力增加。

二、皮下脂肪厚度的影响

皮下脂肪热传导能力低，可在一定程度上防止体内组织热量的流失。皮下脂肪越厚，隔温保温的作用就越强。相对于男性，女性虽然骨骼肌含量较低，骨骼肌产生的热量较少，但其体脂比例较高，皮下脂肪较厚，有较好的保温作用，一定程度上弥补了骨骼肌少和产热低的缺陷。测量皮脂厚度，可了解人体对于寒冷环境的耐受程度，特别是水下运动者。

三、冷风对低温下运动人体的影响

当运动者在寒冷空气中进行运动时，如滑雪、跑步、登山等，即使没有风，也会形成周身空气的流动。在有风的情况下，如果顶风运动，会造成更大的空气流动。在相同的寒冷空气中，冷风或运动形成的空气流动通过对流和传导作用，可加速裸露的体表体热散失，增加寒冷的感觉和程度。

（一）风冷指数

风冷指数（wind chill index，WCI）（详见专题二）适用于室外冷空气环境（低于10℃）下不同风速对体表热量散失的影响。在低于80km/h的风速下，WCI能可靠表达风速与空气温度对主观寒冷感觉的综合效应。风可以增加人体对流散热量，降低衣服保暖性。在同样温度的冷环境中，风越大，单位体表面积散发的热量越高，人的寒冷感觉越强（表1）。

表1 不同WCI时人体的感觉和反应

WCI [kcal/(m² · h)]	人体的感觉和反应
200	舒适
400	凉
800	冷
1000	很冷
1200	剧冷
1400	裸露的皮肤冻伤
2500	不能忍受

（二）风冷温度

风冷温度（wind chill adjusted temperature，WCAT）是指与低温空气和风速双因素所致的人体表面散失热量相一致的单一低温空气温度。不同气温和风速下的

运动与低温环境

风冷温度见表2。测量空气温度和风速，可知道实际的寒冷度。也可根据空气温度和运动的速度，了解运动时实际的寒冷度。根据实际的寒冷度，选择运动的着装和运动的时间。还可根据风冷温度，选择运动前后餐的能量摄入量和产能营养素的种类及比例。

表2　不同气温和风速下的风冷温度

风速 （km/h）	环境空气温度（℃）											
	10	5	0	−5	−10	−15	−20	−25	−30	−35	−40
	风冷温度（℃）											
5	10	4	−2	−7	−13	−19	−24	−30	36	−41	−47
10	9	3	−3	−9	−15	−21	−27	−33	39	−45	−51
15	8	2	−4	−11	−17	−23	−29	−35	41	−48	−54
20	7	1	−5	−12	−18	−24	−30	−37	43	−49	−56
30	7	0	−6	−13	−20	−26	−33	−39	46	−52	−59
40	6	−1	−7	−14	−21	−27	−34	−41	48	−54	−61
50	5	−1	−8	−15	−22	−29	−35	−42	49	−56	−63
60	5	−2	−9	−16	−23	−30	−36	−43	50	−57	−64

注：1 km/h = 0.2778 m/s。

四、低温高海拔对运动人体的影响

许多运动员选择在高原或高海拔地区进行冬训，以获得在低海拔地区比赛的有氧耐力优势。长距离滑雪和滑冰运动员经常采用高住低练的方式，即在较高海拔（2000~3000m）居住，在较低海拔（1500m左右）训练。一些冬季雪地项目的训练和比赛场地位于海拔较高的山区和高原，这使得运动员不得不同时面对低温和高海拔的环境。

冬季的高海拔地区，不仅气温低，而且因海拔高，还具有大气压低、氧分压低、空气相对稀薄、风大、空气干燥、昼夜温差大、太阳辐射强等特点，这些因素加重加深了低温环境的影响，使运动人群的生理和营养代谢发生重大改变。

（一）高海拔的影响

大气温度随海拔的升高而降低，海拔每增高 150m，温度下降 1℃。低气压可使胃肠道内的气体产生膨胀，引起腹胀，影响食物的消化吸收。气压低，水的沸点也低，食物不易煮熟。氧分压低，容易引起缺氧症状，亦影响运动能力。随着海拔的升高，空气流动的速度逐渐增大，皮肤表面的温度不断下降。海拔愈高，空气中水蒸气分压愈低，空气也就愈干燥，经皮肤和肺呼吸道以不显性蒸发方式丢失的水分明显增加。口唇等对湿度敏感的部位，几小时内可因水分的丢失而出现干裂。如果在运动训练中，身体大量出汗，极易引起脱水。海拔每升高 100m，紫外线照射强度增加 3%~4%，海拔每升高 1000 m，太阳辐射强度增加 10%。四周的白雪增加了太阳射线的反射，有可能引起雪盲、光照性眼炎、皮炎等。

（二）缺氧对机体的影响

高海拔缺氧对人体的影响甚至超过低温的影响，机体在高海拔缺氧环境中将发生一系列生理性代偿和适应性反应，以提高摄氧和用氧能力。如果适应不佳，有可能出现缺氧症状，甚至引起高原反应或高原病。

由于缺氧，中枢神经系统、呼吸系统、血液循环系统、消化道系统、骨骼肌系统、泌尿系统、内分泌系统等，均会出现一系列生理性或病理性改变。

（三）缺氧对饮食和营养的影响

缺氧对饮食和营养的影响在许多方面与低温的影响叠加。对缺氧习服后，这些影响可逐渐减弱或消失。缺氧对饮食和营养的主要影响包括以下几个方面。

（1）摄食量下降。主要与食欲低下、食谱改变、进食环境不舒适、生活习惯发生变化等因素有关。

（2）胃肠道消化吸收能力下降。与胃肠道缺氧和修复能力下降有关。

（3）能量入不敷出。其主要原因是，进入高原后，BMR 增高，或运动训练量较大，能量消耗增大，而能量摄入却不充足，造成能量负平衡。

（4）糖原储备下降。缺氧状况下机体优先利用耗氧率低的糖类物质，使体内碳水化合物分解代谢增强，骨骼肌细胞葡萄糖转运蛋白 4 表达增多，葡萄糖利用率增加，糖原分解加快，糖原储备减少，糖异生作用减弱，血糖下降。

（5）脂肪动员增强。缺氧可使脂肪氧化不全，脂肪动员和分解加速，酮体生成增多，脂肪合成速度低于脂肪分解速度，造成体脂减少。

（6）蛋白质分解加剧。缺氧导致体内蛋白质和氨基酸的分解增强，合成减弱，氮的排出增加，机体出现负氮平衡，导致骨骼肌质量下降，体重减轻。

（7）体液减少。减少的原因主要有：呼吸和体表失水增加；渴感减弱，摄水不足；尿液增多。严重时可发生脱水。

（8）铁元素需要量增加。缺氧导致血红蛋白合成增加，需铁量增加，引起食物铁吸收率增加。而摄食量下降容易导致铁的摄入不足，这就需要在进入海拔较高地区前，做好充足的机体铁储备工作[11]。

（9）多种维生素需要量增加。由于能量代谢增加的缘故，能量代谢相关的维生素 B_1、维生素 B_2 和烟酸需要量增加。维生素 C 和维生素 D 需要量也增多，与皮肤黏膜损失有关。

（10）运动员易发生疲劳。原因包括：糖原储备减少；细胞缺氧引起有氧代谢下降，无氧酵解增强，血乳酸含量增加；血氧降低导致糖异生下降。

五、寒冷环境下运动时衣着的影响

冬季户外运动时，穿装须十分讲究。保温适宜的着装，有助于减少体热丢失，保存宝贵的糖原储备。但若服装过于厚重，不但增加热能消耗，还会影响体热散发，增加出汗。要选择足够御寒且不吸汗透气的衣服。应随体热和运动强度的改变及时更换适当的服装。如果运动出汗浸湿了衣服，应迅速更换干暖衣物，以免湿冷的衣服紧贴肉身，使体表温度下降，容易着凉感冒。运动训练或比赛后要迅速添加衣服，并进入温暖的环境中，同时补充热饮料，预防运动后低温。

事实上，随着现代个人防寒保温运动透气装束的不断改进，以及冬季室内运动锻炼设施的普及和室内温度的改善，除非极寒天气，外部大环境的一般低温对人体小环境体温平衡和代谢的影响越来越小，尤其是在冷适应后。因此，对于许多运动项目或体力活动而言，一般低温环境对能量及营养素需求所造成的影响也变得越来越不太明显[12]。

第三节　低温环境对运动机体营养素代谢的影响

低温环境对机体营养素需求的影响几乎涉及所有的营养素，而在低温环境下进行运动，使这些影响变得复杂。对低温环境中运动的适应和耐受，有可能使得这些复杂的改变重新归于简单。无论如何，我们应该动态地评估低温环境对运动机体营养素需求的影响。

低温的寒冷程度，持续时间的长短，机体的生理状况和对低温的耐受能力，都可影响机体生理代谢的改变和营养素的消耗。在冬季，日照时间变短，射线强度减弱，能量消耗增加，这些都会影响食物供应量和营养素补充。

一、低温条件下运动机体能量的代谢特点

从营养角度看，运动机体的能量代谢改变是低温环境带来的最大改变。能量消耗增多，是低温环境下人体能量代谢的显著特点。主要原因包括以下几个方面。

（1）在不同的低温环境中，人体 BMR 平均可增加 5%~17%。

（2）当冷暴露强大到衣装不能抵御寒冷而引起身体战栗时，能量的消耗就会增加。这种不自主肌肉战栗和其他不随意动作，可以使机体快速产热维持体温。比如 20min 战栗，可使体温升高 0.6~0.8℃。

（3）低温可引起 TH 分泌增加，使产能营养素氧化过程加速，所释放的能量不是以 ATP 形式储存，而是以热能的形式发散，即氧化磷酸化解偶联，用以维持体温。机体以氧化磷酸化解偶联的方式提高产热的能力以平衡体温，其结果必然是造成能量的消耗增加。

（4）低温还可刺激交感–肾上腺活动增强，肾上腺素分泌增多，可正向调节三羧酸循环系统和呼吸链系统，引起能量代谢途径中的酶（如琥珀酸脱氢酶、细胞色素氧化酶）活性提高，导致碳水化合物和脂肪氧化分解增强，促进产热，由此增加能量的消耗。

（5）低温环境下人们穿着笨重的防寒服装和鞋子，增加额外负担，且活动受限，阻力增大，体力消耗增多，造成额外的能量消耗。

（6）运动员在低温环境中比赛或训练前，需要做更长时间和更大运动量的热身运动，从而增加能量的消耗。

（7）运动员整体的能量消耗比常温下一般增加 5%~20%。

二、碳水化合物的代谢特点

冷暴露的开始阶段，机体会优先利用血糖、肝糖原和肌糖原等碳水化合物紧

急产热，然后才利用脂肪和蛋白质。寒冷刺激可使机体利用糖原的能力增高，心肌和骨骼肌摄取和利用血糖加速，这表明糖原储备的消耗增加。而运动机体的糖原储备对于运动能力至关重要，任何损失都预示着运动能力的下降。尤其是在寒冷条件下进行耐力性运动，如果体内糖原原本就不足，再加上抵御寒冷肌肉战栗导致的糖原损失，很容易过早出现运动疲劳，影响比赛成绩和训练水平。有研究指出，碳水化合物摄入量过少而蛋白质摄入过多，是冬季多赛事耐力项目（如冬季铁人三项）普通运动员的膳食特征[13]。许多研究表明，在寒冷环境中进行耐力运动，体内糖原储备大量下降是导致疲劳进而引发运动性损伤的重要原因。例如，10~15千米越野滑雪比赛可使糖原储备减少30%~40%，50千米比赛后会减少近100%。适时、适量补糖，对于维持机体血糖浓度、产热供能具有重要作用。

如果长期在低温环境下运动和训练，机体会逐渐产生冷适应或冷习服，体内能量代谢的方式也会逐步回归从前，体内碳水化合物或糖原消耗的比例会有所下降，而脂肪供能的比例将有所提升。

总体而言，尽管三大产能营养素（碳水化合物、脂肪和蛋白质）的分解代谢在低温条件下都有所增强，但在严寒中进行运动，碳水化合物或糖原会优先于脂肪和蛋白质优先被利用。

三、脂肪的代谢特点

虽然冷暴露的开始阶段机体不会在运动中优先利用脂肪，而是利用糖类紧急产热维持体温，但是，因血糖和糖原储量有限，如果冷暴露持续下去，机体将动员脂肪参加供热供能。研究表明，处于低温环境一段时间后，机体对脂肪的动员利用增加，脂肪氧化分解加强，自由脂肪酸代谢加快。同时，糖异生作用增强，而参与碳水化合物代谢的一些酶活性下降。

寒冷环境中保持体温尤为重要，而脂肪在安静时提供能量维持体温方面起重要作用。一般说来，寒冷环境下机体对脂肪的利用也会有所增加，这是因为总能量消耗增加的缘故。

脂肪组织不仅对机体器官有良好的保护作用，同时还有良好的保温作用。膳食调查表明，当人们由温区进入寒区或是由秋季进入冬季时，会下意识地选择脂肪含量高的食物，膳食中的脂肪摄入量也明显增多。

但在冷适应产生后，机体在静态及中低强度运动状态下利用脂肪的能力明显提高，其中，参与脂肪代谢的酶的活性显著升高，脂肪动员的反应速度加快。脂肪氧化比例逐渐提高，预示着机体正在适应寒冷环境。脂肪消耗的增加，可以大量节约肌糖原和肝糖原，这对运动机体尤为重要。人体在低温下进行有氧运动时大量利用脂肪，这是低温环境下机体营养素代谢发生习服的最具特征性改变。在此状况下，机体对脂肪的需要量增加，高脂肪饮食可在一定程度上提高机体对低温的耐受力。

人们到相对温差不是很大的低温环境中运动，可以提高运动能力。一项研究报告指出，平均训练年限为1.4年的男子大学生运动员在亚低温环境下（11℃）进行递增负荷至力竭的功率自行车运动，当运动强度在40%~75%最大摄氧量（maximal oxygen consumption，$\dot{V}O_2max$）范围内时，受试者脂肪氧化率均高于常温环境（22℃），最大脂肪氧化率也高于常温环境，表明亚低温或适宜低温环境可使运动员运动时核心体温降低，脂肪代谢增强，运动能力增强[14]。

四、蛋白质的代谢特点

在生理上，蛋白质主要参与机体组织细胞的合成和修复。研究显示，寒冷条件下蛋白质代谢产热增加，尿氮排出增多。不过，在寒冷环境下，机体会优先利用碳水化合物供能，其次是脂肪，而蛋白质则在最后。低温环境下运动机体对蛋白质的需求和摄入量大体上与常温环境相同。故一般认为，在寒冷环境中应该注重提高膳食中蛋白质的质量，而不是蛋白质的数量，以提高蛋白质的生物利用率，避免增加机体的负担。

有研究发现，某些氨基酸在寒冷环境下代谢量有所增加，如果增加这些氨基酸的摄入量，有助于提高机体的抗寒能力。例如，蛋氨酸经过甲基转移后可为肉碱合成提供所需甲基，而肉碱可携带长链脂肪酸进入线粒体氧化供能产热。

五、维生素的代谢特点

总体来说，低温环境造成各种维生素的代谢消耗量显著增加。其中，以水溶性维生素代谢增加最为明显。

（一）水溶性维生素

水溶性维生素之所以在寒冷环境中代谢消耗明显增加，是因为寒冷造成能量代谢显著增加的缘故。维生素B_1、维生素B_2和烟酸是与能量代谢最为密切的水溶性维生素，当能量代谢增加，其代谢消耗量随之增加[15]。这些水溶性维生素

在体内储存量一般较少。

研究显示，B族维生素对于机体对寒冷环境的适应有着积极的作用。有动物实验结果表明，低温环境下按每千克体重给予动物10mg维生素B_2，比给予5mg存活率要高。维生素B_6主要以辅酶组分的形式参与近百种酶反应，多数与蛋白质及氨基酸代谢有关。蛋氨酸是提供甲基的重要氨基酸，若维生素B_6缺乏或不足，很多碳化作用将受影响，比如肉碱的合成，这可能影响冷适应的进度。

研究发现，水溶性维生素的体内储存含量有夏季偏低冬季偏高的现象。这一方面说明冬季寒冷环境需要更多的水溶性维生素，另一方面说明机体对季节温度变化产生了一定的习服，在低温季节增加了水溶性维生素体内储备量，以应变能量代谢增加的需要。

维生素C对暴露于寒冷环境下的机体也有保护作用。研究显示，摄取大量维生素C可明显减慢动物在寒冷环境下直肠温度的下降，缓解肾上腺的过度应激反应，增强机体的耐寒性[2]。可见，寒冷环境下维生素C的需要量也增加。

（二）脂溶性维生素

维生素A有促进表皮和黏膜上皮组织细胞生长和修复的作用。维生素A不足时可引起皮肤表面干燥、脱屑、过度角化，呼吸道黏膜防护功能下降，导致抵抗力下降，易发呼吸道感染。体内维生素A含量水平过低，可影响机体的耐寒能力，而补充维生素A，可提高抗寒能力。在户外的冰雪中运动，反射光线增强，若在高海拔地区，还有过强的紫外线，如果不注意防护，可引起眼球黏膜受损。除了佩戴护目镜，还需要补充维生素A，以促进组织修复和维持视力正常。

寒冷环境导致细胞线粒体产能产热增加，而维生素E对维持细胞线粒体的功能非常重要[16]。增加维生素E的摄入，不但可以改善由于低温而引起的线粒体功能降低，还可以提高线粒体能量代谢的工作效能，促进脂肪等组织中脂肪酸的代谢，增加能量和体热的产生，提高耐寒能力。

在寒冷的季节，日照时间减少，日光强度减弱，而人们又穿着较多的衣服防寒，暴露于日光的皮肤面积也减少，易造成维生素D缺乏，从而影响肠道食物钙的吸收。因此，对膳食维生素D的需要量也增多。最近有研究证实，从食物中每天摄入12μg维生素D，可使血清25-羟基维生素D > 30 nmol/L，可预防一般人群中维生素D的缺乏[17]。

六、矿物质的代谢特点

寒冷地区容易导致体内钙的不足。钙不足与膳食钙来源缺乏、日照时间短而导致的维生素 D 不足等原因有关。因此，增加富含钙和维生素 D 的食物，以及注意膳食外补充钙和维生素 D 是避免钙不足的重要措施。

低温环境下食盐的需要量可能升高。根据流行病学调查资料，寒带地区居民的每日食盐摄入量高达 26~30g，远高于温带和热带的居民，但血压并未随之升高。有研究表明，低温条件下摄入较多食盐可使机体产热功能加强。食盐中的 Na^+ 和 Cl^-，除了与体内渗透压平衡、水电平衡、酸碱平衡有关外，还与能量代谢和维持神经肌肉兴奋性有关。而后两者可能是寒冷环境下要求更多的钠及氯摄入的生理基础。

研究表明，低温环境中血清中矿物质含量有一定的变化，常见钠、钙、镁、碘、锌比常温中降低，这与尿液增多导致矿物质从尿中排出增多有关。

七、水的代谢特点

运动员和健身爱好者在寒冷环境中生活和运动训练也容易发生失水，主要原因有以下几个方面。

（1）寒冷刺激交感神经兴奋，肾上腺素分泌增多，外周血管收缩，血容积减少，尿量显著增多，体液丢失。

（2）在户外的运动员和健身爱好者在运动训练中身着厚重不透气的防寒服，由于运动产生的体热难以散发，导致汗液排出增加。

（3）寒冷的空气往往较为干燥，运动训练中有大量的气体交换，使得从呼吸道丢失的水分增多。

（4）在寒冷环境下，口渴感受到抑制，虽然机体已失水较多，但口渴感却不明显，而运动者又往往根据口渴感来补充饮料和水分，结果造成补水不足，形成轻度脱水。另外，户外运动场地卫生间如果不足或不完善，也造成运动者不愿意喝水。

（5）丢失的尿液和汗液中，不仅有大量的水分，还有许多溶解在水中的电解质或矿物质，如钠、钾、钙、镁、锌、铁、铜等。因此，低温环境不仅造成水分的消耗增加，同时伴随一些电解质特别是 Na^+ 消耗的增加。

第四节 低温环境下运动机体的营养需要量和合理膳食安排

寒冷环境使运动员和健身者的食欲增加，消化功能增强，他们比较喜欢能量密度高、脂肪多的食物，这对合理安排膳食比较有利。在制定食谱时应注意下列营养问题。

一、总能量

在不同的低温环境中，人体的BMR一般可增加5%~17%，总能量的需要量也随之增加。运动员受寒冷程度、居所及衣服防寒保温情况、运动训练状况及冷适应程度等因素的影响，每日总能量消耗增加5%~20%。冷适应前增加较多，冷适应后增加较少。

从三大产能营养素来看，与常温环境相比，食物碳水化合物冷适应前应尽可能增加，冷适应后可适当增加；脂肪在冷适应前可适当提高，适应后可保持不变；蛋白质在冷适应前后可保持不变或略有提高（表3）。

表3　冷适应前后运动机体三大产能营养素摄入的建议

三大产能营养素	冷适应前	冷适应后
碳水化合物	尽量增加	适当增加
脂肪	适当增加	不变
蛋白质	不变或略增加	不变或略增加

低温环境运动人体产能营养素的推荐供能比见表4。低温环境下不同的运动项目可根据耐力型和力量型，或者水中项目和陆上项目来调整产能营养素的供能比例。偏耐力型项目的运动，碳水化合物摄入的比例可达推荐比例的上限，脂肪和蛋白质可达推荐比例的下限，应尽可能满足碳水化合物的需要；偏力量或爆发型项目的运动，碳水化合物摄入的比例可达推荐比例的下限，而蛋白质可达推荐比例的上限，应尽可能满足蛋白质的需要。水中项目者可使摄入的脂肪能量比达推荐量的上限，而陆上运动者可使摄入的脂肪能量比达推荐量的下限。

表4　低温环境运动机体产能营养素的推荐供能比

三大产能营养素	占总能量百分比（%）
碳水化合物	55~65
脂肪	30~35
蛋白质	13~15

由于防寒设施和防寒服装的不断完善，即使在寒冷的冬天，运动员实际冷暴露的时间和程度也大大缩减，意味着不必额外消耗较多的能量以维持体温。因而，对脂肪的实际需要量变得越来越少。考虑到糖原储备对运动能力的重要意义，还应把注意力放到适当增加碳水化合物摄入的能量比上。

可根据三大产能营养素的推荐供能比（表4）和不同种类食物的产能营养素含量（可从食物成分表查到），按照运动训练或比赛的需要，制定食谱和膳食摄入量，包括餐次和加餐。冷环境未习服前，应增加富含碳水化合物的食物，如谷类、薯类等，适当增加脂肪含量较多的食物，酌情增加含有优质蛋白质的食物，如动物性食物和大豆制品。习服后，可适当下调碳水化合物丰富食物的摄入量。

普通健身者和运动爱好者在低温环境下生活或运动锻炼时总能量消耗也会增加5%~20%。但是因普通健身者对运动水平的要求没有运动员那么高，所以增加的碳水化合物供能比可少于运动员，但不要低于50%。提高脂肪供能比可增加人体对低温的耐受，普通健身者脂肪增加的量可多于运动员，但不可过多，脂肪供能比达到35%左右即可，以免增加血脂浓度。这是因为运动员基本上以青年为主，食物脂肪含量对血脂的影响还算不大，而普通健身者年龄差距较大，中老年人均有，食物脂肪的含量对血脂的影响较大。普通健身者蛋白质的供能比与运动员一样即可，为13%~15%。

低温环境下能量摄入过量引起超重和肥胖的情况屡见不鲜。专业运动员一般比较年轻，运动量大，且受运动成绩目标的要求，能量摄入超量引起肥胖的案例并不算多。但对于年龄较大而运动量不是很大的健身者，低温环境很容易激发食欲造成多吃引起肥胖。因此，对于容易发胖的大众健身者，低温虽然引起机体能量消耗增加，需要增加能量摄入，但绝不可矫枉过正，引起超重或肥胖。

有的冬季运动项目对体重有严格的要求，如花样滑冰、自由式空中技巧、跳台滑雪，要控制体重、体脂率和瘦体重率，限制能量的摄入。而低能量摄入往往导致能量底物供应不足，容易发生疲劳和运动损伤。为避免疲劳和运动损伤，训

运动与低温环境

练前和训练中及时补充能量必不可少。

二、碳水化合物

进入寒冷环境后，不管是处于冷适应前还是冷适应后，对于运动员和健身者来说，碳水化合物的摄入量都应该增加。尽管冷适应后碳水化合物的需要量可能略有减少，但碳水化合物依然是能量的主要来源。食物中充足的碳水化合物摄入量决定了肌糖原和肝糖原的储备量，而糖原含量的多少对运动能力极其重要[8]。提高膳食中碳水化合物的比例，可以提高肌糖原含量，而保持机体充足的糖储备，可以同时满足抗寒和运动的需要。碳水化合物所含能量应占总能量的55%~65%。

对于耐力性冬季项目如越野滑雪、北欧两项和冬季两项，运动员每天都需要摄入高能量比的碳水化合物。如果进行高强度训练，每日每千克体重应至少摄入6g碳水化合物，特殊极端环境下每日每千克体重应至少摄入10g碳水化学物。当每次的高强度训练时间超过1~2h，应在训练中补充碳水化合物，以保持血糖浓度。进行高强度冬训的耐力性项目，如越野滑雪、公路自行车、中长跑等，运动员都可利用含糖运动饮料、高糖饮料、能量胶、能量棒、面包、饼干等补充碳水化合物，每小时可补充30~60g。耐力性比赛前几天到几小时内，应摄入经常食用的、易消化的、富含碳水化合物、膳食纤维很少的食物。耐力性比赛或训练前45min内补充中、小分子的碳水化合物，有利于提高比赛成绩和训练水平。补糖的成分可包括大、中、小分子和不同种类的糖，如麦芽糖糊精、蔗糖、果糖的混合物，以利于小肠不同的吸收通道和不同时间的吸收。寒冷环境中运动补充糖饮料的目的主要是补糖而不是补液，所以糖饮料的浓度可调至18%甚至更高[18]。

高强度训练课或系列比赛的间隙，需要糖储备快速恢复，运动后应按每小时每千克体重补充1.2~1.5g碳水化合物的标准补充碳水化合物。补充碳水化合物的同时，摄入15~20g优质蛋白质（如乳清蛋白或水解蛋白），可同时促进肌肉蛋白质的合成和修复。

碳水化合物的主要食物来源是谷类（如白面、大米、玉米、大麦、燕麦等）、薯类（如红薯、马铃薯等）。此外，还有干豆类（如绿豆、红豆等）、某些糖类成分较高的水果蔬菜（如香蕉、甘蔗、甜瓜、西瓜、胡萝卜等）、干果蜜饯类、糕点糖果冷饮类、甜饮料等。

三、脂肪

进入寒冷季节，膳食中油脂的消费量悄然增加，人们对脂肪的摄入欲望与寒冷程度呈正相关，愈冷就愈想吃高脂肪的食物。调查数据表明，国内外冰雪运动员均存在脂肪摄入过高和碳水化合物摄入过低的问题。从事水中项目的运动员，应该摄入能量密度较大的食物，如脂肪含量较高的动物性食物及烹调用油，可使摄入的脂肪能量达膳食总能量的35%，或者每天每千克体重摄入1.0~1.9g脂肪。这样，不仅使食物容积量不大，还能提供足够的能量，满足运动员在水中运动时保持体温平衡和肌肉收缩耗能的需要。对于从事陆上运动项目的运动员，脂肪摄入能量比达到30%即可，脂肪能量比过高，将导致碳水化合物能量比过低，影响运动能力。

运动员膳食中脂肪摄入能量比较高而碳水化合物较低是一个长期悬而未决的问题。较低的碳水化合物摄入量，将直接影响训练水平和比赛成绩。对于不追求运动成绩而以健康为目标的普通健身者和运动爱好者，脂肪的摄入比例或许可以高一些，可以到达30%~35%。

烹调用油、肥肉类等是脂肪的主要食物来源。坚果类、油炸食品、高油糕点也含有较多的脂肪。一般来说，谷类、蔬菜水果类含脂肪较少。

所摄脂肪中，饱和脂肪酸、单不饱和脂肪酸和多不饱和脂肪酸的比例最好为1：1：1.5。大体而言，畜类动物性食物中饱和脂肪酸含量较高，植物性油脂的不饱和脂肪酸含量较高，其中，茶籽油、橄榄油、菜籽油中的单不饱和脂肪酸含量较多。

四、蛋白质

由于低温环境对机体蛋白质的需要量影响不是很大，因此蛋白质的摄入量占总能量的比例与普通环境相同，为13%~15%，或者按体重计算，每千克体重摄入1.2~2.0g蛋白质。不过，要求低温环境中优质蛋白质即动物蛋白质和大豆蛋白质的摄入量应占蛋白质总量的35%以上。蛋氨酸是一种必需氨基酸，也是体内最重要的甲基供体，很多与抗寒有关的含氮物质在体内合成时由蛋氨酸提供甲基，如肾上腺素、肉碱、肌酸等。其他含硫氨基酸（如胱氨酸、半胱氨酸）也可以提供甲基。补充这些氨基酸可增强抗寒能力。

膳食安排上，要特别注意奶类、鱼类、禽类、肉类、蛋类、大豆及其制品的供应，因为这些食物可以提供优质蛋白质。同时还可适当增加含有高蛋白、高脂

运动与低温环境

肪的坚果类（核桃仁、花生仁、瓜子等）食物。另外，还可以补充乳清蛋白粉和大豆蛋白粉。

五、维生素

水溶性维生素包括维生素 C、维生素 B_1、维生素 B_2、维生素 B_6、烟酸、叶酸等，均具有抗寒保护作用和缓解冷应激作用。脂溶性维生素包括维生素 A（含胡萝卜素）、维生素 D、维生素 E 等也具有抗寒作用。因此，各种维生素的摄入量可在原有基础上再增加 30%~50%。

各种维生素的重要食物来源见表 5。当调整食物结构不能满足维生素的供给需要时，可酌情补充按一定比例混合制成的多种维生素合剂。

表 5　各种维生素的重要食物来源

	维生素	重要食物来源举例
水溶性维生素	维生素 B_1（硫胺素）	全谷物、非精制小麦粉和大米、黑豆、豌豆、花生、瓜子、红薯、动物内脏、瘦肉、鸡蛋等
	维生素 B_2（核黄素）	肝、肾、心脏、奶类、蛋类、谷物产品、奶及奶制品、蘑菇、菠菜等
	烟酸（尼克酸）	肝、肾、肉、鱼、花生、粮谷、红薯、蘑菇等
	维生素 B_6	豆类、肉、肝、鱼类、香蕉、土豆、红薯、菠菜等
	叶酸	肝、肾、蛋、绿色蔬菜、花菜、酵母、鳄梨等
	维生素 B_{12}	肉、肝脏、鱼、鸡蛋、牛奶、奶酪等
	维生素 C（抗坏血酸）	新鲜的水果和蔬菜等
脂溶性维生素	维生素 A（含胡萝卜素）	绿叶菜、黄色菜（胡萝卜、南瓜）、水果、肝脏、奶和奶制品、蛋黄、鱼肝油等
	维生素 D	海鱼、肝脏、蛋黄、奶油、鱼肝油等
	维生素 E	植物油、坚果、油料种子、谷物、蛋黄酱等
	维生素 K	黄绿色的蔬菜和水果、植物油等

六、矿物质

寒冷环境中肌肉的非自主战栗产热和维持正常血容量的要求，使寒带地区运动人群对食盐即氯化钠的需求增加。寒冷环境下因维生素 D 的不足，容易导致钙的摄入不足。钠、钾、钙、镁对维持肌肉神经兴奋性有重要作用，而寒冷刺激可导致运动机体代谢增强，尿液及汗液排出增多，使一些矿物质丢失增加，如钠、钾、钙等。寒冷状况下甲状腺功能活跃，TH产生增多，促使机体产生更多的热量御寒，而合成TH需要碘，因此机体对碘的需要量增多。锌与体内200多种酶活性关系密切，寒冷导致体内代谢增速，与酶的活性上调有关，这导致锌的需要增加。

低温环境下钠和钙需求的增加显得较为重要，在膳食措施上应引起更多的关注。对于钠的需求增加，解决的方法比较简单，只需增加食盐及高盐食物的摄入量即可。但是，也要避免钠盐摄入过多，防止血压的升高。对于钙摄入可能不足，应以增加奶制品摄入为主要的应对措施。低温高海拔环境中训练，应在平原地区时就要进行机体的铁营养储备，有意识选择富含优质铁的食物和补剂。对于其他矿物质，要首先从调整食物结构着手，增加膳食中富含这些矿物质的食物，如增加新鲜蔬菜、水果的供给，以补充钾和其他矿物元素（表6）。如果单凭天然食物的调节，难以满足各种矿物质的需要，可进行膳食外的补充。为方便起见，可补充按一定比例配制的含有多种矿物质的混合制剂。

表6 各种矿物质的重要食物来源

矿物质	重要食物来源举例
钠	食盐、酱油、醋、黄酱、咸菜、食盐腌制的食品等
钙	奶及其制品、海米、虾皮、海带、芝麻酱、大豆和豆制品、鸡蛋、骨粉、绿叶蔬菜等
钾	水果、果汁、蔬菜、啤酒、酵母、花生、芝麻酱、金枪鱼、土豆、葡萄干等
镁	糙米、糙面、绿叶菜、坚果、燕麦、豌豆、大豆、肉类、海产品等
碘	海带、紫菜、海参、海虾、海蟹、海蛤等海鲜水产品
锌	牡蛎、鲱鱼、肉类、肝、蛋类、麦麸、奶酪、坚果等
铁	内脏、动物血、瘦肉、鱼肉、蛋黄、海带、黑木耳、紫菜、香菇、芝麻酱、豆类、红枣、葡萄干等
铜	谷类、大豆、豌豆、肝、肾、贝类、绿叶菜、核桃、葵花子、芝麻、芋头等
硒	肝、肾、海产品、蛋、肉类、小麦胚芽、芝麻、大蒜、洋葱、蘑菇、糙米、香蕉、橙子等
锰	谷类、坚果等

七、水

由于寒冷刺激和空气干燥，渴感抑制、尿液增多和呼吸失水是冬季项目运动员体液丢失的重要因素，而汗液丢失相对其他季节要少很多。冬季运动合理的补

运动与低温环境

水补液对于维持体液平衡和运动能力非常重要。

寒冷环境下失水，会使血容量减少，血液黏稠度增高，心脏血管负荷增加，血液运输氧气和营养物质及排除二氧化碳和代谢物质的能力下降，不仅影响运动能力，还有可能影响身体健康。

研究发现，在寒冷环境中，饮水与摄入食物量成正比，摄水少，摄入的食物也少，往往导致体重下降。经常饮水，可保证机体水平衡，有利于食物能量的正常摄入，维持充沛的体能和正常的运动水平。

遇冷排尿较多和运动中出汗较多的运动员和健身者，应注意在运动训练的过程中合理补液。

（一）补什么液体

由于丢失的尿液和汗液中含有钠、钾等电解质和其他成分，属于低渗溶液，因此，补充的液体最好也是含有这些电解质的低渗溶液。我国现行的运动饮料国家标准（GB 15266—2009）中，规定糖含量为 3.0%~8.0%，钠含量为 50~1200 mg/L，钾含量为 50~250 mg/L [19]。如果体液丢失较多，最好补充运动饮料，不仅可以补充丢失的水分、Na^+ 和 K^+，还可以补充运动所需的糖分。如果体液丢失不多，也就是说丢失的钠和钾不多，在没有运动饮料的情况下，也可以补充矿泉水或白开水。

在寒冷条件下进行耐力运动或长时间训练，体内糖原储备和血糖下降是引起疲劳的重要原因。运动饮料中含有一定浓度的小分子糖，补液的同时就能快速补糖，是一种便利的补充能量方式，对维持血糖和糖原、产热供能有一定的作用[20]。

（二）补液时间及补液量

可在运动或训练的前、中、后及时和适量地补液。

1. 运动或训练前

根据以往自身体液丢失的一般情况，可在运动前 10~30min 内预补液 200~500mL。

2. 运动或训练中

一般运动中补液量的要求是失多少补多少，不要过少，也不能过多，过多过少都有可能对运动能力造成影响。实际操作中，以体重的丢失量大致作为体液的丢失量，也就是补液的量。

运动或训练中补液，应少量多次地进行，每次 200~300mL，而不要一次性大量补充。大量补液会造成胃负荷和体重负荷增加，也会产生大量尿液，这些均不利于运动能力。

3. 运动或训练后

运动后应及时补液，以便于快速复水，有利于机体组织的修复和恢复。可按体重丢失量确定运动后的补液量，一般情况下体重每下降 1kg，可补液 1500mL。机体较为充盈的体液环境，有助于体内营养物质和代谢产物的运输和合成代谢，可加快运动系统组织细胞的运动后恢复。

4. 补液的温度

与夏季炎热状态下补充凉爽的饮料有助于降低体温的情况相反，寒冷温度下补充的饮料或水分，其温度不能过低，否则有可能引起胃肠道不适，25~30℃比较理想。补液应该保温存放。

八、合理安排膳食

无论是在集体餐厅用餐的运动员，还是在家用餐的健身者，都应合理安排每天的饮食。

（一）食物种类要丰富

每天摄入的食物不少于 12 种，每周不少于 25 种。菜肴的花色品种也要丰富多彩，提供多样化的食物来源，满足运动员的口味、食欲和营养素要求。

（二）以平衡膳食为原则

冬季的早期或冷适应前，要适当增加碳水化合物含量丰富的食物，如面粉制品、大米等主食，以增加糖原的储备。进入深冬和冷适应后，可适当增加食物中脂肪的含量，如大豆类、动物性食品和食用油等。

主粮中可适当增加一些全谷物和杂粮，以丰富主食的花色品种，不但增加碳水化合物的摄入量，还可增加维生素 B_1 的摄取量。

尽可能提供数量充足、种类多样的新鲜蔬菜和水果，不仅可以促进食欲，而且可以提供维生素 C、胡萝卜素、钾、镁、膳食纤维等营养物质。同时应增加动物肝脏、蛋类及瘦肉的供应，以满足机体对维生素 A、维生素 D、维生素 B_2 的需要。

（三）注意菜肴食品温度

热食不仅有利于消化吸收，对于食品卫生也是一个很好的保障措施。集体餐厅往往是自助式餐，等待运动员取餐。如果菜肴摆放时间过长，容易变凉，摄入后可能会引起胃肠不适。凉菜凉饭还有可能影响摄食量。热菜热饭需要在保温条件下摆放。

（四）合理安排餐次

一般为一日三餐，每餐可按 3：4：3 能量比分配食物。不可取消早餐，否则上午的运动训练会受很大影响。在高寒环境、高强度运动训练的情况下，可每日安排 4 餐，即提供 1 份简易加餐。早餐应选择产能营养素（特别是碳水化合物及脂肪）密度高的食物，以满足上午较大运动量的训练要求。如果下午有较大运动量的训练，午餐不应摄入过多的蔬菜水果，而要多选择产能营养素密度高的食物。晚餐后一般没有训练或比赛，因此一般来说，晚餐可以增加蔬菜、水果及蛋白质食物的摄入量，以满足蛋白质、维生素、矿物质和膳食纤维的需要。

（五）避免摄食过量

饮食过饱，易加重胃肠负担，影响运动和训练状态。尤其应避免一次性摄入大量冷食、冷饮，这有可能引起胃肠不适。西式餐饮中许多食物属于凉食，不适应者应逐渐增加摄入量。如果餐后有大运动量训练或比赛，进餐应在运动前 2h 完成。

（六）减少酒精摄入或避免饮酒

对于短时间暴露于中等寒冷环境的酒精抗寒作用，实验研究得出了不一致的结果。但是，在寒冷环境中进行长时间各种强度运动时，酒精所造成的危害结果却是一致的。饮酒可扩张皮肤表面小血管和毛细血管，加速体温丢失。酒还有降低血糖浓度的作用，不利于糖的氧化供热供能。饮酒后可产生利尿作用，引起机体水分丢失，血容量减少，影响运动能力。饮酒可推迟机体对寒冷产生应激反应

（即战栗），并缩短战栗的时间，导致产热减少。另外，饮酒对中枢神经系统也有作用，可导致协调能力降低和动作失控，容易引起运动性损伤。如果大量饮酒，还可减少其他食物的摄入量，造成能量和营养素摄入不均衡。

（七）饮食营养方案要因人而异

低温下的运动，有的是专门依赖冰雪的冬季项目，有的则是非冰雪项目的冬训或健身；有的是耐力型的，有的是力量爆发型的；有的是一般性训练，有的是高强度训练；有的是一般低温环境，有的是极寒加高海拔极端环境；有的是年轻的专业运动员，有的是年龄不等的健身者；情况千差万别。因此，制订运动营养方案时，一定要考虑各方面的特点和要求，制订因人而异的个性化方案。

九、合理使用运动营养食品

运动营养食品是指为满足运动人群的生理代谢状态、运动能力及对某些营养成分的特殊需要而专门加工的食品。运动营养食品往往通过提取、浓缩、纯化、混合及其他方法进行制备或加工[21]。

现代冬季运动中，不管是专业运动员，还是非职业的健身爱好者，使用运动营养食品已经成为常态。如果膳食来源不能满足机体对某一营养素的需求，那么可以从膳食外进行特定的补充。在户外严寒等极端环境下，人们在心理和习惯上不愿意进食传统的冷菜和冷食，而运动营养食品则可在一定程度上作为替代品。从事低温环境的运动，应注意下列营养物质的补充。

（一）碳水化合物类

可以在运动前和运动中补充小分子的碳水化合物，如蔗糖、低聚糖等，以便快速吸收补充能量，增加肌糖原和肝糖原储备，维系血糖，保持体温平衡，延缓疲劳，避免运动能力下降。市场上的产品有能量棒、能量胶、含糖运动饮料等[22]。

运动后尽快（2h内）补糖100g，或者运动后摄入高糖饮料，有利于糖原快速恢复。研究显示，运动后联合补充糖和蛋白质，受试者肌糖原和骨骼肌蛋白质的合成速率明显高于单独补充糖或蛋白质[23, 24]。

（二）蛋白质类

蛋白质类运动营养食品包括蛋白质、肽、氨基酸、氨基酸代谢中间产物等。

大分子的蛋白质和肽类一般在运动后补充，而小分子的氨基酸类（如支链氨基酸）除了可在运动后补充外，亦可在运动前和运动中补充。蛋白质类运动营养食品的补充有利于骨骼肌、关节、骨骼的合成和修复，常见的有乳清蛋白粉、大豆蛋白粉、水解蛋白、水解肽、支链氨基酸等。

运动前和运动中补充大分子的蛋白质和多肽一般对运动能力的改善无明显影响，而常态性运动后补充则对骨骼肌的合成和损伤修复有促进功能[25]。短肽及氨基酸具有消化吸收快的特点，运动后补充，有助于加速运动相关组织器官的修复和疲劳恢复。

乳清蛋白富含亮氨酸等支链氨基酸，以及其他必需氨基酸、功能肽、抗氧化成分和免疫球蛋白（Ig），可以提高骨骼肌合成速率，增加肌肉的质量和力量，减少肌肉酸痛，加快运动性损伤的修复[26]。乳清蛋白的这些作用可能与其较快、较高的消化吸收利用率，以及丰富的亮氨酸含量（约10%）有关[24]。

研究显示，耐力性运动中，蛋白质提供的能量占总能量的12%~14%，而支链氨基酸（包括亮氨酸、异亮氨酸和缬氨酸）氧化供能的量约占氨基酸总供能量的60%。可见，在运动前和运动中及时补充支链氨基酸，可为长时间、较大强度有氧运动提供能量底物，还可用于修复和重建肌肉细胞，使运动员能够保持充沛的体力和良好的竞技状态。

β-丙氨酸是近年来研究较多的一个氨基酸。β-丙氨酸与L-组氨酸一起合成肌肽，后者可以减轻机体疲劳感，促进运动后恢复，增加肌肉力量，提高运动能力。但现有的研究结果表明，补充β-丙氨酸只在主观感觉上和生化指标上对运动性肌肉疲劳具有改善作用，而对运动成绩的提高似乎没有帮助[24]。

β-羟基-β-甲基丁酸（β-HMB）是亮氨酸在体内的中间代谢产物，补充后可增强骨骼肌蛋白质的合成，改善运动后的肌肉酸痛，减轻运动引起的肌肉损伤[24]。

（三）脂类

严寒的冬季，人们往往下意识地增加富含油脂食物的摄入。运动营养食品中，常见的脂类有ω-3多不饱和脂肪酸（ω-3PUFA）、磷脂酸等。运动人群尤其是中老年健身者，可在冬季增加脂类运动营养食品的补充。

ω-3PUFA是细胞膜的重要组分，与脂质信号传导和细胞膜生物特性调节有关。ω-3PUFA中的二十碳五烯酸（EPA）和二十二碳六烯酸（DHA），可以调节血脂和血黏度，对抗炎症[21]。深海鱼油中的 EPA 和 DHA 含量丰富。

研究发现，磷脂酸可以通过激活骨骼肌中的哺乳动物雷帕霉素靶标（mTOR）信号通路，刺激骨骼肌蛋白质代谢，促进肌肉增大和力量增强[27]。

（四）能量代谢有关的维生素

能量代谢有关的维生素主要有维生素 B_1、维生素 B_2、烟酸等。这些维生素以辅酶的形式参加能量代谢。寒冷条件下运动导致能量代谢增加，这些能量代谢相关维生素的需要量也会提高。可以补充能量代谢维生素的混合制剂。

（五）皮肤、黏膜保护类

寒冷而干燥的空气对皮肤和呼吸道黏膜产生较强的刺激，加重皮肤和黏膜组织的代谢速度和损耗程度。增加蛋白质和肽类、Ⅰ型胶原蛋白、维生素 A、维生素 B_2、烟酸、维生素 C、维生素 D 等营养素和营养物质的摄入，有利于加快皮肤和黏膜的修复和合成速率，提高皮肤黏膜的防护力。

（六）关节软骨修复类

寒冷的温度可使外周组织血管收缩，血流量下降，使得原本血供就不丰富的四肢关节组织的血供进一步减少，营养物质供应减少，关节组织特别是关节软骨运动中磨损和炎症的情况可能加剧，需要更多的组织材料进行修复。这些原料包括Ⅰ型和Ⅱ型胶原蛋白、氨基葡萄糖、硫酸软骨素、透明质酸、蛋白质、维生素 C、维生素 D 等营养物质或营养素。

（七）抗氧化类

寒冷条件下运动，由于外周组织血管的收缩和血容量减少，机体排出代谢产物的能力受到影响，运动中自由基的蓄积可能增加。因此，一些抗氧化营养素和营养物质的需要量可能增加，包括维生素 C、维生素 E、β-胡萝卜素、番茄红素、茶多酚、辅酶 Q10、花青素、硫辛酸、白藜芦醇、儿茶素等。

（八）提高免疫力类

在低温环境中运动锻炼，冷空气的刺激，很容易引起上呼吸道感染。因此，保持完善的免疫系统功能非常重要。除了调整膳食结构外，还可以通过补充运动营养食品和营养补充剂来加强免疫力。

1. 蛋白质类

补充蛋白质类，可增强皮肤黏膜的完整性和防护性，有利于免疫细胞和免疫蛋白的合成，提升机体免疫力。

（1）乳清蛋白：富含谷氨酸等谷氨酰胺前体物质，可为糖异生提供原料，维持谷氨酰胺水平，提高免疫细胞功能。乳清蛋白还富含亮氨酸等支链氨基酸，运动训练期间如果支链氨基酸供给不足，会影响免疫功能及快速恢复的能力[28]。运动后补充乳清蛋白，有助于运动后支链氨基酸储备的恢复，改善运动后的免疫细胞功能。

（2）谷氨酰胺：可在训练后至比赛前使用，以帮助人体提高免疫能力。谷氨酰胺是免疫细胞重要的能量来源物质，能为免疫细胞快速提供能量。人体一旦缺乏谷氨酰胺，容易导致免疫力下降，引起感染。所以，谷氨酰胺的补充对于提高低温环境下运动训练人群的免疫能力很有帮助。

（3）精氨酸：免疫细胞的培养与精氨酸关系密切，补充精氨酸能促进胸腺中淋巴细胞的增长，刺激外周血液中单核白细胞的反应[28]。

2. 碳水化合物（糖）

血糖和糖原是淋巴细胞、中性粒细胞、巨噬细胞等免疫细胞的重要能源物质[4]，而运动中补糖可以缓解运动员在寒冷环境下长时间训练引起的血糖下降[29]。

3. 维生素和微量元素

维生素 B_{12}、维生素 C、维生素 E，以及微量元素锌、铁、硒对机体正常免疫功能亦非常重要[30]。

（九）咖啡因

人们在冬季喜欢喝热咖啡和热茶。咖啡和茶中均含有咖啡因。一般认为，咖啡因可通过刺激中枢神经系统兴奋而提高运动能力，尤其是耐力型的运动能力。咖啡因可提高或保持运动期间的警醒、机敏、情绪和思维[31]。

研究结果一般认可中、高剂量的咖啡因（每千克体重摄入 5~13mg）对运动能力的促进作用，但可能有一些不良副作用。而低剂量的咖啡因（每千克体重摄入低于 3mg，约 200mg）也可提高某些运动项目的成绩，且副作用极少。咖啡因的产品有饮料、片剂、胶囊和其他固体形式等[23, 24]。

绿茶中不仅含有咖啡因，还有儿茶素，可作用于 SNS，引起大脑神经兴奋，从而影响运动表现。

（十）肌酸

肌酸可从食物中获得，也可体内合成。肌酸以磷酸肌酸的形式在骨骼肌中向 ATP 提供高能磷酸键。研究显示，补充肌酸对短时间（小于 30s）、间歇性、高强度、抗阻性运动有增力作用。荟萃分析显示，口服肌酸与抗阻力训练同时进行，可使老年增肌和增力的提高更为明显。正常膳食情况下，每天可以额外补充 5g 肌酸，同时配合抗阻力训练。正是因为补充肌酸可以增肌增力，对于耐力型运动也有益处。肌酸除了在增肌增力方面的作用外，还对骨健康、神经肌肉功能和肌肉骨骼损伤修复有积极的作用[23, 24]。肌酸不属于兴奋剂，服用几乎没有副作用。肌酸一直是经典的增肌增力方面的运动营养食品成分。

十、低温环境下运动人群每日营养素推荐供给量

根据中国中等体力活动水平成人和专业运动员的膳食营养素推荐摄入量或适宜摄入量的数据，编制表 7。在低温环境时，普通健身者和运动员的总能量摄入可在此表数值的基础上增加 5%~20%。产能营养素中，脂肪或可增加 5%，但运动员应主要增加碳水化合物，而不是脂肪。蛋白质可略微增加或不增加，但优质蛋白质比例应达到 1/3 以上。各种维生素增加 30%~50%。

虽然寒冷环境可能使机体对钠的需要增加，但仍建议运动员每日钠摄入量小于 5000mg，包括食物中的钠和食盐中的钠。食盐一般控制在每日 12g 以内。对于普通健身者而言，因运动量不是很大，对运动成绩的要求也不是很高，且年龄包括中年和老年，有预防高血压的要求，每天摄入食盐不超 5g 即可[32]。

表 7 中营养素的来源，不仅包括食物，还包括运动营养食品或营养补充剂。

运动与低温环境

表 7 我国健身者和运动员每日能量和营养素推荐摄入量（RNI）或适宜摄入量（AI）

年龄	健身人群									专业运动员			
	成年男子（中等体力活动水平）				成年女子（中等体力活动水平）				跳水、跳高、跳远	武术、射击、射箭（女）	乒乓球、短跑（女）、网球、花样游泳、垒球（女）	花样滑冰、中长跑、竞走、射箭（男）、排球、水球、曲棍球、距离游泳、高山滑雪、皮划艇、场地自行车、赛艇（女）、现代五项	长距离游泳、马拉松、公路自行车、越野滑雪、投掷（男）、铁人三项
	18岁~	50岁~	65岁~	80岁~	18岁~	50岁~	65岁~	80岁~	18岁~	18岁~	18岁~	18岁~	18岁~
	总能量摄入（均值和范围）												
能量 kcal/天	2600	2450	2350	2200	2100	2050	1950	1750	2200~3200 (2700)	2700~4200 (3500)	2700~4200 (3500)	3700~4700 (4200)	≥4700 (4700)
能量 MJ/天	10.88	10.25	9.83	9.20	8.79	8.58	8.16	7.32	9.24~13.44 (11.34)	11.34~17.64 (14.70)	11.34~17.64 (14.70)	15.54~19.74 (17.64)	≥19.74
	三大产能营养素摄入量（范围）												
蛋白质 g/天（占总能量百分比）	65~98 (10~15)	61~92 (10~15)	59~88 (10~15)	55~82 (10~15)	52~79 (10~15)	51~77 (10~15)	49~73 (10~15)	44~66 (10~15)	81~101 (12~15)	105~121 (12~15)	105~121 (12~15)	126~158 (12~15)	141~176 (12~15)
碳水化合物 g/天（占总能量百分比）	325~422 (50~65)	306~398 (50~65)	294~382 (50~65)	275~358 (50~65)	262~341 (50~65)	256~333 (50~65)	244~317 (50~65)	219~284 (50~65)	370~440 (55~65)	480~570 (55~65)	480~570 (55~65)	575~680 (55~65)	645~765 (55~65)

168

专题六 低温环境的运动营养

续表

	健身人群							专业运动员			
	58~87 (20~30)	54~82 (20~30)	52~78 (20~30)	49~73 (20~30)	47~70 (20~30)	46~68 (20~30)	43~65 (20~30)	39~58 (20~30)	75~90 (25~30)	97~117 (25~30)	117~140 (25~30)	131~157 (25~30)
脂肪 g/天 （占总能量 百分比）												
	维生素摄入量（均值和范围）										
维生素 A μg RAE/天	800	800	800	800	700	700	700	700	1500	1500	1500	1500
维生素 D μg/天	10	10	15	15	10	10	15	15	10~12.5	10~12.5	10~12.5	10~12.5
维生素 E mg（α- TE/天）	14	14	14	14	14	14	14	14	30	30	30	30
维生素 K μg/天	80	80	80	80	80	80	80	80	—	—	—	—
维生素 B$_1$ mg/天	1.4	1.4	1.4	1.4	1.2	1.2	1.2	1.2	3~5	3~5	3~5	3~5
维生素 B$_2$ mg/天	1.4	1.4	1.4	1.4	1.2	1.2	1.2	1.2	2~2.5	2~2.5	2~2.5	2~2.5
维生素 B$_6$ mg/天	1.4	1.6	1.4	1.6	1.4	1.4	1.6	1.6	2.5~3.0	2.5~3.0	2.5~3.0	2.5~3.0
维生素 B$_{12}$mg/天	2.4	2.4	2.4	2.4	2.4	2.4	2.4	2.4	2	2	2	2
泛酸 mg/天	5.0	5.0	5.0	5.0	5.0	5.0	5.0	5.0	—	—	—	—
叶酸 μg DFE/天	400	400	400	400	400	400	400	400	400	400	400	400
烟酸 mg NE/天	15	14	14	13	12	12	11	10	20~30	20~30	20~30	20~30
胆碱 mg/天	500	500	500	500	400	400	400	400	—	—	—	—

169

续表

	健身人群						专业运动员			
生物素 mg/天	40	40	40	40	40	40	—	—	—	—
维生素C mg/天	100	100	100	100	100	100	140~200	140~200	140~200	140~200
矿物质摄入量（均值和范围）										
钙 mg/天	800	1000	1000	800	1000	1000	1000~1500	1000~1500	1000~1500	1000~1500
磷 mg/天	720	700	670	720	720	670	—	—	—	—
钾 mg/天	2000	2000	2000	2000	2000	2000	3000~4000	3000~4000	3000~4000	3000~4000
镁 mg/天	330	320	310	330	320	310	400~500	400~500	400~500	400~500
钠 mg/天	1500	1400	1300	1500	1400	1300	<5000	<5000	<5000	<5000
氯 mg/天	2300	2200	2100	2300	2200	2100	—	—	—	—
铁 mg/天	12.5	12	12	12.5	12	12	20~25	20~25	20~25	20~25
锌 mg/天	12.5	12.5	12.5	12.5	12.5	7.5	20~25	20~25	20~25	20~25
碘 μg/天	120	120	120	120	120	120	150	150	150	150
硒 μg/天	60	60	60	60	60	60	50~150	50~150	50~150	50~150
铜 mg/天	0.8	0.8	0.8	0.8	0.8	0.8	—	—	—	—
钼 μg/天	100	100	100	100	100	100	—	—	—	—
氟 mg/天	1.5	1.5	1.5	1.5	1.5	1.5	—	—	—	—
锰 mg/天	4.5	4.5	4.5	4.5	4.5	4.5	—	—	—	—
铬 μg/天	30	30	30	30	30	30	—	—	—	—

备注：本表中一些非冰雪和水中运动项目若在寒冷环境下进行，能量推荐摄入量应增加5%~20%。三大产能营养素中，应主要增加碳水化合物和脂肪的摄入，蛋白质可微上调或质量不变，但优质蛋白质比例应达到1/3以上。各种维生素应增加30%~50%。

注释：
1. 健身人群能量和营养素推荐摄入量数据引自参考文献[33]。
2. 专业运动员能量和营养素推荐摄入量数据引自参考文献[34]。
3. 健身人群能量需要量按中等体力活动水平计。
4. 三大产能营养素每天摄入量范围按照各产能营养素推荐能量比及总量推荐摄入量计算。蛋白质和碳水化合物能量折算系数均为 4（kcal/g），脂肪为 9（kcal/g）。

5. 专业运动员栏目中出现的"—"，表示未制定项数据，可酌情参考健身人群的对应数据。
6. 碳水化合物摄入量中含膳食纤维，成人膳食纤维适宜摄入量为 25~30 g/天。膳食纤维折能量折算系数为 2（kcal/g）。
7. 推荐摄入量（recommended nutrient intake，RNI）是指长期摄入可以满足某一特定性别、年龄及生理状况群体中绝大多数个体（97%~98%）需要某种营养素摄入水平。
8. 适宜摄入量（adequate intake，AI）是通过观察或实验获得的某一健康群体某种营养素的摄入量。当研究资料不足而不能得到 RNI 时，可用 AI 替代。
9. 维生素 A μg RAE/天：维生素 A 由视黄醇及其多种衍生物构成，胡萝卜素也可在体内转化为维生素 A，故用视黄醇活性当量（retinol activity equivalent，RAE）的微克数来表示维生素 A 的总量，即其他各种物质均要转换成视黄醇，统一表示。视黄醇当量、维生素 A、β-胡萝卜素的换算关系如下：1 μg β-胡萝卜素 = 0.167 μg 视黄醇当量，1 国际单位（IU）维生素 A = 0.3 μg 视黄醇当量。
10. 维生素 E mg（α-TE/天）：维生素 E 包括 4 种生育酚和 4 种生育三烯酚，其中以 α-生育酚在自然界中分布最广，含量最多，活性最高。通常用 α-生育酚当量（α-tocopherol equivalent，α-TE）表示维生素 E 的总量，即其他生育三烯酚或生育酚均要转换成 α-生育酚，统一表示。计算公式：总 α-TE（mg）= α-生育酚（mg）+0.5× β-生育酚（mg）+0.1× γ-生育酚（mg）+0.3× 三烯生育酚（mg）+0.01× δ-生育酚（mg）。
11. 叶酸 μg DFE/天：DFE 为膳食叶酸当量（Dietary Folate Equivalent，DFE）。由于食物天然叶酸与人工合成的叶酸补充剂生物利用程度不同，而合成叶酸又往往强化于各种食品或通过制剂补充，为统一表示，故用膳食叶酸当量（DFE）的微克数表示叶酸的摄入量。计算公式：叶酸 DFE（μg）= 膳食叶酸（μg）+1.7× 叶酸补充剂（μg）。
12. 烟酸 mg NE/天：烟酸摄入总量要用烟酸当量（nicotinic equivalence，NE）表示，一小部分由食物中的色氨酸在体内转化而来。转化率约为 1/60。因此，人体所需的烟酸大部分由食物中的烟酸直接提供，1/60 色氨酸（mg）。公式为：烟酸当量（mg NE）= 烟酸（mg）+ 1/60 色氨酸（mg）。

第五节　寒冷环境下运动锻炼的一些注意事项

寒冷环境下运动，在注意调整食物营养措施的同时，还应注意通过多种综合措施来降低低温对机体的影响，使食物营养措施更加有效而稳妥。

一、措施

寒冷情况下机体对一些营养素需求的改变会导致膳食结构的改变，而个体的胃肠道和代谢系统也需要适应这些改变，该过程需要一定时间。如果采取一些简单的配套性防寒保温措施，可减少外部环境改变对机体内环境的影响，从而减小膳食的调整幅度，使个体能保留以前的大部分饮食习惯，并且容易对新的食物营养构成产生适应。这样不会对身体健康和运动能力造成较大的影响。

（一）热身运动

寒冷环境下运动前，应做更多的热身运动。热身运动可以提升体温，舒展和活动关节肌肉，促进血液循环，使身体运动系统对运动做好准备，避免运动性损伤和意外伤害。如果有条件，热身运动可在室内进行，以避免室外寒冷的空气对还未热身机体的不良刺激。应采取低强度、较长时间的热身方式，而不是高强度、短时间的方式。

（二）实时调整运动强度和场所

寒冷环境中运动，应根据气温风力变化情况，适当调整运动强度，避免在极端条件下进行高强度运动，以防运动中出现强烈生理不适和应激。

高龄、高血压者，如果突然暴露于严寒环境，由于末梢血管收缩，将使血压急剧升高，容易引发心脑血管急性事件。对于这些人群，天气过冷和大风时，应避免户外运动锻炼，或可改在室内。气温回升、天气好转后再到户外锻炼。

冬季由于采暖，室外环境空气污染的程度加剧，雾霾严重时，有些运动训练应改在室内进行。

（三）冷暴露前后的运动方案

研究显示，如果偶然或短时期暴露于寒冷环境，可能会引起免疫系统抑制；

而长期、反复的寒冷暴露，有可能使免疫系统适应性增强。应在冷暴露的适应前和适应后采取不同的运动方案：适应前应该下调运动量或运动强度，适应后可上调运动量或运动强度。可定期检查身体和检测生化指标，了解机体对冷暴露的适应情况。

（四）随时调整运动着装

适当的运动着装很重要，应及时添减衣物，既要防范衣物不够着凉感冒，也要注意衣着过于厚重影响出汗透气和增加能量消耗。

适当的防寒服、防寒手套、防寒鞋袜、防寒头套等对减少体温丢失、预防寒冷有重要作用，应认真穿戴，不可忽视。

二、注意预防冻伤

寒冷条件下，手指、脚趾、耳朵和颜面部位易出现冻伤。由于严寒，人痛觉迟钝，不易察觉冻伤发生。应经常检查上述部位，以便及早发现、及早处理，避免冻伤加重。在营养上要增加维生素B族、维生素C、维生素E和维生素A的摄入，保证与皮肤细胞合成和修复有关的维生素的充足。

冻伤还与风力和潮湿有关。冷风越大，风冷温度越低，机体散热越快，体表温度越低，越容易发生冻伤。而环境潮湿尤其是穿着被汗液浸湿的衣服，也会加速局部体热消散，发生冻伤。

小结

在低温环境下，运动机体在食欲、食物摄入、营养素的消化吸收和代谢消耗上都有不同的变化和特点，需要采取相应的膳食营养措施。低温可导致运动机体总能量消耗水平升高，而在三大产能营养素中，应重点提高碳水化合物的摄入量，在冷适应前也可适量增加脂肪的摄入水平，而蛋白质在数量上不必增加，但需要提高优质蛋白质的比例。维生素中，不管是水溶性维生素还是脂溶性维生素，都需要增加。钠、氯、钾、钙、镁、锌、铁、铜等矿物质（或电解质）的需要量或可提高。低温条件下运动要特别注意水分的补充，避免脱水。运动员和健身者可根据营养素推荐摄入量，合理制定个性化的膳食安排并进行运动营养食品补充，保证低温环境中运动和恢复的需要。

参考文献

[1] 曲绵域, 高云秋. 现代运动医学诊疗手册 [M]. 北京: 北京医科大学—中国协和医科大学联合出版社, 1997: 162-164.

[2] 陈吉棣. 运动营养学 [M]. 1版. 北京: 北京医科大学出版社, 2002: 208-216.

[3] Wang P, Loh KH, Wu M, et al. A leptin–BDNF pathway regulating sympathetic innervation of adipose tissue [J]. Nature. 2020, 583 (7818): 839-844.

[4] 李晓琳. 冰雪项目运动员免疫机能抑制与营养干预研究综述 [J]. 哈尔滨体育学院学报, 2014, 32 (3): 10-13.

[5] Walsh NP. Recommendations to maintain immune health in athletes. Eur J Sport Sci, 2018, 18 (6): 820-831.

[6] Mandic I, Ahmed M, Rhind S, et al. The effects of exercise and ambient temperature on dietary intake, appetite sensation, and appetite regulating hormone concentrations [J]. Nutr Metab (Lond), 2019, 16: 29.

[7] Kovaničová Z, Kurdiová T, Baláž M, et al. Cold Exposure Distinctively Modulates Parathyroid and Thyroid Hormones in Cold-Acclimatized and Non-Acclimatized Humans [J]. Endocrinology. 2020, 161 (7): bqaa051.

[8] 常翠青. 实用运动营养学 [M]. 1版. 艾华, 译. 北京: 科学出版社, 2019: 440-453.

[9] 徐宜兰, 方启晨. 棕色脂肪和白色脂肪棕色化的调控研究新进展 [J]. 医学研究杂志, 2017, 46 (2): 3-6.

[10] Martin AR, Chung S, Koehler K. Is Exercise a Match for Cold Exposure? Common Molecular Framework for Adipose Tissue Browning [J]. Int J Sports Med, 2020, 41 (7): 427-442.

[11] Meyer NL, Manore MM, Helle C. Nutrition for winter sports [J]. J Sports Sci, 2011, 29 Suppl 1: S127-S136.

[12] Ahmed M, Mandic I, Lou W, et al. Comparison of dietary intakes of Canadian Armed Forces personnel consuming field rations in acute hot, cold, and temperate conditions with standardized infantry activities [J]. Mil Med Res, 2019, 6 (1): 26.

[13] Masson G, Lamarche B. Many non-elite multisport endurance athletes do not meet sports nutrition recommendations for carbohydrates [J]. Appl Physiol Nutr Metab, 2016, 41 (7): 728-734.

[14] 汪宏莉, 韩延柏, 屈金良. 低温环境对男运动员脂肪代谢、核心体温及运动能力的影响

[J]. 辽宁体育科技, 2018, 40（4）: 47-51.

[15] 印文晟. 冬季休闲滑雪运动中的营养学研究[J]. 河北体育学院学报, 2007, 21（4）: 15-17.

[16] 宋来, 谭虹. 脂溶性维生素与冰上运动[J]. 冰雪运动, 2011, 33（2）: 42-45.

[17] Cashman KD, Kiely ME, Andersen R, et al. Individual participant data（IPD）-level meta-analysis of randomised controlled trials with vitamin D-fortified foods to estimate Dietary Reference Values for vitamin D [J]. Eur J Nutr, 2021, 60（2）: 939-959.

[18] Pettersson S, Edin F, Bakkman L, et al. Effects of supplementing with an 18% carbohydrate-hydrogel drink versus a placebo during whole-body exercise in -5 ℃ with elite cross-country ski athletes: a crossover study [J]. J Int Soc Sports Nutr, 2019, 16（1）: 46.

[19] 中华人民共和国国家质量监督检验检疫总局, 中国国家标准化管理委员会. GB 15266—2009 运动饮料[M]. 北京: 中国标准出版社, 2009: 1-4.

[20] 党章, 曹卉, 曹建民, 等. 运动饮料对运动的改善[J]. 竞技体育, 2019,（1）: 30-31.

[21] 马艳, 席本玉, 喻龙. 运动膳食营养的研究进展[J]. 食品安全质量检测学报, 2019, 10（14）: 4603-4607.

[22] 齐佳. 运动食品能量棒功能与代谢特点的研究进展[J]. 食品安全质量检测学报, 2020, 11（21）: 7746-7751.

[23] 艾华. 当前运动营养研究述评[J]. 中国运动医学杂志, 2010, 29（2）: 228-232.

[24] 艾华, 常翠青. 运动营养食品中营养成分和功能因子研究进展[J]. 食品科学技术学报, 2017, 35（3）: 16-24.

[25] Pasiakos SM, Lieberman HR, Mclellan TM. Effects of protein supplements on muscle damage, soreness and recovery of muscle function and physical performance: a systematic review [J]. Sports Med, 2014, 44（5）: 655-670.

[26] Patel S. Emerging trends in nutraceutical applications of whey protein and its derivatives [J]. J Food Sci Technol, 2015, 52（11）: 6847-6858.

[27] Shad BJ, Smeunin xB, Atherton PJ, et al. The mechanistic and ergogenic effects of phosphatidic acid in skeletal muscle [J]. Appl Physiol Nutr Metab, 2015, 40（12）: 1233-1241.

[28] 李振斌, 曹海信, 王惠敏. 运动和营养补剂与机体免疫功能的研究进展[J]. 四川体育科学, 2006,（3）: 54-58.

[29] 吴志海, 衣雪洁, 庞晓峰, 等. 备战第19届冬奥会国家自由式滑雪空中技巧队机能评定与营养补充的研究[J]. 沈阳体育学院学报, 2006, 25（3）: 61-62.

[30] 王元慧, 黄元汛. 运动营养与免疫 [J]. 安徽体育科技, 2006, 27 (2): 52-55.

[31] Trexler ET, Smith-Ryan AE. Creatine and Caffeine: Considerations for Concurrent Supplementation [J]. Int J Sport Nutr Exerc Metab, 2015, 25 (6): 607-623.

[32] 曹清明, 王蔚婕, 张琳, 等. 中国居民平衡膳食模式的践行——《中国居民膳食指南（2022）》解读 [J]. 食品与机械, 2022, 38 (06): 22-29.

[33] 程义勇. 中国居民膳食营养素参考摄入量 2013 修订版简介 [J]. 营养学报, 2014, 36 (4): 313-317.

[34] 陈吉棣, 杨则宜, 李可基, 等. 推荐的中国运动员膳食营养素和食物适宜摄入量 [J]. 中国运动医学杂志, 2001, 20 (4): 340-347.

专题七
不同运动项目与低温环境

袁国庆（江苏省体育科学研究所）
殷　越（国家体育总局体育科学研究所）
韩天雨（国家体育总局体育科学研究所）
徐金成（国家体育总局冬季运动项目管理中心）
李　翰（国家体育总局体育科学研究所）

低温环境会使人体的功能状态发生变化，一些运动项目，如登山、冰上运动和雪上运动，均会受到低温环境的影响。因此，在进行运动前应了解相应运动项目的特点及低温环境对该运动项目的影响。此外，进行该运动项目前应了解一些干预策略，包括装备选择、适应性训练及营养干预等，以避免和/或减轻低温环境下运动对机体的损害。本章将介绍登山、冰上运动和雪上运动项目的特点，以及低温环境对这些项目的影响，并介绍不同项目参与者应对低温环境的干预策略。

第一节　登山

登山是指在特定要求下，徒手或使用专门装备，从低海拔地形向高海拔山峰攀登的一项体育活动。随着海拔的升高，环境温度、空气湿度、大气压力、等效的吸入气中的氧浓度分数等逐渐降低，太阳辐射逐渐增强，这些因素都会对登山运动产生影响，因此，在运动前应做好充分准备。

一、登山项目特点

地球的山区面积约 4000 万 km²，约占地球表面积的 27%，约 3800 万人居住在海拔 2439m（8000ft）以上的高海拔地区，每年有超过 1 亿人前往山区开展工作、娱乐，以及宗教活动[1]，有 3400 万人前往高原登山旅行[2]。现代登山运动始于 1787 年 8 月，发源于瑞士勃朗峰下的沙慕尼市[3]。我国现代登山运动始于

运动与低温环境

1956年，起步虽晚，但是发展很快，经过4年多的努力，首次从北坡登上了世界最高峰——珠穆朗玛峰，跻身于世界登山先进国家行列[4]。登山是指以攀登一定高度以上的高峰绝顶为目的的一项具有探险性质的体育运动[5]，中国登山协会将登山运动界定为：海拔超过3500m的登山探险运动[6]。随着海拔的上升，大气压力、等效的吸入气中的氧浓度分数等会逐步降低，海拔超过2500m后，温度更低、太阳辐射更强、空气湿度更低（图1）。

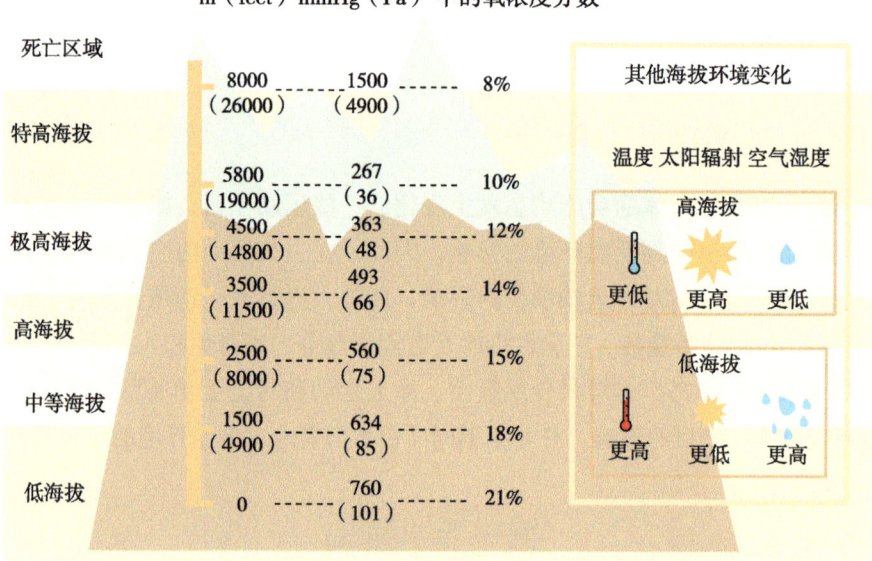

图1 海拔分类[7]

（一）生理反应特点

海拔高度对登山者的心血管功能有着重要的影响，因此，早期就有针对登山者心血管反应特征的相关研究。Jackson等[8]发现，经过6周适应性攀登训练的欧洲登山者与世居高原的夏尔巴登山者在不同高海拔高度（1219~5837m）时的静息心率无显著差异；在欧洲登山者和夏尔巴登山者中，右心导联出现右轴偏移和T波倒置；在欧洲登山者中，左心导联出现S-T段和T波改变，这可能是慢性缺氧与运动导致的副作用，本质可能在于电解质失衡，尤其缺氧和脱水都会导致组织代谢紊乱和钾的流失，包括长期劳累和情绪紧张引发的肾上腺素（epinephrine, E）分泌增加，促进了钾的消耗。近期的综述[9]则总结发现，高海拔登山运动员的超声心动图研究显示有右心室功能不全和肺动脉高压的证据，但左心室射血分数没有变化。Khodaee 等[10]的综述进一步总结了运动员在高海拔地区的相关病理生理反应情况（表1）。总体而言，人们对登山运动科学知识的了解更加全面，准备更加充分，一些负面的生理反应得到了积极应对与改善，与此同时，诸多研究也发现高海拔带来的生理改变会随着适应而改善，随着下降到低海拔而解决[11]。

表1　对高海拔的病理生理反应[10]

系统	急性暴露	慢性暴露
肺	低氧血症，↑心悸，↓静脉氧饱和度	低通气，肺动脉高压，↑肺毛细血管血容量，↑肺扩散能力，慢性肺病恶化，高海拔居民的高山肺水肿发生率更高
心血管	短暂的↑血压，↑心率，↑静脉张力，↑心输出量，外周水肿	↓收缩压/舒张压，右心室肥厚，右心力衰竭，动脉氧饱和度降低，↑血浆甘油三酯水平，先天性心脏病恶化
血液	↑血红蛋白浓度，↓血浆容量，↑促红细胞生成素，↑D-二聚体	红细胞增多症，↑血液携氧能力
肾	↑碳酸氢盐排泄，↓血浆钙和磷酸盐，低碳酸性呼吸性碱中毒，↑利尿	高尿酸血症，微量白蛋白尿，↓肾血浆流量，↑滤过分数（维持或轻度↓肾小球滤过率），肾小球肥大
神经心理学	↓神经递质合成、脑血管舒张、情绪变化、↓认知功能、↓运动/感觉功能	脑缺氧，生化功能障碍，↓睡眠质量，↑情绪障碍，↓认知功能
训练	↓最大耗氧量，↓最大摄氧量（maximal oxygen consumption, $\dot{V}O_2$max）	↓有氧运动能力
其他	视网膜病，厌食	

（二）身体与体能特点

对我国优秀男子登山运动员与登山爱好者的身体特征与体能数据比较研究的结果显示[12]，相对于登山爱好者，登山运动员的身材中等、四肢较发达、下肢尤为粗壮，基础代谢率（basal metabolic rate, BMR）低、体型偏胖［身体质量指数（body mass index, BMI）（24.4±1.21）kg/m²］、脂肪含量高［体脂率（22.91±0.17）%］；登山运动员的心功指数（5.01±1.99）、基础心率［(56.9±4.8)次/min］、肺活量/体重［(82.85±11.89) L/kg］、血红蛋白［(163.0±25.3) g/L］等机能水平，以及有氧［$\dot{V}O_2$max 为 (68.75±7.91) mL/(kg·min)］与无氧能力［平均功率为（847.02±109.25）W，峰值功率为（1197.64±245.1）W］均优于登山爱好者。对韩国高海拔登山者与顶尖排名的竞技攀岩者身体特征与体能比较研究的结果显示[13]，高海拔登山者的BMI［（23.8±2.5）kg/m^2］与体脂率［（19.1±5.6）%］都要显著高于竞技攀岩者，但肌肉耐力［引体向上（14.5±3.2）个］显著低于竞技攀岩者；有氧运动能力之间并不存在差异［登山者$\dot{V}O_2$max为（51.7±3.8）mL/（kg·min），20m折返跑为（70.4±14.1）个］，膝关节等速肌力、握力和柔韧性方面同样无显著差异，但是肌肉耐力要低于竞技攀岩者。保加利亚精英级别登山运动员[14]的$\dot{V}O_2$max为（54.48±1.43）mL/（kg·min），静息心率为（56.4±5.37）次/min。法国国家队高海拔登山运动员[15]的$\dot{V}O_2$max为（53.3±4.6）mL/（kg·min）。世界顶级高海拔登山运动员[16]的肌肉类型为Ⅰ型肌纤维占比（77.9±2.5）%，Ⅱa型占比（19.3±3.0）%，Ⅱb型占比（2.5±0.9）%，显微肌肉结构特征体现为弧下膜线粒体的积聚，肌原纤维之间相对丰富的脂肪滴，以及血液组织气体交换的有利几何结构；静息心率为（55.0±10.1）次/min，总肺活量为（7573±748）mL，用力肺活量为（5575±611）mL，$\dot{V}O_2$max为（59.5±6.2）mL/（kg·min），在给定下降的氧合指数下，相对未经训练的普通人，具备显著更高的氧合血红蛋白百分比值；最大无氧功率为（28.3±2.5）W/kg（测力台）。Burtscher等[17]总结指出，1500m以内的登山运动中，游客级别的登山者$\dot{V}O_2$max最少要达到35mL/（kg·min）；超过1500m后，登山者的$\dot{V}O_2$max要达到42~50mL/（kg·min）；而要达到8000m高度时，并且不额外补充氧气情况下，$\dot{V}O_2$max则要达到60mL/（kg·min）。

综上所述，优秀登山运动员身体特点为身材中等、四肢较发达、下肢尤为粗壮，BMR低、体型偏胖，脂肪含量高，显微肌肉结构特征体现为弧下膜线粒体的积聚，肌原纤维之间相对丰富的脂肪滴，以及血液组织气体交换的有利几何结构，需要具备良好且均衡的有氧与无氧能力，并且随着攀登高度升高，登山者需要具备更为优异的有氧能力。

二、低温环境对登山的影响

温度会随着海拔的升高而降低，海拔每上升1000m，环境温度下降4~6℃。低温暴露会引起人体外周血管收缩，增加低温损伤的风险，甚至危及生命；低温也可能影响肌肉的能量代谢，进而损害运动表现。虽然穿着适当的防护服能够大大降低这些风险，但是表现出低温不耐受的个体在登山运动中，心血管与呼吸反应会受到低温环境的不良影响[18]。其中，冻伤与死亡事件的发生是登山运动过程中因低温环境而导致的主要不良影响结果。

（一）冻伤

登山者是发生冻伤风险的主要群体之一。一项流行病学调查研究结果发现[19]，登山者每年冻伤的平均发病率为36.6%。1级损伤（83.0%）、手（26.4%）及脚（24.1%）最常见。登山运动员在攀登高峰过程中发生冻伤是较为普遍的现象，重者冻伤致残，轻者耳、鼻、手指、脚趾被冻掉[20]。Oelz等[16]报道的6名世界顶级登山运动员中，有2名因登山过程中冻伤而切除脚趾和手指。Kroeger等[21]的个案报道中，一名经验丰富、训练有素的35岁女性登山者，于一次登山徒步活动中，在行程第12天到达海拔6273m高度时，全部脚趾冻伤，并导致最终截肢。一项针对奥地利阿尔卑斯山地区人群历时11年的冻伤发生情况研究结果[22]显示，31名临床相关冻伤病例中有8例是由于登山活动导致的。

（二）死亡

低温环境成为山中人员死亡的主要原因之一，而低温引起的死亡往往是因为意外事件导致的，例如肌肉骨骼损伤或高原疾病发作[23,24]。此外，低温环境因素中的雪崩掩埋或恶化的天气条件等也可能是重要原因，设备故障引发的情况也会被归咎于此，由于滑雪板及其捆绑物的损坏，越野滑雪者不得不滞留在偏远地区，失去冰爪或冰斧则会减慢登山者的下降速度，增加暴露在低温环境中的时间[25]。传统（高山）自然岩壁攀岩中的死亡事件一般是由头部受伤和低体温导致的[26]。Windsor等[1]综述总结的登山者死亡率为每1000000天暴露死亡2.3~1870人，并且最常见的死亡原因包括创伤、高原疾病、冻伤、雪崩掩埋和心源性猝死。

（三）其他

即使是健康人，在高海拔长期运动期间，冷干空气的过度换气也可能通过支气管收缩、气道充血、分泌物和黏液纤毛清除率降低而损害肺力学，而对一些内源性哮喘患者，损害会更严重[27,28]。高海拔地区气温的降低也可能是心绞痛的诱因，特别是在不耐寒的患者中，而在耐寒的冠心病患者中，暴露于寒冷时血压的升高被心率的降低所抵消，而在不耐寒的人群中，由于压力感受器功能异常，心率似乎没有降低[29]，这些都会导致一些急性突发伤病发生。低温环境对机体有氧功能与耐力、力量与爆发力等会产生不利影响，同时可能引发温度调节性疲劳等[30]，最终影响到登山运动表现。

三、登山者应对低温环境的干预策略

面对低温环境带来的诸多考验，登山者需要对此有充分考虑，并做好行前与过程中的周全准备。装备选择、预适应、营养干预等是登山者应对山区极端环境的常用且重要的干预策略[2, 31]。

（一）装备选择

在应对低温环境时，装备的选择是尤其重要的一项工作。恰当的着装可以有效地防止热损失，通过身体表面和外部环境之间的保护屏障来增加身体的绝缘性，从而使身体处于恒温状态[32]。但是当服装变湿时，它就失去了绝缘能力[33]，随后的热量损失进一步增加，因为水传导的热量是空气的25倍。衣服选择的一般准则包括[34, 35]：

第一，与皮肤接触的内层（如聚丙烯、聚酯）应将水分从皮肤表面吸走，以便在皮肤附近提供一层空气，将水分转移到外层衣物。

第二，中间层（如聚酯羊毛、羊毛）应具有绝缘性。分层允许灵活调整绝缘量。

第三，外层应允许水分转移和通风，同时防风雨。因为出汗可能会超过材料转移水分的能力，外层会导致水分在内部积聚，登山者不希望出现这种情况。通常，在休息期间或只有在下雨或刮风时才穿外层。

当然，衣服的适当层次选择需要因人而异，但是需要达到保暖和限制身体出汗的双重目标，尤其出汗导致的潮湿会增加感冒的风险[35]。此外，手、脚、头的遮盖也需要遵循一般衣服选择的准则，以达到分层次和保持干燥的目的，并且还需要考虑一些额外因素[34]。相比于分指手套，连指手套能够提供更好的保护，但是却会影响操作物品的能力，内衬手套则可能有助于解决这一问题，同时内衬手套也增加了另一层绝缘。在减少头部热量损失方面，可以使用编织帽或巴拉克拉瓦盔式帽，同时，束发带也是一个选择，它可以避免热量从头部损失的同时遮盖住耳朵。此外，需要考虑服装的合身性，注意避免过于紧缩，这可能会损害外周循环并增加冻伤的风险（例如，如果需要增加额外的袜子，可能需要调整鞋码）。

另外，衣服的隔热作用也会因人而异，因此，在解决环境造成的热量损失与运动期间热量产生的平衡问题上，需要做好个性化调整，尤其在制作团队制服时，要考虑个体间的差异[36]。运动强度也会影响衣服所需的绝缘性，需要在热身过程中与活动后逐渐冷却过程中做好增减衣服的工作[37]。因此，需要确保服装在可用性基础上，根据实际情况做好增减衣服的工作。

（二）预适应

面对高海拔急性或慢性暴露，身体会发生不同的病理生理反应，虽然这些反应会随着适应而改善，随着下降到低海拔而解决，但是由于低温环境本身就会对有氧功能与耐力、力量与爆发力等产生不利影响，同时可能引发温度调节性疲劳的发生等，当两者叠加影响时，往往对登山者造成极大考验，容易引起更加严重的不良反应。因此，预适应成为一种较为常规的积极应对策略。

登山的预适应策略研究大多是针对急性高原病（acute mountain sickness，AMS）预防和耐力运动表现提升两个方向[38]。有研究通过高空舱或缺氧气体来提供模拟高海拔的暴露方案（90min/天，持续7天），用以研究预适应，并由此观察到显著的益处，例如血氧饱和度增加，通气反应改善，次最大运动表现增强[39]。模拟4300m环境下，4h/天，一周5天，连续3周的暴露试验，致使$\dot{V}O_2max$、次极量计时成绩和肌肉耐力等运动表现指标提高了18%以上，同时该海拔高度的AMS发生情况得以降低[40]。近期对预适应技术的综述结论指出，在海拔至少4000m的地方暴露5~6天，每天1.5h或更长时间，才能够对后续高度的运动表现水平实现预适应[41]。对于大多数登山者而言，并没有时间做详细的、长期的预适应方案，但是实际上，预适应也并非需要做成一套严密的方案，即便是在高海拔探险或比赛前的几个月去山上进行徒步或者野营这类非正式的旅行适应活动都被认为有助于减轻AMS，并在随后的逗留期间提升运动表现。虽然这样的理论支撑数据仍不足，但是通过提前几个月上升到类似的目标海拔高度，对于个人而言，也能够较好地评估在相似环境下的运动表现会受到多少影响，以及判断个人是否容易受到AMS的影响，与此同时，还需要考虑到预适应方案的反应存在着个体差异。

在冷习服方面，Castellani等的综述[30]系统地阐述了冷血管扩张反应（cold-induced vasodilation，CIVD）的可训练性，其中的一些纵向和实验室研究发现，针对CIVD措施的改善效果实际微乎其微，在习服期间，热反应实际上受到损害。长期适应的主要系统改善是减少知觉不适或疼痛，因此，人们不应该通过反复的局部冷暴露来获得生理适应。该综述总结认为，反复局部冷暴露不会改变外周循环动力学，即使在寒冷环境中长期停留，人类仍然存在冷损伤的风险。因此，考虑到全身热状态对CIVD反应的重要性，个体应尽量保持身体核心温度，并穿戴绝缘良好、合身的手套和靴子，以防止局部冷损伤的发生[42]。随后，Gibson等[43]的综述对于冷习服则持有积极观点。该综述总结，冷习服可分为习惯性习服、代谢性习服和绝缘性习服三类。习惯性习服的特征是反复冷暴露后引起的生理变化，与暴露前相比，对随后应激的反应幅度减弱。代谢性习服的特点是减少应激引起的产热增加，体温的代谢防御最初是通过战栗产热促进的，以增加代谢产热，非战栗产热通过棕色脂肪组织（brown adipose tissue，BAT）的代谢发生，但是后者（非战栗）的贡献程度低于前者（战栗产热）。绝缘性习服的特点是增强保存体温的机制，特别是通过血管收缩降低皮肤对环境的热导率。有研究认为，冷适应的时间与热适应的时间一致，均为5~14天，但是也有研究发现短时间的冷适应并未发现绝缘性适应的形成。此外，该综述对唯一的一篇有关冷-低氧交叉适应的实验研究[44]总结认为，考虑到缺氧的典型反应包括增加通气、能量消耗和优先使用糖原等，该研究的代谢反应对那些前往高原的人是有益的，尤其是需要在高原进行有氧运动的人群，但是由于细胞学层面，在继发性缺氧中对冷应激的细胞适应机制仍不明确，因此，该方向的相关研究还有很多工作需要做。总体而言，冷习服仍是一种积极的应对策略，但与此同时，不可盲目自大于冷习服的作用效果，而忽略了采取其他积极措施保持核心温度的重要性。

（三）营养干预

高海拔山区逗留超过14天会导致身体成分的变化，主要表现为体重、脂肪质量与瘦体重的减少，2003年攀登珠穆朗玛峰的登山运动者中，无论登顶成功与否，平均体重损失为7%[45]，在高海拔地区长期逗留，需要保持较高且多样的营养摄入，同时需要高能量的碳水化合物，以此来维持运动表现[46]。而适当的脂肪增加是抵御寒冷的重要方法之一，此外，保持身体均衡的水合作用有利于防止冻伤的发生[47]。因此，营养是登山者应对低温环境的重要干预策略之一，也是山地运动员在其他不可预测环境中能够控制的少数变量之一。Stellingwerff等[48]的综述总结，在3000m及以上海拔，运动者的能量需求（能量摄入、运动能量消耗、能量利用率和体重）、糖原使用/碳水化合物需求增加，氧化应激增加，铁需求增加等都得到了有力证据或令人信服的证据的佐证（表2）。Kechijan[31]的综述认为，尽管在高海拔地区进行的营养研究存在固有的局限性和看似矛盾的发现，但山地运动员应遵守宏量营养素与微量营养素补充和水合状态相关的某些饮食指南。

表2 不同海拔潜在的营养相关生理/代谢变化或营养干预[48]

海拔	能量需求（EI、EEE、EA与BM）	糖原使用/CHO需求增加	氧化应激增加	抗氧化需求增加	铁需求增加	各种能量补充剂
极高海拔（>5500m）	√√√√	√√√√	√√√	?	√√√√	√?
高海拔（3000~5500m）	√√√	√√√	√√√	?	√√√	√√?
中等海拔（2000~3000m）	√?	?	√√	?	√√√	√√?
低海拔（500~2000m）	=?	?	√	?	√√	√?

注：在生理/代谢改变或营养干预考虑方面，"="表示与海平面相同的证据与重要性；"√√√√"表示令人信服的证据；"√√√"表示有力的证据；"√√"表示中等水平的证据；"√"表示低或者新兴证据。"?"表示新出现的证据或潜在的理论基础，但是在特定海拔无公开发表的研究或需要更科学的证实。EI表示能量摄入，EEE表示运动能量消耗，EA表示能量利用率，BM表示体重，CHO表示碳水化合物。

第二节 冰上运动

冰上运动是借助冰刀或其他器材在冰面上进行的一种运动，主要包括冰球、速度滑冰、短道速滑、花样滑冰和冰壶等。冰上运动在寒冷环境下持续进行，机体呼吸和代谢等过程均会受到低温的影响。

一、冰上运动的特点

（一）冰上运动的起源与发展

冰上活动的本质是利用各种工具在低摩擦力的冰面上滑行，最早可追溯到几千甚至上万年前新石器时代的欧洲。早期在寒冷地区生存的人类由于运输及通勤需要，以木制爬犁作为冰面上的运输工具，后来荷兰人为了更高效地在冰面上移动，将打磨光滑的动物骨骼固定在鞋底，形成了冰鞋的雏形"骨制冰刀"。随着技术的发展，世界各地逐步出现木制冰刀、铁制冰刀、合成钢冰刀，冰刀与鞋靴的连接方式也逐渐由简单捆绑发展为用螺丝固定在鞋底，最终产生了今天竞技体育中针对不同运动项目的各式各样高科技冰鞋。

随着生产力发展，冰上生产生活逐渐向包含竞技性、娱乐性的体育类活动转型。滑冰娱乐活动一开始是互相追逐追赶，慢慢的"速度"成为衡量一个滑冰者实力强弱的重要因素，人们也开始从身体、场馆、器材方面追求滑冰的速度，逐渐形成了今天的"速度滑冰"和"短道速滑"。欧洲贵族们的滑冰娱乐活动则发展为在冰面上用冰刀滑冰刻画出艺术性的图案，并开始追求高雅优美的滑冰姿态，后来又融入了旋转、跳跃，直到发展为规则严密的现代"花样滑冰"。除了以利用冰刀滑行为基础的娱乐活动，早期人们也会在冰上向目标区域投掷或滑行一些有质量的物体，这就是世界上最早的"冰壶"运动雏形。当然，冰上运动也不乏具有对抗性的活动，人们先是在冰面滑行的同时，手持长杆争抢冰面上四处飞舞的圆饼，后来将曲棍球与滑冰相结合，融入射门计分元素，形成激烈刺激的"冰球"运动。

（二）冰上项目运动员的身体特征

不同冰上项目对运动员身体要求各不相同。短道速滑、速度滑冰需要运动员在尽可能短的时间内在水平方向产生加速度并保持尽可能久的时间；运动员往往下肢格外粗壮有力。花样滑冰除了要求运动员能爆发尽可能大的水平速度，还需要拥有超高的跳跃和旋转能力，双人滑还需要"抛、捻、托"等能力，冰舞更是极具艺术性；运动员在视觉上表现为纤细和低体脂，兼顾耐力、爆发力与柔韧。冰球则是一个对抗十分激烈的运动项目；运动员是冰上项目中最为高大强壮的。冰壶投掷技术需要运动员具备超强的身体及核心控制力；运动员往往表现为肢体匀称。

二、低温环境对冰上运动的影响

冬季奥林匹克运动会中常设的冰上项目有短道速滑、速度滑冰、花样滑冰、冰球、冰壶。这些项目均在室内冰场进行比赛训练，速度滑冰冰面温度在 $-8 \sim -6℃$，短道速滑冰面温度是 $-5℃$ 左右，花样滑冰冰面温度在 $-4 \sim -3.5℃$，冰球、冰壶冰面温度是 $-6℃$ 左右，大型赛事比赛场馆及其他现代化训练场馆通常带有屋顶取暖系统及气温调节系统，室内温度通常保持在 $15℃$ 左右。例如，国家短道速滑队、国家花样滑冰队备战北京冬奥会训练场馆——首钢训练基地滑冰馆，训练场室温常年保持在 $16 \sim 18℃$。但并不意味着这些冰上项目运动员不会受到低温影响，为了保持冰面温度和室温平衡，场馆内制冷系统与供暖系统是同时运转的，距离冰面越近温度越低，运动员也会出现流鼻涕、末梢血流减少、远端肢体僵硬等低温症状。

（一）寒冷空气对呼吸道的影响

人体在静止状态时，空气主要由鼻腔吸入，在到达下呼吸道前，空气几乎可以完全适应当前体温并达到100%相对湿度；运动期间的人体每分通气量会从最初的5L/min增加到35~40L/min甚至更高，并用口腔辅助吸气，以满足肌肉对氧气的需求，下呼吸道也会参与提高空气温度和湿度的过程中[49, 50]。尚无研究阐明吸入寒冷空气时人体运动期间呼吸道内温度，但过度使用口腔通气（例如，运动过程中使用口腔辅助吸气）确实会使呼吸道内温度降低[51]。

现代冰上项目对冰面要求十分苛刻，为了不让水汽在冰面上凝结，保持冰面平整度，冰上项目场馆需要保持较低的空气湿度；即使没有恒湿设备加持，寒冷空气往往同时是干燥空气[52]。滑冰运动员在比赛、训练过程中往往吸入大量寒冷而干燥的空气，这会导致运动员身体热量与水分流失、耐力下降，甚至是支气管上皮损伤、哮喘、促炎性细胞因子上调等症状，但可以通过减少低温低湿环境暴露或采取预防及治疗措施逆转这些呼吸道变化[52]。几项横断面研究发现，18%~35%的冰球运动员、速滑运动员和滑雪者乙酰甲胆碱激发试验阳性，被试者气道反应性增加[53-55]；所有冰上项目运动员都需要强大的心肺功能与有氧能力支持，寒冷空气对呼吸系统的消极影响会在一定程度上制约运动表现。

（二）低温环境对机体代谢的影响

人体长时间无保护暴露于低温环境会严重影响健康，甚至可能导致死亡。此外，人体的运动表现会随着温度降低而降低，这一现象已在多年前达成共识[56]。早期在实验环境中的低温运动研究发现，无论是在冷水中游泳还是在寒冷环境中进行自行车运动，受试者均出现了最大肌肉力量下降、摄氧量下降、峰值有氧功率下降，严重影响了机体有氧代谢能力[57, 58]。

研究表明，人体核心温度和肌肉温度每降低1℃，最大有氧工作能力下降5%~6%，骨骼肌爆发力下降4.2%，与其对应的最大心率下降15%；低温环境还会使心输出量和外周组织血流量减少，进行相同运动强度后血乳酸更高，动作经济性更差[59]。Blomstrand等[60]早在20世纪80年代就开始关注并研究此类问题，该研究团队将受试者分为三组，分别是：低温力竭组[(29.2±1.1)℃]、温暖非力竭组[(34.6±1.2)℃]和温暖力竭组[(34.3±0.6)℃]。他的研究发现，

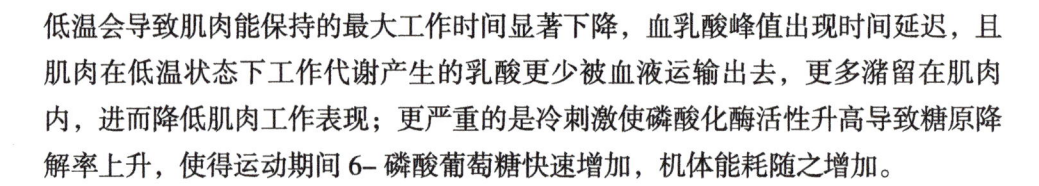

低温会导致肌肉能保持的最大工作时间显著下降，血乳酸峰值出现时间延迟，且肌肉在低温状态下工作代谢产生的乳酸更少被血液运输出去，更多潴留在肌肉内，进而降低肌肉工作表现；更严重的是冷刺激使磷酸化酶活性升高导致糖原降解率上升，使得运动期间 6- 磷酸葡萄糖快速增加，机体能耗随之增加。

三、应对低温环境的干预措施

现代滑冰场馆的制冰与取暖系统往往同时运转，但靠近冰面区域依然属于低温环境。值得庆幸的是，现代冰上项目运动员大多可以在温暖环境中进行热身，也能在比赛或训练结束后快速返回温暖环境。冬奥会常设的冰上项目，运动员比赛时运动强度较高（冰壶除外），比赛持续时间较短（冰壶、冰球除外），剧烈的代谢会产生大量热量，速度滑冰、短道速滑、花样滑冰、冰球运动员充分热身后极少在比赛期间察觉到寒冷，或感知由低温引发的肌肉工作能力下降、技术动作变形。据此，冰上项目运动员应对低温的措施主要应用于训练环节，且多从服饰装备入手。

许多冰上项目速度较快，在湿度恒定的情况下，风速越高体感温度越低；此外，湿度越高体感温度越低；这就要求训练服饰兼具透气性与保暖性。冰球运动员在训练中出汗量多得惊人，护具内必须搭配高性能排汗衣，尽量避免棉质衣服吸汗后增加体表湿度。速度滑冰与短道速滑运动员在训练中大多会穿着赛用服装，除了最主要的防割安全保护外，还有破风、防风、降低阻力的作用。花样滑冰运动员的比赛服非常轻薄，男选手服装要控制在 850g 以内，女选手服装要控制在 350g 以内，几乎不具备防寒功能；训练中运动员普遍佩戴薄手套，下身穿着带有热反射纤维的紧身运动裤，上身穿着高性能排汗衣搭配轻薄防风衣（热身滑行后褪去轻薄防风衣，避免影响跳跃、旋转）。冰壶项目相对特殊，主要负责擦冰的运动员更注重衣服的排汗功能，而主要在大本营区域活动的运动员更注重衣服是否具有热反射材料。

在大众冰上健身运动中，对于竞技表现的追求是次要的，尤其是室外冰上运动，最重要的往往是防寒保护。首先是衣物，贴身衣物尽量选择透气性强的，避免棉质吸汗类衣物，保持体表干燥；若运动强度及运动量偏高，不必选择带有热反射材料的外衣，因为该种类衣物往往透气性差，导致水汽在衣物内层凝结。其次是运动前的充分热身与运动后及时离开冷环境。最后是运动期间补液温度的选择，在进行长时间低强度的冰上锻炼时可以选择 37~50℃的温热水或运动饮料；研究表明[61]，运动中分别补充 10℃（冷）、37℃（温）、50℃（热）液体后，补充热水组的受试者核心温度及体表温度最高；但不建议运动员或高强度冰上锻炼人群在运动期间饮用热水，因为补充热水组受试者的心率显著高于补充温水和冷水的受试者，这对运动中心率储备会产生不利影响。

第三节　雪上运动

雪上运动是冬季热门体育运动项目之一，人们借助滑雪板或其他器具在雪地上进行各种滑行动作，主要包括单板滑雪、高山滑雪、跳台滑雪、冬季两项、北欧两项、越野滑雪和自由式滑雪等。雪上运动时机体会受到低温环境的影响，在运动时应做好相应措施预防损伤。

一、雪上运动的特点

（一）雪上运动的发展

滑雪是最基础、最古老的雪上运动。据史料记载，古代人类滑雪运动起源于中国的阿勒泰地区，在阿勒泰地区出土的文物、岩画等都证明了早在万年前，阿勒泰地区就出现了滑雪运动的雏形。现代滑雪运动起源于斯堪的纳维亚半岛。斯堪的纳维亚半岛早在1901年就举办了以雪上项目为主的北欧运动会，在1924年举办冬奥会后，北欧运动会于1926年停办。如今，挪威、瑞典等国家滑雪运动的整体水平仍然比较高。我国雪上运动起步较晚，20世纪50年代才拥有了第一批雪上项目专业运动员。由于场地等限制，我国早期雪上运动发展也比较慢。1980年，我国首次派团参加冬奥会，一直到2006年，韩晓鹏才为我国赢得第一枚冬奥会雪上项目金牌——自由式滑雪空中技巧金牌。2022北京冬奥会中国代表团实现了雪上项目的全面突破，扭转了我国"冰强雪弱"的竞技格局。随着"3亿人上冰雪"目标的达成，雪上运动迎来了前所未有的发展机遇。

（二）雪上运动特征

雪上运动项目需要借助雪板、雪杖等辅具完成，对四肢及核心力量都有较高的要求，同时还需要较好的关节灵活性及平衡能力。雪上运动项目大多在室外进行，且往往地处中高海拔，属于低温低氧环境。雪上运动项目按其表现形式可分为两类，即体能主导类与技能主导类。体能主导类项目主要有越野滑雪、冬季两项、北欧两项、跳台滑雪、障碍追逐、高山滑雪、单板平行大回转、雪车、钢

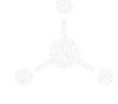

架雪车、雪橇等，这些项目需要运动员有良好的爆发力、速度耐力或有氧耐力以赢得比赛。技能主导类项目主要有单双板大跳台、自由式滑雪U型场地、单板滑雪U型场地、自由式滑雪雪上技巧、自由式滑雪空中技巧和坡面障碍技巧等，这些项目需要运动员有良好的核心控制能力和高水平的技术能力。

雪上项目通常会面临寒冷环境的挑战，当寒冷的刺激程度足以对人体造成伤害时，裁判委员会将制定并正式实施旨在减轻寒冷刺激的控制措施。例如，国际滑雪联合会对越野滑雪做出如下规定。为保护运动员在寒冷天气条件下的安全，裁判委员会需要考虑三个主要因素：温度、暴露时间及衣物。除此之外，还需要考虑风寒等各方面相关信息来进行综合评判。如果比赛期间最低温度低于-20℃，裁判委员会将会推迟或取消比赛。在恶劣天气条件下（如大风、大雪等），裁判委员会可在与参赛队伍领队和负责比赛的医疗救援服务负责人协商后，推迟或取消比赛[62]。国际冬季两项联盟对于冬季两项比赛也有着相似的规定。

（三）雪上项目运动员身体形态特征

表3为冬季雪上项目世界级男、女运动员的身高和体重信息，其中不乏奥运会冠军及世界大赛奖牌获得者。由表3得知，越野滑雪（短距离）运动员的身高、体重略大于其他项目运动员。

表3 部分雪上项目世界级运动员年龄、身高、体重信息[63]

项目	研究者	运动员水平	样本量	性别	年龄（岁）	身高	体重（kg）
越野滑雪	Sandbakk，等（2016）	挪威奥运会选手（挪威国家队）	5	男	27.5 ± 3.0	185.1 ± 2.5	81.0 ± 2.9
越野滑雪（长距离）	Tonnessen，等（2015）	挪威奥运会、世界杯获奖选手	17	男	28 ± 4	182 ± 6	76 ± 6
越野滑雪（短距离）	Tonnessen，等（2015）	挪威奥运会、世界杯获奖选手	7	男	26 ± 4	182 ± 6	81 ± 6
北欧两项	Rasdal，等（2017）	世界杯选手（来自8个国家）	12	男	24.1 ± 3.7	178.4 ± 6.0	65.8 ± 6.3
北欧两项	Tonnessen，等（2015）	挪威奥运会、世界杯获奖选手	7	男	27 ± 4	182 ± 6	76 ± 7
跳台滑雪	Sandbakk，等（2016）	挪威奥运会选手（挪威国家队）	5	男	26.8 ± 3.8	180.1 ± 2.3	65.7 ± 5.5

续表

项目	研究者	运动员水平	样本量	性别	年龄（岁）	身高	体重（kg）
冬季两项	Tonnessen，等（2015）	挪威奥运会、世界杯获奖选手	8	男	25 ± 3	178 ± 4	68 ± 4
高山滑雪	Hildebrandt，等（2017）	奥地利国家队选手	53	男	22.1 ± 3.6	180.3 ± 5.6	83.8 ± 5.7
越野滑雪	Sandbakk，等（2015）	挪威顶尖选手（包含世界前6）	12	女	26.0 ± 4.3	165.0 ± 3.9	60.0 ± 5.1
越野滑雪（长距离）	Tonnessen，等（2015）	挪威奥运会、世界杯获奖选手	10	女	28 ± 5	169 ± 4	59 ± 5
越野滑雪（短距离）	Tonnessen，等（2015）	挪威奥运会、世界杯获奖选手	5	女	29 ± 8	168 ± 5	62 ± 5
高山滑雪	Hildebrandt，等（2017）	奥地利国家队水平选手	56	女	22.4 ± 3.4	166.7 ± 4.9	63.7 ± 5.4
冬季两项	Tonnessen，等（2015）	挪威奥运会、世界杯获奖选手	7	女	25 ± 2	173 ± 3	61 ± 4

表4为部分项目世界级运动员的身体成分信息。和前人对低级别运动员的研究结果对比发现，高水平运动员不仅体重大，且瘦体重明显高出低级别运动员，并且这种差异在上肢、躯干更加明显[64]。可以看出，优秀的越野滑雪短距离运动员，瘦质量特别是上肢和躯干的瘦质量是决定运动成绩的关键因素。

表4 越野滑雪类项目世界级运动员脂肪质量、瘦质量、体脂率信息[63]

	级别	年龄（岁）	脂肪质量 上肢	脂肪质量 下肢	脂肪质量 躯干	瘦质量（kg）上肢	瘦质量（kg）下肢	瘦质量（kg）躯干	体脂率（%）
越野滑雪短距离 Stoggl，等（2010）（男，n=14）	瑞典、奥地利、挪威国家队	26.4 ± 4.8	0.93 ± 0.22	3.39 ± 0.71	4.22 ± 1.23	8.31 ± 0.78	20.72 ± 1.63	30.66 ± 2.31	12.5 ± 2.4
越野滑雪 Carlsson，等（2014）（男，n=18）	瑞典国家队		1.1 ± 0.2	3.7 ± 0.6	4.4 ± 0.9	8.4 ± 1.1	21.0 ± 2.0	31.6 ± 2.3	
北欧两项 Rasdal，等（2017）（男，n=12）	世界杯选手（来自8个国家）	24.1 ± 3.7				33.8 ± 3.3	19.4 ± 2.1		6.3 ± 1.5

续表

级别	年龄（岁）	脂肪质量			瘦质量（kg）			体脂率（%）
		上肢	下肢	躯干	上肢	下肢	躯干	
越野滑雪 Carlsson，等（2014）瑞典国家队（女，n=16）		1.5±0.3	5.1±0.7	5.1±1.2	5.1±0.6	14.9±1.7	22.8±2.2	
越野滑雪 Østerås，等（2016）挪威精英级（女，n=13）	22.7±3.7	1.2±0.3	5.0±1.0	3.7±1.0	5.1±0.6	16.5±1.7	24.4±2.6	

注：瘦质量（体重），指去除脂肪后的剩余质量。

（四）雪上项目运动员身体机能特征

Stanula 等[4]根据各项目的能量代谢特点、持续时间将冬奥会雪上项目按有氧、有氧–无氧、无氧糖酵解、无氧非乳酸 4 类代谢类型进行归纳。表 5 显示，除长距离越野滑雪外，大部分冬季雪上项目为无氧代谢类运动。

表 5 雪上项目能量代谢类型分类[65]

代谢类型	大项目分类	样本量	小项目	性别	持续时间
有氧主导	越野滑雪	60	30 km	女	> 90 min
			50 km	男	> 120 min
			2×15 km 追逐赛	男	> 70 min
有氧–无氧	冬季两项	160		男，女	> 25 min
	越野滑雪	60	10 km	女	> 24 min
			15 km	男	> 33 min
			2×7.5 km 追逐赛	女	> 40 min
无氧糖酵解主导	越野滑雪	40	短距离	男，女	120~180 s
	高山滑雪	160	障碍滑雪	男，女	45~60 s
			大回转	男，女	60~90 s
			超级大回转	男，女	60~120 s
			速降	男，女	120~180 s
无氧非乳酸主导	自由式滑雪	80	雪上技巧，追逐赛	男，女	45~60 s

续表

代谢类型	大项目分类	样本量	小项目	性别	持续时间
	单板滑雪	80	障碍追逐，平行大回转	男，女	约 30 s（平行赛道）
	北欧两项	40	跳台滑雪	男	< 0.4 s
	跳台滑雪	40		男	< 0.4 s
	单板滑雪	40	U 型场地技巧	男，女	约 20 s

高山滑雪的竞速项目持续时间在 45~150 s，无氧代谢在即刻能量供应中占比很大。尽管如此，Neumayr 等[66]认为，有氧能力却是提高竞技能力的关键因素。研究发现，有氧功率和运动员（男）世界排名之间存在紧密的联系。虽然影响高山滑雪运动员成绩的生理因素有许多，并互有交互作用，不能以一个因素来预测成绩，但依据目前的研究结果，优秀的有氧能力能提升高山滑雪项目运动员的获胜概率。

1998 年单板滑雪成为冬奥会比赛项目。单板滑雪包含自由式、高山项目、障碍追逐等，其中，自由式属技巧类项目，高山类项目（平行大回转、平行回转）和障碍追逐属于竞速类项目[67]。Vernillo 等[67]认为，输出功率比通气率更能影响运动表现，$\dot{V}O_2max$ 似乎并不影响单板项目的运动表现。单板滑雪教练员也提出，有氧能力更适合用来判断运动员体能恢复而不是能量储备能力[68]。

Sandbakk 等[69]研究表明，世界级运动员在多个生理学指标上都优于国家级运动员。Sandbakk 等[70]的另一项研究指出，为了合理分配耐力、爆发力等各项技术能力，北欧两项选手的耐力训练约为越野滑雪专项选手的 2/3。以上 3 项不同类型的越野滑雪项目，对有氧能力和无氧能力的分配不同（表 6）。因此，在实际的训练中需要区别对待，制订不同的训练计划。

表 6 挪威世界级越野滑雪、北欧两项运动员 $\dot{V}O_2max$、亚极量测试结果[63]

		越野滑雪短距离[33]（男，n=8）	越野滑雪[34]（男，n=5）	北欧两项[34]（男，n=5）
最大摄氧量测试	身高（cm）	184.8 ± 5.6	185.1 ± 2.5	182.4 ± 3.8
	体重（kg）	83.3 ± 6.4	81.0 ± 2.9	71.4 ± 3.5
	最大摄氧量（标准化）（mL/min/kg）	70.6 ± 3.2	78.2 ± 3.1	70.1 ± 3.8

续表

		越野滑雪短距离[33]（男，n=8）	越野滑雪[34]（男，n=5）	北欧两项[34]（男，n=5）
	最大摄氧量（L/min）	5.88 ± 0.40	6.27 ± 0.09	5.12 ± 0.48
	峰值输出功率（W）	384 ± 30		
	最大心率（bpm）	191 ± 7		
	通气量峰值（L/min）	204 ± 14	207.6 ± 10.8	189.0 ± 23.6
	达到疲劳时间（s）	353 ± 55		
	峰值速度（m/s）	6.4 ± 0.3	6.7 ± 0.1	6.1 ± 0.2
	摄氧量达到平台期时长（s）	138 ± 27		
	呼吸商峰值	1.12 ± 0.03	1.10 ± 0.03	1.12 ± 0.03
	血乳酸峰值（mmol/L）	12.3 ± 1.5		
	血乳酸恢复值（mmol/L）	5.7 ± 1.1		
亚极量测试（5%坡度 14km/h 速度）	摄氧量（L/min）	4.29 ± 0.34	4.33 ± 0.13	3.71 ± 0.19
	摄氧量（标准化）[mL/(min·kg)]	51.9 ± 1.2	52.7 ± 1.5	51.2 ± 2.1
	摄氧量占峰值摄氧量比率（%）	74.0 ± 3.3	68.6 ± 2.2	73.2 ± 4.6
	心率占峰值心率比率（%）	85.3 ± 3.7	78.0 ± 2.5	86.8 ± 3.3
	血乳酸（mmol/L）	2.7 ± 0.7	1.4 ± 0.4	3.2 ± 1.2
	呼吸商	0.93 ± 0.02	0.87 ± 0.04	0.91 ± 0.05
	总效率（%）	15.1 ± 0.3	15.8 ± 0.2	16.5 ± 0.7

注：呼吸商峰值为呼出 CO_2 与吸入 O_2 体积之比的最大值；血乳酸恢复值为血乳酸峰值与测试结束 10 min 后血乳酸值之差；总效率为输出功率占代谢速率百分比。

越野滑雪短距离项目总长为 1200~1800m，耗时 2~3min，主要为无氧糖酵解供能，与长距离越野项目有所不同[63]，它需要运动员快速加速并保持高速完成比赛。图 2 为越野滑雪短距离运动员[69]和 800m、1500m 运动员 $\dot{V}O_2max$[71]和血乳酸值[72]。短距离越野滑雪和中距离跑（800m、1500m）运动员的 $\dot{V}O_2max$ 和血乳酸峰值数值相接近。

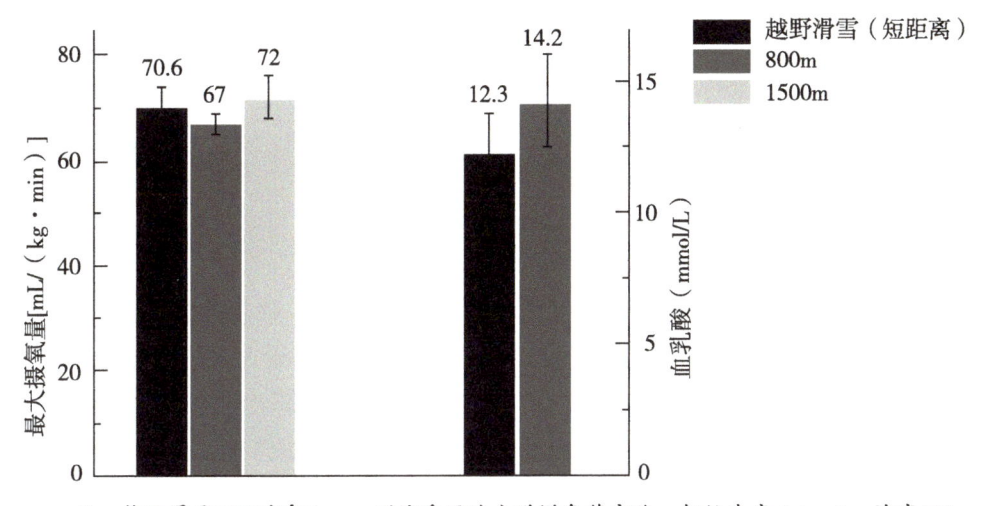

注：越野滑雪短距离 $\dot{V}O_2max$ 测试采用跑台递增负荷实验，起始速度 4.4 m/s，坡度 5%。

图 2 越野滑雪短距离和 800m、1500m $\dot{V}O_2max$ 及血乳酸值[69-72]

（五）雪上项目运动员身体素质特征

很多冬季雪上项目对运动员的力量要求很高，尤其是下肢力量。强大的力量可以产生更大的推进力及加速度。Neumay 等[66]认为，在高山滑雪项目中，成绩提高的关键原因可能不在于绝对肌力的增加。研究发现[73]，高山滑雪运动员比越野滑雪运动员的纵跳能力更强（图 3）。Vernilo 等[67]也发现，高山项目（平行大回环、平行回环）运动员的下肢肌力、爆发力更优秀。

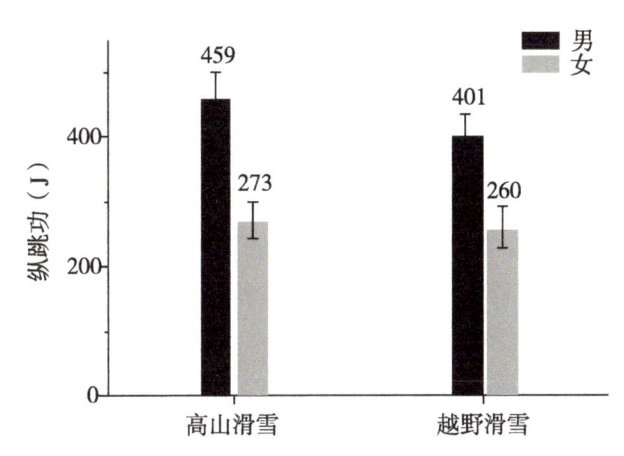

图 3 美国高山滑雪和越野滑雪运动员纵跳做功情况[63]

二、低温环境对雪上运动的影响

（一）低温环境对生理功能的影响

1. 低温环境对体温的影响

在低温环境暴露时，由于机体代谢产热小于机体散热，核心温度和肌肉温度降低[74]。研究发现，机体核心温度和肌肉温度每降低 1℃，最大有氧工作能力下降 5%~6%，与此同时，机体最大有氧工作过程中最大心率下降约 15%[75]。由此可见低温环境下核心温度、肌肉和皮肤温度的显著下降会影响机体有氧工作能力。

由于肌肉温度和神经肌肉功能是线性相关的[76]，因此，维持肌肉温度对在寒冷环境中的表现是至关重要的。随着温度的降低，骨骼肌的最大收缩力减小[77]，力速度曲线左移[78]，表明冷刺激可能不仅影响力量表现，还可能导致运动速度变慢。这也就意味着在寒冷环境下运动时，力的效率会大打折扣（如越野滑雪中的同推动作）[79]。

由于水的导热/耗散能力约为空气的 25 倍，因此，水环境可以比空气更快地降低体温，继而引发外周血管收缩，并增加代谢热产生[80]。在陆地上，人体所能承受的空气温度（越野滑雪安全温度为 -15℃ 以上）[81]会远低于在水中所能承受的水温（超长距离游泳安全温度为 14℃ 以上）[82]。

2. 低温环境对心血管系统功能的影响

低温环境会使心血管、神经肌肉的功能受到影响，进而影响运动表现[83-85]。在寒冷环境中运动，交感神经紧张度增强，血液 E 和 NE 水平显著增加，血管收缩，皮肤和皮下组织血流量减少。皮下是储存脂肪组织的主要位置，血管收缩减少了流向脂肪组织的血液，使脂肪动员减少。特别是短时高强度项目，寒冷会导致机体额外消耗热量用于产热，使肌肉黏滞性增加或战栗，影响运动时肌肉动员，增加损伤风险。

低温环境对运动过程中的心输出量（心率和每搏输出量）、外周阻力、平均动脉压、心脏及交感神经功能具有重要影响，主要表现为运动中最大心率、心输出量和外周组织血流量减少[75]。研究发现，当机体核心体温下降 0.5~2℃ 时，最大心率下降 10~30 次/min。低温环境运动时最大心率的降低是导致体温降低和最大有氧工作能力下降的主要原因[86]。低温环境还会引起机体的应激反应，降低运动时骨骼肌的血流量，限制骨骼肌的收缩功能，进而影响运动表现[75]。

3. 低温环境对氧摄取和氧运输系统的影响

研究表明，低温环境暴露使人体核心温度下降≤0.5℃时，低温刺激对人体最大有氧工作能力影响不显著[87]。但是当人体对低温暴露产生的应激反应不足以防止核心体温（下降>0.5℃）和外周组织温度下降时，则对人体最大有氧能力产生负面影响[88]，这时机体较低的温度会降低心肌（中枢）和骨骼肌（外周）的收缩能力。一方面，低温环境刺激引起心肌收缩功能障碍，限制机体运动过程中的最大心输出量，使供血量降低，影响机体最大有氧工作能力；另一方面，低温环境刺激引起骨骼肌收缩功能障碍，降低机体在运动过程中骨骼肌血量的灌注，影响外周骨骼肌的摄氧量水平，降低最大有氧工作能力[75]。

刚进入低温环境或进行较低强度运动时，机体代谢产热相对较少，低温环境刺激导致身体热量散失，加剧机体非自主战栗反应。参与非自主战栗反应的肌群在战栗过程中需要摄取一定的氧气维持其收缩功能，因此机体摄氧量水平较常温环境表现出升高的特点[75]。随着在低温环境中运动强度的增加，机体各组织代谢产热也随之增加，足以平衡低温环境刺激带来的热量散失，使核心体温和外周组织温度升高，机体非自主战栗反应下降或消失。此时，参与非自主战栗反应的相关肌群摄氧量水平也出现下降。研究发现，在低温环境下运动达到稳定状态时，也就是机体运动产热足以抵消低温刺激时，机体的摄氧量水平与常温环境运动没有显著性差异[89]。

从代谢的角度来看，雪上运动氧耗会随着温度降低而增加[83]。在冬季习惯性暴露于较冷的环境中，会导致机体产生更多的热量，以应对休息时轻度的急性冷暴露。不过，急性冷暴露的代谢反应是有个体差异的[90]，这种差异还表现出一定的种族特征[91]，这对雪上运动员的冷应激处理也有一定的参考价值。

4. 低温环境对骨骼肌能量代谢的影响

研究发现，在低温环境中运动并伴有非自主战栗反应时，血乳酸浓度会有所升高，随着运动强度的提高，机体产热随之增加，非自主战栗反应消失，低温环境下血乳酸浓度与常温下没有显著差异[92]。另有研究发现，在低温环境下进行<25% $\dot{V}O_2max$ 的低强度运动时，肌糖原消耗水平和摄氧量水平较常温环境下运动出现显著升高。而常温和低温环境下进行较大强度运动，肌糖原消耗和摄氧量水平并未出现显著差异[93]。体内能源物质的消耗与运动类型有关，高强度爆发运动时主要依赖

肌糖原代谢产热，而低强度长时间耐力运动主要依赖脂质代谢产热[94]。

低温环境进行低强度运动时所出现的骨骼肌糖原快速消耗的现象，还可能是由于骨骼肌为了维持一定的收缩力量而使募集肌纤维的数量增加所致，但这一理论更倾向于机体长期处于低温环境且导致骨骼肌温度显著下降，严重影响骨骼肌收缩功能的情况下[75]。

（二）低温环境对运动表现的影响

1. 低温环境对耐力运动的影响

雪上耐力性项目的完成时间通常会持续数分钟甚至 1h 以上（如超长距离越野滑雪），环境的影响在耐力表现中起着非常重要的作用[95, 96]。寒冷环境中进行耐力运动，应考虑空气温度、风速和湿度等因素（图4）。人体在寒冷环境中保持特定运动模式需要冷暴露和代谢热产生达到一定的平衡，如果无法保持体温稳定将影响运动表现，甚至危害健康[97]。

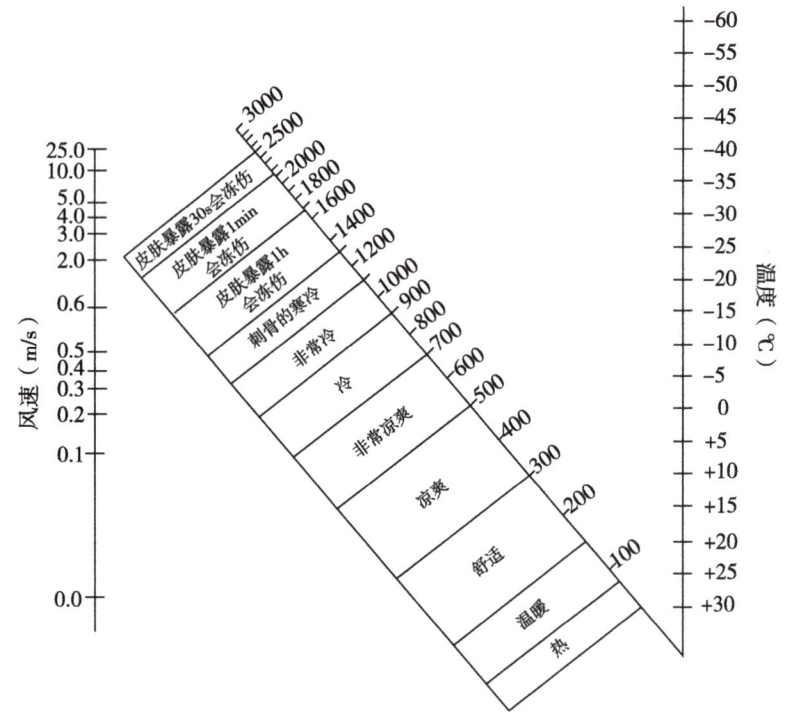

图4 环境温度与风速及热量丢失之间的关系[98]

研究发现，环境温度与耐力型运动表现之间呈倒 U 形关系，如图 5 所示[99]。与高于 25 ℃[100] 的环境温度相比，在 10~13 ℃[101-103] 的环境温度下，耐力表现最佳。环境温度过低时，耐力表现会受到负面影响。

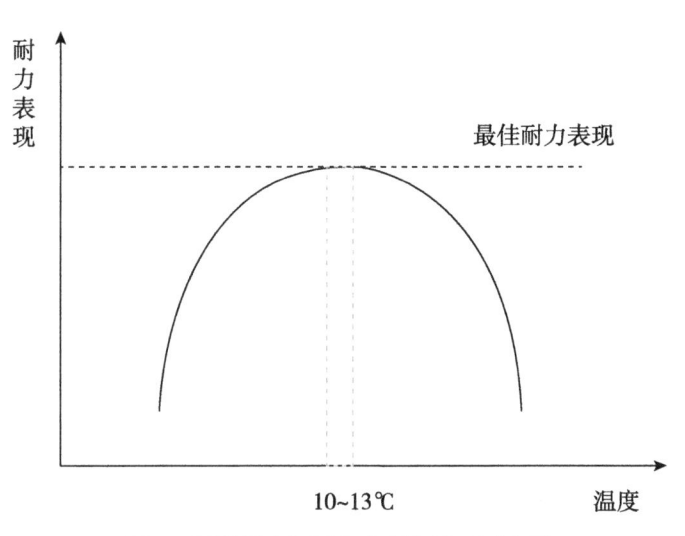

图 5 环境温度与耐力表现的倒 U 形曲线

低温对于雪上运动的影响不仅体现在冷刺激对机体的影响，同时还有寒冷导致雪地摩擦系数增加，滑雪能量消耗也随之升高，如越野滑雪等体能主导类项目。其他已知的寒冷因素对雪上运动表现的影响包括寒冷引起的战栗反应，它会影响冬季两项比赛的射击灵敏度，从而通过罚圈或罚时影响最终比赛成绩。

2. 低温环境对力量和协调性的影响

研究发现，低温环境对力量和协调性都有负面影响[104-106]。有学者认为，肌肉协调可能更容易受到低温环境的影响，在跳跃或灵敏性等复杂程度较高的训练中，协调性的下降可能更为明显[107]。

雪上运动往往在中高海拔地区进行，这也就会面临低温、低氧等环境压力。此外，研究发现低温与低氧会对力量造成累加效应[108, 109]。也就是说，单纯的低温或低氧环境都会对力量产生负面作用，如果两种环境同时出现，这种负面作用会得到累加，继而缩短疲劳出现的时间。这种疲劳时间的缩短可能与在寒冷、缺氧条件下控制热量保存、优先供氧和血压维持的高度整合、重叠的机制有关[79]。

低温环境下，下肢大部分部位受到的冷刺激也可能对姿势控制和动态平衡产生负面影响[110, 111]。这种负面影响可能很难通过冷适应来减轻[110]。感受外界刺激的机械感受器对感温的放电模式[112]及关节和肌肉黏滞性的增加[113]可能是导致精细协调运动能力受损的原因。

总体而言，现有的研究表明，低温会对力量造成负面影响，而当低温与低氧等其他环境压力源结合时，这种影响可能更明显。因此，当在寒冷中进行运动时，要注意热身和保暖，以防止皮肤温度显著下降，尤其在休息的间歇，要特别注意保暖。

3. 低温环境对动作经济性的影响

低温环境下运动会影响动作经济性，动作经济性对于耐力性运动尤为重要。机体有氧供能和无氧供能比例的改变可能是影响低温环境下运动表现的重要因素。大量研究均表明，机体在低温环境中运动时，血乳酸浓度较常温环境运动时高[114, 115]，说明机体在低温环境下主要通过无氧代谢为运动提供能量。骨骼肌温度下降时，运动表现较骨骼肌维持正常温度时也有所下降，同时伴有骨骼肌血乳酸水平的升高，机体在运动过程中产生的大量血乳酸会引发疲劳，进而限制运动表现。

研究发现，与在常温环境运动相比，在低温环境进行同等强度运动时摄氧量水平更高，机体表现出更低的动作经济性[116]。除了低温环境应激产生非自主战栗反应外，运动中摄氧量水平的增加可能与募集肌纤维增多有关，从而导致低温环境下机体动作经济性较差[117]。

除以上各方面影响外，低温对雪上运动的其他负面影响还包括视力、总体警觉性和反射能力下降等。寒冷的适应也有助于认知专注，这在运动环境中是一个明显的优势。从这一点来看，在寒冷天气中生活和训练的运动员可能比长期在温暖气候生活和训练的运动员更具有优势。冬季项目传统强国都有一个漫长的冬季，这些国家的运动员都更加适应在寒冷的环境中比赛[79]。

三、应对低温环境的干预措施

（一）充分的准备活动

准备活动可提高体温，还可以提高神经中枢的兴奋性，增强内分泌活动，克服内脏器官的惰性，加快血液循环和新陈代谢，更好地满足冷环境对机体能量代谢的要求，防止运动损伤。在寒冷条件下所做的准备活动，与正常条件下的准备活动相比，时间更长，强度更大，可以使体温得到有效升高。同时应注意加强关节周围肌肉力量，合理安排训练的技术动作，减少发生损伤。

（二）专业的服装

研究表明，合适的服装可以对寒冷运动环境的感知效果产生保护作用，高透气性服装与低透气性服装相比，增加了"冷感知等级"[118]。在寒冷天气下运动，代谢热的产生减少了穿尽可能多的防护服的需要，有助于在寒冷环境中保持核心温度[42]。在寒冷环境下运动，有经验的运动员不会穿过多的衣服，因为新陈代谢产生的热量会导致出汗，这会影响运动的舒适度[119]。因此，寒冷环境中运动建议优先选择透气、吸水、速干的衣物，既可以减少出汗带来的不适感，同时还能提供保温作用。

面部皮肤暴露在寒冷的环境中，会对生理反应和热感觉产生一定影响[120, 121]，特别是在温度低于 –10℃，风速大于 5m/s 的条件下[120]。考虑到运动员在寒冷天气中运动时面部皮肤受寒冷刺激的影响，应注意覆盖脸颊、前额、鼻子和颈部等部位，除滑雪面罩外，还可选用肌贴贴于暴露在外的皮肤上，以起到御寒防风的作用。

低温环境下流向皮肤及肢体末端的血流量减少，易引发冻伤，因此，运动时应特别注意肢体末端的保护，如头部、手部、足部的保暖。服装还应做到功能结构合理，不影响运动员关节活动范围。

（三）正确的呼吸方式

在冷环境中运动时要注意呼吸的方法，尽量采用鼻呼吸，减少口呼吸。因为鼻黏膜的血管丰富，腔道弯曲，对吸入的冷空气有加温和湿润作用，可以避免冷空气直接刺激咽喉从而引起呼吸道感染、喉痛和咳嗽，以及消化道应激等症状。必要时，可采用口含式呼吸器，在一定程度上起到过滤冷空气，降低冷气刺激的作用。

（四）营养补充

（1）补糖：雪上运动要适时适量补糖，这对于维持机体血糖浓度、产热供能具有重要作用。运动后 2h 补糖 100g，以及赛后进食含高糖的膳食有利于糖原恢复和预防慢性糖原耗损。赛后 4h 应进食含高糖的膳食，赛前如时间许可，还可补充易消化的甜点。

（2）适当补充脂肪：在寒冷环境中，保持体温尤为重要。脂肪具有很好的维持体温的作用，且在低温环境下机体的 NE 及 E 分泌增加，血浆自由脂肪酸水平增加，刺激脂肪酸代谢，所以长期从事低温环境的雪上项目的运动员膳食中可以保持适当比例的脂肪。但应注意脂肪摄入不宜过多，以免造成体脂含量的增加。

（3）补充蛋白质：寒冷条件下，蛋白质代谢增加，尿中氮排出量增加，适当补充蛋白质可以提升机体免疫力。

（4）补液与电解质：人体在受冷时，尿量显著增加，在进行大量训练时运动员出汗率也很高，雪上运动在专项训练时容易出现脱水，随着机体汗尿液的排出增加，钾、钠、氯、磷酸盐，以及钙、铁等无机盐丢失增加，建议在进行专项训练时适当补充热饮料，预防体温下降，防止运动员脱水与电解质紊乱，同时减少冷应激带来的胃肠功能紊乱。

（5）补充维生素：在低温环境下由于日照减少，运动员易发生维生素 D 缺乏症，影响钙的吸收。维生素 B_2 对肾上腺皮质功能的正常运作有良好的促进作用，维生素 C 对人体自主神经有良好的调节作用，因此，在雪季专项训练期间补充维生素非常重要。

（6）合理利用不含兴奋剂成分的中草药补剂：红景天、刺五加可以调节低温条件下正常人体免疫功能，增强抗寒能力，加速冷适应的建立。赵长鹰等[122]用金水六君煎（当归、熟地、法半夏、茯苓、陈皮、炙甘草）进行抗寒能力测试实验，研究结果表明本方可以增强机体抗寒能力。另有实验表明，干姜提取液可提高小鼠在低温环境的存活率，使小鼠抗疲劳能力增强，机体耐寒能力提高，从而增强机体免疫力，并减少胃肠功能紊乱。

（五）适时调整训练负荷

考虑到低温带来的运动经济性下降及肌肉工作效率的降低导致的运动疲劳加剧，在低温环境训练时，教练员要适时观察和评估运动员的疲劳程度，及时调整训练负荷，以避免过度训练或运动伤病的发生[75]。年度训练负荷的科学化制定是关键，研究常温环境运动员不同训练阶段承受负荷强度与进入专项准备期冷环境训练负荷承受强度的变化特征，选择与负荷相应的合适的生理学指标作为训练时效性的依据，既可以掌握运动员的身体功能状况，也可以保证训练的系统性。

（六）加强冷适应训练

冷环境适应能力的提升，可以提高低温环境下的运动表现。长时间暴露在极端寒冷中会改变对寒冷天气的生理耐受性[123]。在训练中，人体可以有意识地利用低温环境开展各种能力训练，比如有氧训练、无氧训练，甚至是技术训练，通过冷暴露与训练的双重刺激来改善机体对冷环境的适应性，提升运动表现。

四、雪上项目运动员伤病特征

（一）运动性损伤

伤病是限制运动员成绩和运动能力提升的一大因素。2010 年温哥华冬奥会损伤发生率为 11%，其中，雪车、高山滑雪、自由式滑雪及单板障碍追逐损伤率较高，越野滑雪、冬季两项、北欧两项的损伤率较低[124]。2014 年索契冬奥会中，落地冲击是造成损伤的最主要原因，占 25%。越野滑雪、单板障碍滑雪、单板 U 型场地技巧、双板 U 型场地技巧、单板平行大回转、自由式滑雪雪上技巧等都是易发生快速落地冲击的项目[125]。另外，训练中发生的损伤通常比比赛中更多、更严重，有些运动员训练损伤未恢复也是导致大赛失利的一大原因。通过对不同雪上项目进行对比后发现，需要运动员高速滑行或跳跃的项目（如单板滑雪、自由式滑雪、高山滑雪）的损伤风险较大[126]（图 6）。

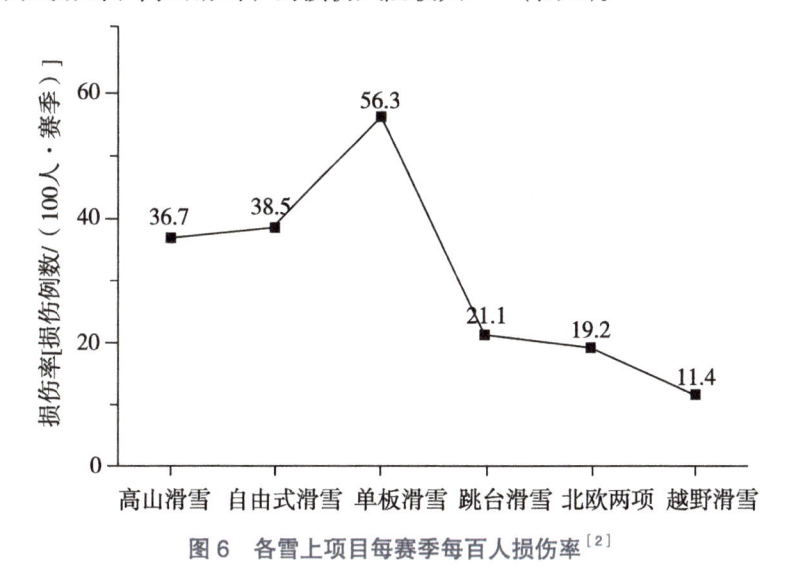

图 6 各雪上项目每赛季每百人损伤率[2]

表7展示了雪上项目不同损伤类型发生率，关节和韧带的损伤占比近半数，其中又以膝关节前交叉韧带表现最为严重。这是因为快速跳跃和高冲击力大大增加了膝关节负荷，使膝关节成为最易损伤的部位。图7中身体部位损伤率也表明了这一点。除越野滑雪外，其余项目膝关节损伤率均居于首位[126]。

表7 雪上项目不同损伤类型发生率（%）[64]

	高山滑雪	自由式滑雪	单板滑雪	跳台滑雪	北欧两项	越野滑雪
骨折	18.5	21.7	17.6	9.4	5.9	—
关节/韧带	44.4	43.3	38.6	37.5	52.9	31.3
肌肉/肌腱	10.6	12.1	11.6	3.1	17.6	37.5
挫伤	12.2	10.2	17.6	2.5	11.8	14.6
皮肤撕裂	3.7	1.3	0.9	3.1	5.9	2.1
神经损伤/脑震荡	7.4	9.6	12.4	12.5	—	6.3
其他	3.2	1.9	1.3	9.4	1	8.3

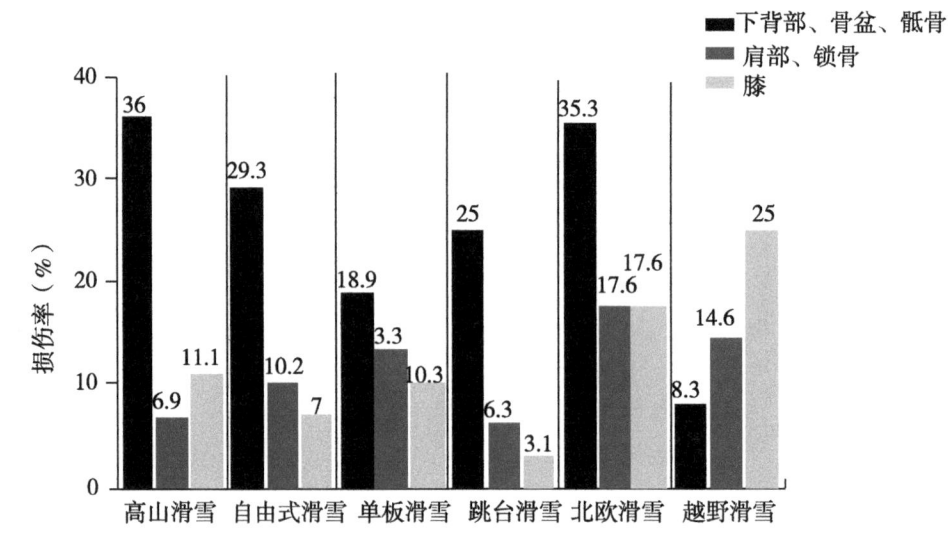

图7 雪上项目损伤常发部位损伤率

越野滑雪和其他项目损伤分布有所不同，其损伤更容易发生在下背部及肩部，这可能是因为越野滑雪为非高冲击类项目。但由于越野滑雪的滑行距离较长，相比之下更容易因疲劳而发生下背部、肩部的过用性损伤。高山滑雪、技巧类（自由式滑雪、单板滑雪、跳台滑雪）等项目由于存在高速落地冲击，故膝关节损伤率更高[126]。

（二）雪上运动潜在的健康问题

由寒冷天气引起的短期健康变化可能发生在运动期间和运动之后，在运动后的数小时和数天内得到缓解[127]。低温环境下运动，呼吸系统[128]、心血管系统[129]和真皮系统[130]等都会受到影响。在寒冷天气下运动会吸入大量的干冷空气，导致气道失水，增加气道表面的渗透性。这会导致支气管上皮细胞的收缩和一些促炎介质的释放，从而引起气道平滑肌收缩，通常将这种现象称为运动性支气管收缩（exercise-induced bronchoconstriction，EIB）[131]。寒冷天气运动导致的心肺健康短期变化是由体温调节和自主神经系统因素驱动的，这导致心血管动力学的改变。低体温（核心温度低于35℃）可导致心律失常，包括QR、QRS和QT延长，以及室性和房颤[127]。除此之外，长期暴露在冷空气中，尤其是在极端寒冷环境下，低温与寒风的刺激还会导致皮肤冻伤。

寒冷天气引起的长期反应可能包括与气道壁结构和功能变化相关的气道上皮损伤[132]。长时间和反复的与运动相关的干冷空气过度通气被认为是导致EIB发生的主要原因。而冷空气（接近0℃）通常情况下也意味着干燥的空气，冷空气的呼吸急促使气道表面液体蒸发的速度快于其恢复的速度，导致气道表面干燥、高渗黏膜冷却[132]。其后果是血管收缩和反应性充血，血管渗漏和水肿，以及炎症介质的释放引发平滑肌收缩[133]。EIB可能会在运动生涯中发展并在运动生涯结束后消退，但可能会在竞技运动期间保持[134]，这也表明了适当的预防和治疗措施的重要性。

小结

登山、冰上运动和雪上运动三类运动项目均有各自的特征，长期参与这些运动项目的运动员会发生适应性的变化，表现出与项目特征相匹配的体形和体能特征。在低温环境下进行登山、冰上运动和雪上运动时，除了采用科学的训练方法外，还应选择穿戴专业设备并在运动前充分热身；运动时尽量用鼻子呼吸，减少或避免用口呼吸；在运动前、中、后均需做好营养补充工作。上述策略可最大限度地减轻低温环境对身体机能状态的影响，从而避免机体损伤，并提高运动表现。

参考文献

[1] Windsor JS, Firth PG, Grocott MP, et al. Mountain mortality: A review of deaths that occur during recreational activities in the mountains [J]. Postgrad Med J, 2009, 85(1004): 316-321.

[2] Friedlander AL, Braun B, Marquez J. Making molehills out of mountains: Maintaining high performance at altitude [J]. Acsm's Health Fit J, 2008, 12(6): 15-21.

[3] 博览. 登山的红与黑 [J]. 青年博览, 2014, (22): 10-11.

[4] 栗树彬. 中国现代登山运动的开端 [J]. 体育文史, 1987, (2): 29-33.

[5] 李舒平. 登山死亡事件的原因和预防——附44例报告 [J]. 体育科学, 1986, (2): 43-47.

[6] 中国登山协会. 运动项目 [EB/OL]. 2013-03-08, http: //cmasports.sport.org.cn/gyxh/2013/0308/238918.html.

[7] Parati G, Agostoni P, Basnyat B, et al. Clinical recommendations for high altitude exposure of individuals with pre-existing cardiovascular conditions [J]. Eur Heart J, 2018, 39(17): 1546-1554.

[8] Jackson F, Davies H. The electrocardiogram of the mountaineer at high altitude [J]. Heart, 1960, 22(5): 671-685.

[9] Shah AB. Cardiovascular effects of altitude on performance athletes [J]. Reviews in cardiovascular medicine, 2016, 17(1): 49-56.

[10] Khodaee M, Grothe HL, Seyfert JH, et al. Athletes at high altitude [J]. Sports Health, 2016, 8(2): 126-132.

[11] Joy E, Van Baak K, Dec KL, et al. Wilderness preparticipation evaluation and considerations for special populations [J]. Wilderness & Environmental Medicine, 2015, 26(4): 76-91.

[12] 林劲杨, 张建民, 张卓瑛, 等. 我国优秀男子登山运动员体能特征研究 [J]. 中国体育科技, 2010, 46(6): 86-89.

[13] Sung B-J, Yeo B-E, Lee D-T. A comparison analysis of physical characteristics, fitness between korea top ranked sports climber and high altitude mountaineer [J]. Exercise Science, 2016, 25(3): 135-141.

[14] Djarova T, Bardarev D, Boyanov D, et al. Performance enhancing genetic variants, oxygen uptake, heart rate, blood pressure and body mass index of elite high altitude mountaineers [J]. Acta Physiol Hung, 2013, 100(3): 289-301.

[15] Puthon L, Bouzat P, Rupp T, et al. Physiological characteristics of elite high-altitude

climbers [J]. Scand J Med Sci Sports, 2016, 26(9): 1052-1059.

[16] Oelz O, Howald H, Di Prampero PE, et al. Physiological profile of world-class high-altitude climbers [J]. Journal of Applied Physiology, 1986, 60(5): 1734-1742.

[17] Burtscher M, Gatterer H, Kleinsasser A. Cardiorespiratory fitness of high altitude mountaineers: The underestimated prerequisite [J]. High Alt Med Biol, 2015, 16(2): 169-170.

[18] Hashmi MA, Rashid M, Haleem A, et al. Frostbite: Epidemiology at high altitude in the karakoram mountains [J]. Ann R Coll Surg Engl, 1998, 80(2): 91-95.

[19] Harirchi I, Arvin A, Vash JH, et al. Frostbite: Incidence and predisposing factors in mountaineers [J]. Br J Sports Med, 2005, 39(12): 898-901.

[20] 洛桑达瓦. 现代登山运动的起源及技战术探讨 [J]. 西藏体育, 2000, (2): 31-35.

[21] Kroeger K, Janssen S, Niebel W. Frostbite in a mountaineer [J]. Vasa, 2004, 33(3): 173-176.

[22] Strohle M, Rauch S, Lastei P, et al. Frostbite injuries in the austrian alps: A retrospective 11-year national registry study [J]. High Alt Med Biol, 2018, 19(4): 316-320.

[23] McIntosh SE, Campbell AD, Dow J, et al. Mountaineering fatalities on denali [J]. High Alt Med Biol, 2008, 9(1): 89-95.

[24] Tough SC, Butt JCA. Review of 19 fatal injuries associated with backcountry skiing [J]. Am J Foren Med Path, 1993, 14(1): 17-21.

[25] Christensen ED, Lacsina EQ. Mountaineering fatalities on mount rainier, washington, 1977-1997: Autopsy and investigative findings [J]. Am J Forensic Med Pathol, 1999, 20(2): 173-179.

[26] Bowie WS, Hunt TK, Allen HA. Rock-climbing injuries in yosemite national park [J]. Western J Med, 1988, 149(2): 172-177.

[27] Giesbrecht GG. The respiratory system in a cold environment [J]. Aviat Space Envir Md, 1995, 66(9): 890-902.

[28] Domej W, Schwaberger G, Tilz GP, et al. Prolonged endurance challenge at moderate altitude [J]. Chest, 2002, 121(4): 1111-1116.

[29] Marchant B, Donaldson G, Mridha K, et al. Mechanisms of cold intolerance in patients with angina [J]. J Am Coll Cardiol, 1994, 23(3): 630-636.

[30] Castellani JW, Tipton MJ. Cold stress effects on exposure tolerance and exercise performance [J]. Compr Physiol, 2015, 6(1): 443-469.

[31] Kechijan D. Optimizing nutrition for performance at altitude: A literature review. Journal of special operations medicine : A peer reviewed[J]. J Spec Oper Med, 2011, 11(1): 12-17.

[32] Gonzalez R. Biophysics of heat exchange and clothing: Applications to sports physiology [J]. Med Exerc Nutr Health, 1995, (4): 290-305.

[33] Pascoe DD, Bellingar TA, Mccluskey BS. Clothing and exercise. Ii. Influence of clothing during exercise/work in environmental extremes [J]. Sports Med, 1994, 18(2): 94-108.

[34] Castellani J, Young A, Ducharme M, et al. American college of sports medicine.American college of sports medicine position stand: Prevention of cold injuries during exercise [J]. Med Sci Sport Exerc, 2006, 38(11): 2012-2029.

[35] Fudge J. Preventing and managing hypothermia and frostbite injury [J]. Sports Health, 2016, 8(2): 133-139.

[36] Castellani JW, Young AJ. Health and performance challenges during sports training and competition in cold weather [J]. Br J Sports Med, 2012, 46(11): 788-791.

[37] Bushman BA. Maximizing safety when exercising in the cold[J]. ACSM's Health Fit J, 2018, 22(1): 4-8.

[38] Fulco CS, Beidleman BA, Muza SR. Effectiveness of preacclimatization strategies for high-altitude exposure [J]. Exerc Sport Sci Rev, 2013, 41(1): 55-63.

[39] Katayama K, Sato Y, Morotome Y, et al. Intermittent hypoxia increases ventilation and sa(o2) during hypoxic exercise and hypoxic chemosensitivity [J]. J Appl Physiol, 2001, 90(4): 1431-1440.

[40] Beidleman B, Muza S, Fulco C, et al. Intermittent altitude exposures improve muscular performance at 4, 300 m [J]. J Appl Physiol, 2003, 95(5): 1824-1832.

[41] Muza SR. Military applications of hypoxic training for high-altitude operations [J]. Med Sci Sports Exerc, 2007, 39(9): 1625-1631.

[42] Brajkovic D, Ducharme MB, Frim J. Relationship between body heat content and finger temperature during cold exposure [J]. J Appl Physiol, 2001, 90(6): 2445-2452.

[43] Gibson OR, Taylor L, Watt PW, et al. Cross-adaptation: Heat and cold adaptation to improve physiological and cellular responses to hypoxia [J]. Sports Med, 2017, 47(9): 1751-1768.

[44] Lunt HC, Barwood MJ, Corbett J, et al. 'Cross-adaptation': Habituation to short repeated cold-water immersions affects the response to acute hypoxia in humans [J]. J Physiol, 2010, 588(18): 3605-3613.

[45] Wiseman C, Freer L, Hung E. Physical and medical characteristics of successful and unsuccessful summiteers of mount everest in 2003 [J]. Wiid Enuiron Med, 2006, 17(2): 103-108.

[46] Kayser B. Nutrition and energetics of exercise at altitude. Theory and possible practical implications [J]. Sports Med, 1994, 17(5): 309-323.

[47] Kupper TE, Schoffl V, Milledge JS. Water disinfection in the mountains - state of the art recommendation paper of the union internationale des associations d'alpinisme medical commission [J]. Travel Med Infect Dis, 2009, 7(1): 7-14.

[48] Stellingwerff T, Peeling P, Garvican-Lewis LA, et al. Nutrition and altitude: Strategies to enhance adaptation, improve performance and maintain health: A narrative review [J]. Sports Med, 2019, 49(2): 169-184.

[49] Saibene F, Mognoni P, Lafortuna CL, et al. Oronasal breathing during exercise [J]. Pflugers Arch, 1978, 378(1): 65-69.

[50] Niinimaa V, Cole P, Mintz S, et al. The switching point from nasal to oronasal breathing [J]. Respiration Physiology, 1980, 42(1): 61-71.

[51] Davis MS, Lockard AJ, Marlin DJ, et al. Airway cooling and mucosal injury during cold weather exercise [J]. Equine Veterinary Journal Supplement, 2010, 34(34): 413-416.

[52] Sue-Chu M. Winter sports athletes: Long-term effects of cold air exposure [J]. British Journal of Sports Medicine, 2012, 46(6): 397.

[53] Sue CM, Larsson L, Bjermer L. Prevalence of asthma in young cross-country skiers in central scandinavia: Differences between norway and sweden [J]. Respir Med, 1996, 90(2): 99-105.

[54] Leuppi JD, Kuhn M, Comminot C, et al. High prevalence of bronchial hyperresponsiveness and asthma in ice hockey players [J]. European Respiratory Journal, 1998, 12(1): 13-16.

[55] Bougault V, Turmel J, Boulet LP. Bronchial challenges and respiratory symptoms in elite swimmers and winter sport athletes: Airway hyperresponsiveness in asthma: Its measurement and clinical significance [J]. Chest, 2010, 138(2): 31S-37S.

[56] Davies M, Ekblom B, Bergh U, et al. The effects of hypothermia on submaximal and maximal work performance [J]. Acta Physiol Scand, 2010, 95(2): 201-202.

[57] Holmér I, Bergh U. Metabolic and thermal response to swimming in water at varying temperatures [J]. Journal of applied physiology, 1974, 37(5): 702-705.

[58] Seifert L, Komar J, Grettenand F, et al. Inter-limb coordination and energy cost in swimming [J]. J Sci Med Sport, 2014, 17(4): 439-444.

[59] Bubnis MA, Hulsopple C. Human performance and injury prevention in cold weather environment [J]. Curr Sports Med Rep, 2022, 21(4): 112-116.

[60] Blomstrand E, Bergh U, Essén-Gustavsson B, et al. Influence of low muscle temperature on muscle metabolism during intense dynamic exercise [J]. Acta Physiologica Scandinavica, 1984, 120(2): 229-236.

[61] Lee J, Shirreffs SM. The influence of drink temperature on thermoregulatory responses during prolonged exercise in a moderate environment [J]. Journal of Sports Sciences, 2007, 25(9): 975-985.

[62] International Competition Rules (ICR) Cross-Country, 2022.

[63] 庄薇, 邵恩, 朱志强, 等. 基于世界级运动员身体形态、机能及素质特征的雪上项目冠军模型研究 [J]. 体育科学, 2018, 38(10): 80-88.

[64] Drescher R, Günther A, Waschke A, et al. Body composition and performance in cross-country skiing. [J]. International Journal of Sports Medicine, 2008, 29(12): 971-975.

[65] Stanula A, Roczniok R, Gabrys T, et al. Relations between BMI, body mass and height, and sports competence among participants of the 2010 Winter Olympic Games: does sport metabolic demand differentiate? [J]. Percept Mot Skills, 2013, 117(3): 837-854.

[66] Neumayr G, Hoertnagl H, Pfister R, et al. Physical and physiological factors associated with success in professional alpine skiing [J]]. International journal of sports medicine, 2003, 24(8): 571.

[67] Vernillo G, Pisoni C, Thiebat G. Physiological characteristics of elite snowboarders [J]. The Journal of sports medicine and physical fitness, 2016, 56(5): 527.

[68] Maffiuletti NA, Impellizzeri F, Rampinini E, et al. Is aerobic power really critical for success in alpine skiing? [J]. Int J Sports Med, 2006, 27(2): 166-169.

[69] Sandbakk O, Holmberg HC, Leirdal S, et al. The physiology of world-class sprint skiers [J]. Scand J Med Sci Sports, 2011, 21(6): e9-e16.

[70] Sandbakk O, Rasdal V, Braten S, et al. How Do World-Class Nordic Combined Athletes Differ From Specialized Cross-Country Skiers and Ski Jumpers in Sport-Specific Capacity and Training Characteristics? [J]. Int J Sports Physiol Perform, 2016, 11(7): 899-906.

[71] Spencer MR, Gastin PB. Energy system contribution during 200- to 1500-m running in highly

trained athletes [J]. Med Sci Sports Exerc, 2001, 33 (1): 157-162.

[72] Enrico A, Amos B, Jennifer J, et al. Energy production in the 800 m [M]. New Studies in Athletics, 2012.

[73] Haymes EM, Dickinson AL. Characteristics of elite male and female ski racers [J]. Medicine and science in sports and exercise, 1980, 12 (3): 153-158.

[74] Buono MJ, Holloway B, Levine A, et al. Effect of air temperature on the rectal temperature gradient at rest and during exercise [J]. International journal of physiology, pathophysiology and pharmacology, 2014, 6 (1): 61-65.

[75] 赵丽,韩鹏,程浩. 冬季项目运动员低温暴露对运动表现影响的研究进展 [J]. 北京体育大学学报, 2021, 44 (3): 27-35.

[76] Racinais S, Oksa J. Temperature and neuromuscular function [J]. Scandinavian Journal of Medicine & Science in Sports, 2010, 20.

[77] Petrofsky JS, Burse RL, Lind AR. The effect of deep muscle temperature on the cardiovascular responses of man to static effort [J]. European Journal of Applied Physiology and Occupational Physiology, 1981, 47 (1): 7-16.

[78] Ruiter C, Haan AD. Temperature effect on the force/velocity relationship of the fresh and fatigued human adductor pollicis muscle [J]. Pflugers Arch, 2000, 440 (1): 163-170.

[79] Gatterer H, Dünnwald T, Turner R, et al. Practicing Sport in Cold Environments: Practical Recommendations to Improve Sport Performance and Reduce Negative Health Outcomes [J]. International Journal of Environmental Research and Public Health, 2021, 18 (18): 9700.

[80] Nadel ER, Holmér I, Bergh U, et al. Energy exchanges of swimming man. [J]. Journal of Applied Physiology, 1974, 36 (4): 465.

[81] Carlsen KH. Sports in extreme conditions: The impact of exercise in cold temperatures on asthma and bronchial hyper-responsiveness in athletes [J]. British Journal of Sports Medicine, 2012, 46 (11): 796-799.

[82] Tipton M, Bradford C. Moving in extreme environments: open water swimming in cold and warm water [J]. Extreme Physiology & Medicine, 2014, 3 (12): 1-12.

[83] Castellani JW, Tipton M. Cold stress effects on exposure tolerance and exercise performance [J]. Compr Physiol, 2015, 6 (1): 433-469.

[84] Jones DM, Bailey SP, Roelands B, et al. Cold acclimation and cognitive performance: A review [J]. Autonomic Neuroscience, 2017: S587128623.

[85] Mugele H, Oliver SJ, Gagnon D, et al. Integrative crosstalk between hypoxia and the cold: Old data and new opportunities [J]. Experimental Physiology, 2021, 106 (1): 350-358.

[86] Castellani JW, Tipton MJ. Cold Stress Effects on Exposure Tolerance and Exercise Performance [J]. Compr Physiol, 2015, 6 (1): 443-469.

[87] Choo HC, Nosaka K, Peiffer JJ, et al. Ergogenic effects of precooling with cold water immersion and ice ingestion: A meta-analysis [J]. Eur J Sport Sci, 2018, 18 (2): 170-181.

[88] Sparks SA, Cable NT, Doran DA, et al. Influence of environmental temperature on duathlon performance [J]. Ergonomics, 2005, 48 (11-14): 1558-1567.

[89] Renberg J, Sandsund M, Wiggen ON, et al. Effect of ambient temperature on female endurance performance [J]. J Therm Biol, 2014, 45: 9-14.

[90] Van M, Schrauwen P, Stephanie V, et al. Individual variation in body temperature and energy expenditure in response to mild cold [J]. Am J Physiol Endocrinol Metab, 2002, 282 (5): E1077.

[91] Daanen HA, Van Marken Lichtenbelt WD. Human whole body cold adaptation [J]. Temperature, 2015, 3 (1): 104-118.

[92] Rodriguez NR, Di Marco NM, Langley S. American College of Sports Medicine position stand. Nutrition and athletic performance [J]. Med Sci Sports Exerc, 2009, 41 (3): 709-731.

[93] Haman F, Peronnet F, Kenny GP, et al. Effect of cold exposure on fuel utilization in humans: plasma glucose, muscle glycogen, and lipids [J]. J Appl Physiol (1985), 2002, 93 (1): 77-84.

[94] Haman F. Shivering in the cold: from mechanisms of fuel selection to survival [J]. J Appl Physiol (1985), 2006, 100 (5): 1702-1708.

[95] Bergeron MF, Bahr R, Bärtsch P, et al. International Olympic Committee consensus statement on thermoregulatory and altitude challenges for high-level athletes [J]. British journal of sports medicine, 2012, 46 (11): 770-779.

[96] Ito R, Yamashita N, Ishihara K, et al. Rain exacerbates cold and metabolic strain during high-intensity running [J]. The Journal of sports medicine and physical fitness, 2019, 59 (10): 1601.

[97] Burtscher M, Kofler P, Gatterer H, et al. Effects of lightweight outdoor clothing on the prevention of hypothermia during low-intensity exercise in the cold [J]. Clin J Sport Med, 2012, 22 (6): 505-507.

[98] Pandolf KB, Sawka MN, Gonzalez RR. Human performance physiology and environmental medicine at terrestrial extremes [M]. Human performance physiology and environmental medicine at terrestrial extremes, 1988.

[99] Galloway SD, Maughan RJ. Effects of ambient temperature on the capacity to perform prolonged cycle exercise in man [J]. Med Sci Sports Exerc, 1997, 29 (9): 1240-1249.

[100] Guy JH, Deakin GB, Edwards AM, et al. Adaptation to hot environmental conditions: an exploration of the performance basis, procedures and future directions to optimise opportunities for elite athletes [J]. Sports Med, 2015, 45 (3): 303-311.

[101] James CA, Richardson AJ, Watt PW, et al. Short-term heat acclimation improves the determinants of endurance performance and 5-km running performance in the heat [J]. Appl Physiol Nutr Metab, 2017, 42 (3): 285-294.

[102] Galloway SD, Maughan RJ. Effects of ambient temperature on the capacity to perform prolonged cycle exercise in man [J]. Med Sci Sports Exerc, 1997, 29 (9): 1240-1249.

[103] Nimmo M. Exercise in the cold [J]. Journal of Sports Sciences, 2004, 22 (10): 898-916.

[104] Oksa J, Ducharme MB, Rintamaki H. Combined effect of repetitive work and cold on muscle function and fatigue [J]. Journal of Applied Physiology, 2002, 92 (1): 354-361.

[105] Oksa J, Rintamäki H, Rissanen S. Muscle performance and electromyogram activity of the lower leg muscles with different levels of cold exposure [J]. European Journal of Applied Physiology and Occupational Physiology, 1997, 75 (6): 484-490.

[106] Lindemann U, Oksa J, Skelton DA, et al. Effect of cold indoor environment on physical performance of older women living in the community [J]. Age and ageing, 2014, 43 (4): 571-575.

[107] Carlson LA, Fowler C, Lawrence MA. Agility and Vertical Jump Performances Are Impacted by Acute Cool Exposure [J]]. Journal of strength and conditioning research, 2019, 33 (6): 1648-1652.

[108] Lloyd A, Hodder S, Havenith G. The interactive effect of cooling and hypoxia on forearm fatigue development [J]. Eur J Appl Physiol, 2015, 115 (9): 2007-2018.

[109] Lloyd A, Raccuglia M, Hodder S, et al. Interaction between environmental temperature and hypoxia on central and peripheral fatigue during high-intensity dynamic knee extension [J]. Journal of applied physiology (1985), 2016, 120 (6): 567-579.

[110] Makinen TM, Rintamaki H, Korpelainen JT, et al. Postural sway during single and repeated

cold exposures [J]. Aviat Space Environ Med, 2005, 76 (10): 947-953.

[111] Montgomer RE, Hartley GL, Tyler CJ, et al. Effect of Segmental, Localized Lower Limb Cooling on Dynamic Balance [J]. Medicine and science in sports and exercise, 2015, 47 (1): 66-73.

[112] Hensel H, Zotterman Y. The response of mechanoreceptors to thermal stimulation [J]. The Journal of physiology, 1951, 115 (1): 16-24.

[113] Piedrahita H, Oksa J, Rintamaki H, et al. Effect of local leg cooling on upper limb trajectories and muscle function and whole body dynamic balance [J]. Eur J Appl Physiol, 2009, 105 (3): 429-438.

[114] Jay O, Havenith G. Finger skin cooling on contact with cold materials: a comparison between male and female responses during short-term exposures [J]. Eur J Appl Physiol, 2004, 91 (4): 373-381.

[115] Wiggen ØN, Waagaard SH, Heidelberg CT, et al. Effect of Cold Conditions on Double Poling Sprint Performance of Well-Trained Male Cross-Country Skiers [J]. Journal of strength and conditioning research, 2013, 27 (12): 3377-3383.

[116] Oksa J, Kaikkonen H, Sorvisto P, et al. Changes in maximal cardiorespiratory capacity and submaximal strain while exercising in cold [J]. Journal of thermal biology, 2004, 29 (7): 815-818.

[117] Ito R, Nakano M, Yamane M, et al. Effects of rain on energy metabolism while running in a cold environment [J]. International journal of sports medicine, 2013, 34 (8): 707.

[118] Georgiades E. Physiological and perceptual responses to exercise and cold stress with special reference to climatic and textile factors [D]. Glasgow: University of Glasgow, 2000.

[119] Gagge AP, Stolwijk JA, Saltin B. Comfort and thermal sensations and associated physiological responses during exercise at various ambient temperatures [J]. Environmental research, 1969, 2 (3): 209.

[120] Makinen T, Gavhed D, Holmer I, et al. Thermal responses to cold wind of thermoneutral and cooled subjects [J]. Eur J Appl Physiol, 2000, 81 (5): 397-402.

[121] Gavhed D, Makinen T, Holmer I, et al. Face cooling by cold wind in walking subjects [J]. Int J Biometeorol, 2003, 47 (3): 148-155.

[122] 赵长鹰, 陈再智. 金水六君煎对小白鼠负重游泳时间、常压耐缺氧及抗寒能力的影响 [J]. 暨南大学学报: 自然科学与医学版, 1997, 18 (2): 35-38.

[123] Makinen TM. Different types of cold adaptation in humans [J]. Frontiers in bioscience (Scholar edition), 2010, 2 (3): 1047.

[124] Engebretsen L, Steffen K, Alonso JM, et al. Sports injuries and illnesses during the Winter Olympic Games 2010. [J]. British Journal of Sports Medicine, 2010, 44 (11): 772-780.

[125] Torbjørn, Soligard, Kathrin, et al. Sports injuries and illnesses in the Sochi 2014 Olympic Winter Games [J]. British Journal of Sports Medicine, 2015, 49 (7): 441-447.

[126] Flørenes TW, Nordsletten L, Heir S, et al. Injuries among World Cup ski and snowboard athletes [J]. Scandinavian journal of medicine & science in sports, 2012, 22 (1): 58-66.

[127] Cappaert TA, Stone JA, Castellani JW, et al. National Athletic Trainers' Association position statement: environmental cold injuries [J]. Journal of athletic training, 2008, 43 (6): 640-658.

[128] Kippelen P, Fitch KD, Anderson SD, et al. Respiratory health of elite athletes-preventing airway injury: a critical review [J]. British journal of sports medicine, 2012, 46 (7): 471-476.

[129] Doubt TJ. Physiology of exercise in the cold [J]. Sports medicine (Auckland), 1991, 11 (6): 367-381.

[130] Tlougan BE, Mancini AJ, Mandell JA, et al. Skin conditions in figure skaters, ice-hockey players and speed skaters: part I – mechanical dermatoses [J]]. Sports Med, 2011, 41 (9): 709-719.

[131] Anderson SD, Kippelen P. Exercise-induced bronchoconstriction: pathogenesis [J]. Curr Allergy Asthma Rep, 2005, 5 (2): 116-122.

[132] Koskela HO. Cold air-provoked respiratory symptoms: the mechanisms and management [J]. Int J Circumpolar Health, 2007, 66 (2): 91-100.

[133] Kippelen P, Anderson SD, Hallstrand TS. Mechanisms and Biomarkers of Exercise-Induced Bronchoconstriction [J]]. Immunology and allergy clinics of North America, 2018, 38 (2): 165-182.

[134] Helenius I, Rytila P, Sarna S, et al. Effect of continuing or finishing high-level sports on airway inflammation, bronchial hyperresponsiveness, and asthma: a 5-year prospective follow-up study of 42 highly trained swimmers [J]. J Allergy Clin Immunol, 2002, 109 (6): 962-968.

运动与低温环境

专题八
低温环境、运动与健康促进

耿　雪（国家体育总局体育科学研究所）
瞿超艺（河北师范大学）

低温环境下，身体散热增加，机体通过增加产热来维持体温的动态平衡，即机体分解代谢增强。规律运动，包括有氧运动和抗阻运动，同样具有增强分解代谢的作用。随着社会的发展，人们的生活方式不断发生变化，主要表现为热量摄入增多同时体力活动减少，从而导致代谢性疾病的发病率显著上升，如肥胖、糖尿病和脂肪肝等。低温环境下运动可显著增强能量代谢，通过多种生物分子机制促进机体健康，尤其是对预防和治疗代谢性疾病有显著效果。本章将介绍肥胖、糖尿病和脂肪肝三种代谢性疾病，并阐明运动对这些代谢性疾病的影响及可能机制，同时提供不同代谢性疾病患者的运动处方及注意事项。

第一节　低温环境运动与减重

肥胖是一种普遍存在的危害人类健康的疾病，流行病学研究发现全球范围内肥胖的发生率逐年升高且越来越年轻化，肥胖已成为令人关注的公共健康问题。

一、肥胖概述

肥胖是由遗传、环境、心理和社会等因素造成的慢性代谢性疾病，由肥胖而导致的全身炎症反应参与了100多种慢性疾病的发生发展，包括糖尿病、高血压、血脂异常等心血管和代谢性疾病[1, 2]。数据调查结果显示，全球肥胖率持续上升，目前超重人口已占全球人口的三分之一，其中约有7.2亿人肥胖，约占全球人口的十分之一[3]。照此趋势估计，截至2030年，各国肥胖率将一路飙升，全球人口的57.8%即33亿人将发展为超重或肥胖[4]。而我国的肥胖率为11.9%，超重率高达30.1%，且我国由于人口基数大，目前已超越美国成为肥胖人口最多的国家，这大大增加了医疗保健费用[5-7]。由于肥胖是能量摄入和能量消耗之间长期失衡的结果，当能量摄入超过能量消耗时，体重就会增加。因此，限制能量摄入和提高能量消耗是减肥的根本手段，其干预方式主要包括合理饮食、适当运动、药物干预和手术等。但介于手术和药物可能带来的不良反应，比如外科手术具有一定的复发率和死亡率，因此，增加体力活动和运动减肥成为健康有效的主流方法[8]。

二、低温环境下运动促进减重

运动是公认有效且健康的减肥方式，目前研究已证明中低强度有氧运动、抗阻运动、高强度间歇运动等方式均有减轻体重的作用。而针对不同的运动形式，相关研究结果显示有氧与抗阻运动相结合的方式相较于单纯的有氧运动而言，减肥效果更为显著[9]。更为有趣的是，大量研究发现在寒冷环境下运动更能促进能量代谢，达到减重的效果。

20世纪70年代，加拿大学者O'Hara发现士兵在北极巡逻2周后即出现皮褶厚度和脂肪量的降低，而后在气候室模拟北极条件后，观察到男性受试者也出现类似现象，继而建议可以采用将运动和冷暴露相结合的方式，作为一种降低体内脂肪的有效手段[10-12]。为了解在寒冷环境中运动减少脂肪的特异性作用，该团队设计了一项交叉对照实验，招募15名肥胖男性志愿者，分为A组和B组，前者先在温暖（17~21℃或26~31℃）的环境中锻炼1周，恢复体力1周，然后在寒冷（-40℃）的环境中锻炼1周，B组与之相反，运动周内每天锻炼2.5h，而后采用水下称重和皮褶厚度法测量体成分以比较两者减脂的效果。结果显示冷暴露可使皮褶厚度和体内脂肪量下降，此外还可导致体密度和瘦体重水平的上升，但在温暖条件下进行类似的锻炼，并未使体成分发生显著变化。该结果进一步说明相较于适宜的环境温度，低温环境下运动对机体脂肪含量的降低更为有效，体成分的详细测试结果如表1和表2所示[13]。由于以上研究均针对男性，考虑到女性特殊的生理结构和生理反应，Murray等招募了24名健康年轻女性以明确在寒冷环境中进行耐力运动是否对女性也有促进皮下脂肪消耗的作用，作者观察到5天寒冷环境下的运动可使女性脂肪减少0.5kg，但干预效果不如男性受试者显著，推测原因可能是运动强度较低、女性脂肪储存的稳定性更高，或者皮下脂肪转移至深层脂肪库所致[14]。而日本学者在研究女性减肥季节性变化时，发现相对于夏季，冬季是女性减肥的最佳季节。该项目对127名女性进行调查，开展了为期 3 个月的运动和饮食限制计划，结果显示虽然冬季运动组和夏季运动组受试者的体重分别减少了 1.9 kg 和 3.1kg，但其瘦体重分别增加了 1.6 kg 和 0.2kg。这意味着虽然在冬天体重的降低没有夏天明显，但在冬季瘦体重的增加明显高于夏季，说明冬季进行运动达到的减肥效果更为显著[15]。

除了冷空气介质外，在冷水中运动也有促进减重的效果。比如我国学者谢微在研究亚低温游泳运动对高脂高胆固醇代谢的影响时，发现 5 周的游泳运动，尤其是在 22~24℃ 的水中运动，可有效防止高脂高胆固醇饮食所致的大鼠体质量增加[16]。还有学者采用更低水温（13~17℃）来比较常温游泳和低温游泳对高脂饮食大鼠减脂的作用，结果显示常温游泳运动的确可以明显减轻大鼠体重，但低温下游泳在减脂增肌、降低体脂率上效果更为明显[17]。而对于小鼠而言，即使两周的冷水游泳也可有效降低其体重[18]。以上研究均说明不论是在冷空气下，还是在冷水中运动，都具有减少脂肪、降低体重的潜能。那么不同冷暴露时间是否对减脂率有不同效果？王朝格等开展了一系列研究，通过高脂饮食建立营养性肥胖大鼠模型，建模成功后进行 5 周的低温和/或运动干预，低温暴露时间分为三种类型：每天均在低温环境、每天在低温环境 4h 和一次性暴露低温环境 4h。研究结果显示，相较于常温运动和急性低温运动，间歇低温和持续低温环境下运动对于肥胖大鼠体脂率和内脏脂肪率的干预效果最佳[19]。

表 1 水下称重法测量体成分[13]

	测量单位	常温处理			冷处理		
		Day1	Day10	△；P	Day1	Day10	△；P
A 组 (n=8)	密度	1.035 ± 0.008	1.035 ± 0.009	0 无差异	1.037 ± 0.010	1.038 ± 0.009	0 无差异
	脂肪百分比（%）	28.4 ± 3.9	28.3 ± 4.0	−1 无差异	27.3 ± 4.4	27.1 ± 4.2	−0.2 无差异
	脂肪含量（kg）	26.1 ± 6.4	25.8 ± 6.4	−0.2 无差异	25.0 ± 6.9	24.9 ± 6.5	−0.4 无差异
	瘦体重（kg）	64.7 ± 7.7	64.5 ± 7.4	−0.2 无差异	65.4 ± 7.5	65.1 ± 7.0	−0.3 无差异
	体重（kg）	90.7	90.3	−0.4	90.4	89.7	−0.7

续表

测量单位		常温处理			冷处理		
		Day1	Day10	△; P	Day1	Day10	△; P
		±12.9	±12.4	无差异	±13.0	±12.2	<0.1
B组 (n=7)	密度	1.041	1.043	0	1.039	1.041	+0.003
		±0.009	±0.008	无差异	±0.009	±0.009	<0.01
	脂肪百分比（%）	25.5	24.8	−0.7	26.6	25.4	−1.2
		±4.3	±3.8	无差异	±4.1	±4.1	<0.01
	脂肪含量（kg）	21.8	20.9	−0.9	22.9	21.6	−1.3
		±3.7	±3.3	<0.05	±3.5	±3.6	<0.005
	瘦体重（kg）	63.7	63.4	−0.3	63.4	63.6	+0.2
		±4.7	±4.4	无差异	±4.7	±4.6	无差异
	体重（kg）	85.5	84.3	−1.2	86.3	85.3	−1.0
		±4.2	±3.9	<0.001	±3.7	±4.0	<0.01
A+B组 (n=15)	密度	1.038	1.039	+0.001	1.038	1.039	+0.001
		±0.009	±0.009	无差异	±0.009	±0.009	<0.025
	脂肪百分比（%）	27.1	26.7	−0.4	26.9	26.3	−0.6
		±4.2	±4.2	无差异	±4.1	±4.1	<0.025
	脂肪含量（kg）	24.1	23.5	−0.5	24.0	23.2	−0.8
		±5.6	±5.6	<0.1	±5.5	±5.4	<0.005
	瘦体重（kg）	64.2	64.0	−0.3	64.5	64.4	−0.1
		±6.3	±6.0	无差异	±6.2	±5.9	无差异
	体重（kg）	88.3	87.5	−0.8	88.5	87.6	−0.9
		±9.9	±9.6	<0.025	±9.8	±9.3	<0.005

注：△表示体成分变化，P表示有统计学差异。

表2 皮褶厚度法测量体成分[13]

测量单位		常温处理			冷处理		
		Day1	Day10	△; P	Day1	Day10	△; P
A组 (n=8)	密度	1.033	1.036	+0.003	1.036	1.042	+0.006

续表

测量单位		常温处理			冷处理		
		Day1	Day10	△；P	Day1	Day10	△；P
		±0.005	±0.005	<0.025	±0.005	±0.005	<0.001
	脂肪百分比（%）	29.0	27.7	−1.32	27.8	25.0	−2.80
		±2.2	±2.1	<0.025	±2.4	±2.1	<0.001
	脂肪含量（kg）	26.5	25.2	−1.31	25.3	22.6	−2.70
		±5.3	±5.0	<0.025	±5.4	±4.9	<0.001
	瘦体重（kg）	64.2	65.1	+0.88	65.1	67.1	+2.00
		±8.0	±7.6	<0.1	±8.0	±7.5	<0.005
	体重（kg）	90.7	90.3	0.42	90.4	89.7	−0.70
		±12.9	±12.4	无差异	±13.0	±12.2	<0.1
B组（n=7）	密度	1.044	1.043	−0.001	1.038	1.042	+0.004
		±0.007	±0.007	无差异	±0.009	±0.007	<0.005
	脂肪百分比（%）	24.2	24.6	+0.38	26.9	25.0	−1.87
		±3.3	±3.3	无差异	±3.9	±3.3	<0.005
	脂肪含量（kg）	20.7	20.7	0	23.2	21.3	−1.87
		±3.2	±3.0	无差异	±3.5	±3.0	<0.005
	瘦体重（kg）	64.8	63.6	−1.21	63.1	63.9	+0.84
		±3.5	±3.8	<0.001	±4.2	±3.9	<0.025
	体重（kg）	85.5	84.3	−1.21	86.3	85.3	−1.03
		±4.2	±3.9	<0.001	±3.7	±4.0	<0.01
A+B组（n=15）	密度	1.038	1.039	+0.001	1.037	1.042	+0.005
		±0.008	±0.007	无差异	±0.007	±0.006	<0.001
	脂肪百分比（%）	26.8	26.2	−0.53	27.4	25.0	−2.37
		±3.6	±3.1	无差异	±3.1	±2.7	<0.001
	脂肪含量（kg）	23.8	23.1	−0.70	24.3	22.0	−2.32
		±5.2	±4.6	<0.05	±4.6	±4.0	<0.001
	瘦体重（kg）	64.5	64.4	−0.09	64.2	65.6	+1.46
		±6.1	±6.0	无差异	±6.4	±6.1	<0.001
	体重（kg）	88.3	87.5	−0.79	88.5	87.6	−0.86
		±9.9	±9.6	<0.025	±9.8	±9.3	<0.005

注：△表示体成分变化，P表示有统计学差异。

三、低温环境下运动促进减重的机制

正如前文提到，低温环境下运动具有显著的减重作用，那么为何会产生此种效果？其机制为何？相关问题引起了部分学者的兴趣，通过文献检阅发现目前关注最多的是白色脂肪棕色化、棕色脂肪等。肥胖形成的主要原因是体内能量摄入长期超过能量消耗，因此促进减重的关键在于提高机体能量消耗。长期以来，人们把脂肪分为两类：白色脂肪组织（white adipose tissue，WAT）和棕色脂肪组织（brown adipose tissue，BAT）二者均与机体能量代谢有关，但前者主要用于脂质的储存和动员，后者主要用于维持体温[20]。由于棕色脂肪在成年人体中稀缺，故早期减重的相关研究大多关注如何提高 WAT 的消耗与供能。大量研究已证明运动可以通过提高能源物质的消耗，达到促进机体减肥的效果。因此，在寒冷环境下，在维持体温相对稳定的同时并完成运动要求，可极大提高机体的能量消耗，尤其是脂肪的利用率。

20 世纪 80 年代，为了探究低温运动期间的底物利用情况，Thomas 等招募了 7 名男性受试者分别在 $-10℃$ 和 $22℃$ 下进行 60min 的自行车运动，监测静息状态和运动期间的耗氧量（VO_2）和呼吸交换律（respiratory exchange ratio，RER），并根据 VO_2 和 RER 计算运动中总能量和脂肪能量利用率（kJ/min）。结果如图 1 和图 2 所示，与 $22℃$ 相比，$-10℃$ 环境中机体于静息状态下的耗氧量平均高出 56%，RER 5%，运动状态的下耗氧量平均高 10%，RER 低 2%，总能量消耗率也显著上升；虽然运动 30min 后，两组的脂肪利用率均显著增加，但在寒冷环境下运动 60min 的总能量消耗高 13%，脂肪消耗率高 35%。因此，可以看出寒冷环境下运动可以显著提高耐力运动中脂肪的利用率[21]。

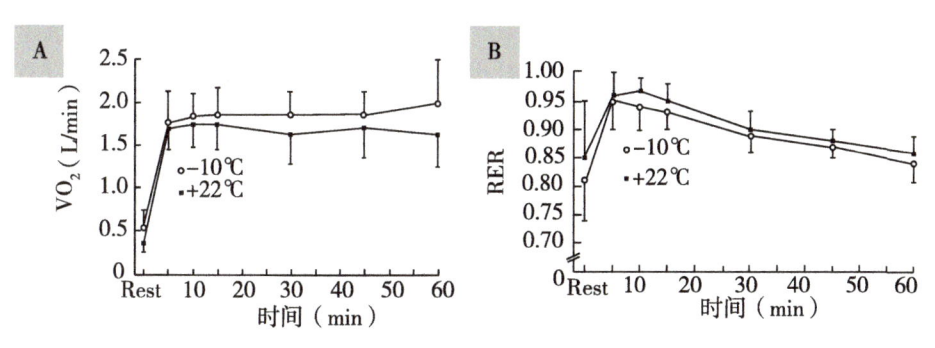

图 1 在两种温度下静息状态和运动时的 VO_2 和 RER[21]

注：图 A 为 VO_2，图 B 为 RER。

运动与低温环境

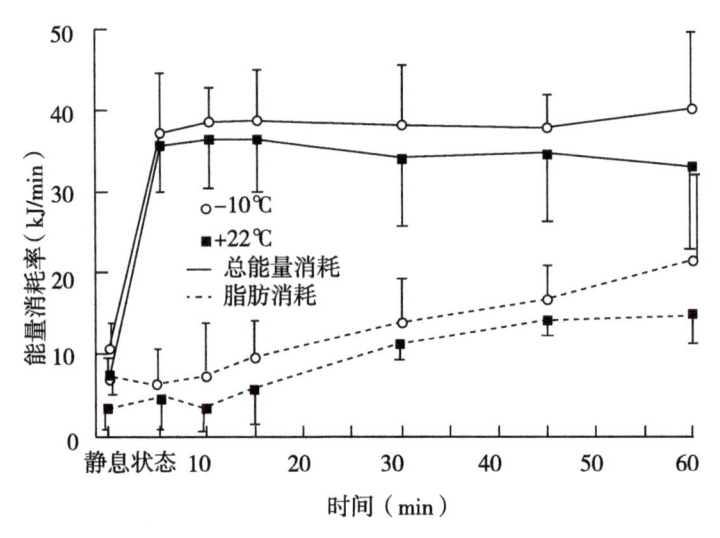

图 2　在两种温度下运动时总能量和脂肪消耗率[21]

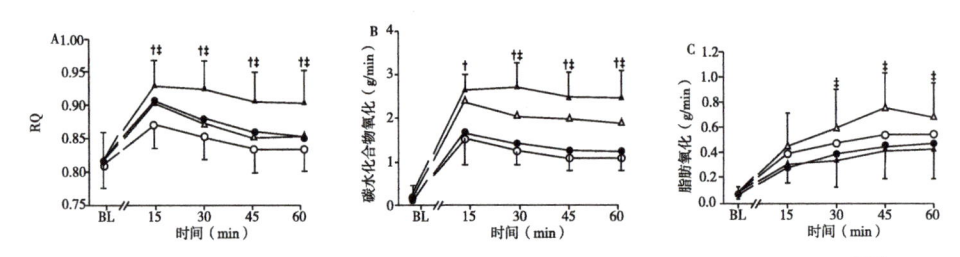

图 3　不同温度和运动方式在运动前和运动过程中的能量代谢相关指标水平[22]

注：图 A、图 B 和图 C 分别表示呼吸商（respiratory quotient, RQ）、碳水化合物和脂肪氧化水平，其中○和●分别表示在常温和寒冷环境下步行，△和▲分别表示在常温和寒冷环境下跑步，†表示步行与跑步之间的显著差异（$P<0.05$）。‡表示寒冷与中性之间的显著差异（$P<0.05$）。

除自行车运动外，2013 年芬兰奥卢大学的学者 Gagnon 在研究寒冷环境下步行和跑步过程中能量底物的利用率时也发现，尽管试验过程中核心温度没有变化，但皮肤温度明显降低，且心率也较低。此外，通过监测 RQ、碳水化合物和脂肪的氧化水平，可以观察到外界环境温度与机体碳水化合物和脂肪的氧化时间有关（运动到 30~60min 时，常温下碳水化合物的氧化作用更大，而低温时脂肪的氧化作用更大），也就是说整体运动过程中，机体在寒冷时更依赖于脂肪产生的能量，详见图 3 和图 4[22]。以上研究表明，低温环境下运动除了可以提高机体的总能量消耗外，似乎还可以提高脂肪供能比例。为解释这一现象，Febbraio 等提出一种假设，他们认为这是一种机体在面对寒冷环境而做出的保护反应，由于糖是为脑组织供能的主要能源物质，运动使得体内糖被大量动员，因此为保障神经系统功能的正常运行，继而导致运动系统相关组织开始更多地利用脂肪供能[23]。此外，外界环境温度降低，不利于神经细胞、神经肌肉接头及肌纤维之间神经冲动的传导，因此糖的利用效率降低，也会大大增加脂肪的分解供能[24]。

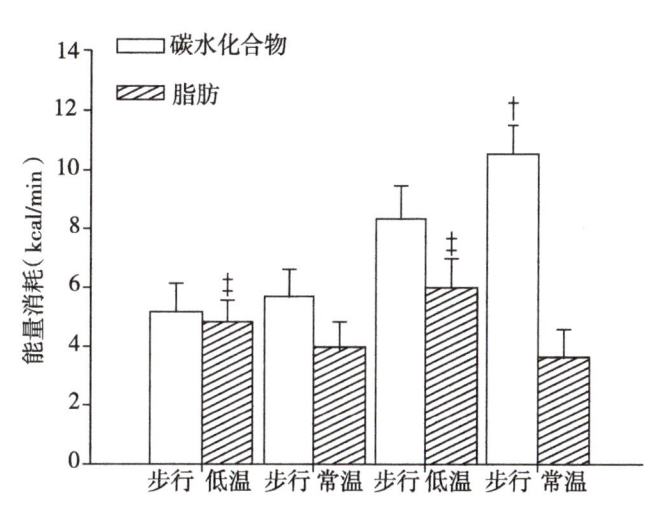

图4 不同温度和运动方式在运动过程中的能量消耗[22]

注：与常温相比，‡表示寒冷时运动的脂肪消耗更大（$P<0.05$），†表示碳水化合物的消耗更大（$P<0.05$）。

表3 战栗的致热机制可能导致体重减轻[8]

	UCP1 介导的解偶联	骨骼肌生热	新脂肪的生成和脂肪酸氧化	肌酸驱动的底物循环
机制	ATP 合成过程中线粒体 H⁺ 梯度消失	内质网上肌质素诱导 SERCA 泵使 Ca⁺ 下降	葡萄糖吸收直接用于脂肪酸合成，然后氧化，净消耗 ATP	肌酸促进 ADP 的再生通过促进磷酸肌酸的水解进而促进 ATP 消耗
部位	米色/棕色脂肪、线粒体	骨骼肌	骨骼肌、米色/棕色脂肪	米色/棕色脂肪、线粒体
ATP 的形成	减少	增加	增加	增加
代谢作用	葡萄糖和脂肪酸摄取增加	葡萄糖和脂肪酸摄取增加	葡萄糖和脂肪酸摄取增加	葡萄糖和脂肪酸摄取增加

注：UCP1：解偶联蛋白1（uncoupling protein1）；ATP：三磷酸腺苷；SERCA：肌质网钙泵；ADP：腺苷二磷酸。

运动与低温环境

机体运动时由 ATP 直接分解供能，当 ATP 水平降低时需要糖、脂肪和蛋白质的分解以再合成。整个过程中糖和脂肪为主要的供能物质，因此通过运动提高机体的能量消耗可以达到促进减重的效果[25]。而在低温环境下运动，意味着机体受到冷暴露和运动的双重刺激，机体除了完成运动所需要的能量消耗外，还会在产热以维持体温稳定的过程中进一步提高能量消耗。机体的产热包括战栗和非战栗两种，前者是机体暴露于冷环境中几分钟内由骨骼肌开始的一种不自主、有节律的震颤，此过程消耗的 ATP 先来自葡萄糖的氧化后来自脂质代谢，战栗减重的机制如表 3 所示，虽然这个过程可以提高产热速率但这种不受控、不舒服的方式不适用于减肥[8, 26]；非战栗产热是机体受冷刺激后，交感神经系统（sympathetic nervous system，SNS）释放肾上腺激素等物质，激活 BAT，使其通过 UCP1 依赖解偶联，消耗更多的糖和脂肪以产生热量[27]。而长期以来，人们认为成年人体内缺乏 BAT，继而对其关注度有限，但随着检测技术的进步，打破了人们对 BAT 分布的认识。现已证明成年人体内不仅存在 BAT，且其数量还可因冷刺激而增加，数据显示成年人暴露于冷环境中仅 1~2h，即可使其 BAT 水平从低于 15% 增加到高达 96%[28]。由于肥胖的发生与 BAT 的数量的减少有着密切关系，因此增加 BAT 数量以提高机体的能量消耗，成为减肥的切入点[29]。BAT 存在于人体的锁骨上部、颈部等部位，其形态特点是有多腔室的小颗粒脂肪滴和丰度的线粒体，线粒体中含有的 UCP1 是产热的重要调节因子，当机体暴露于冷环境中可以促进 UCP1 的表达，继而提高对葡萄糖的摄取和脂肪酸氧化供能的作用（图 5、图 6 和表 4）[20]。

图 5　白色脂肪、棕色脂肪和米色脂肪的形态[20]

注：图 A 为白色脂肪细胞，图 B 为棕色脂肪细胞，图 C 为米色脂肪细胞。

虽然 BAT 成为肥胖及相关代谢性疾病的研究热点，并受到国内外的医学、体育等领域学者的高度关注，但由于成年人体内棕色脂肪含量相对较低，故限制了它的应用与开发[30]。值得注意的是，最近研究陆续发现在某种刺激下，可在 WAT 中检测到一种独特的脂肪细胞，即米色脂肪细胞，又称为棕色样脂肪细胞[31]。因其含有 UCP1，功能也与 BAT 类似，成为继白色脂肪细胞和棕色脂肪细胞之后的第三种脂肪细胞[20]。米色脂肪不同于 BAT 来源于 $Myf5^+$，而是与 WAT 类似，也起源于 $Myf5^-$[32, 33]。而当机体暴露于冷环境下，会使 WAT 棕色化，产生大量的米色脂肪，其与 BAT 都可吸收葡萄糖和脂肪酸产生热量，促进能量消耗，在调节机体葡萄糖和脂质代谢中都起到重要作用。因此，米色脂肪的活化成为继 BAT 之后干预肥胖的有效策略[20]。白色脂肪细胞、米色脂肪细胞和棕色脂肪细胞的位置、形态、UCP1 表达水平、线粒体密度及功能区别情况如图 6 和表 4 所示。

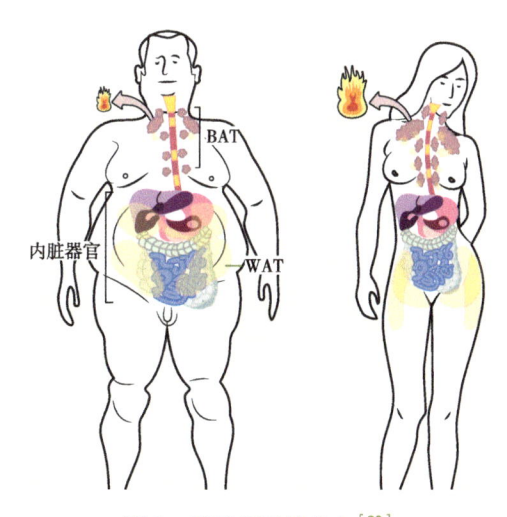

图 6　脂肪组织的分布[20]

表 4　白色脂肪细胞、米色脂肪细胞和棕色脂肪细胞的位置、形态、UCP1 表达水平、线粒体密度及功能[20]

		白色脂肪细胞	米色脂肪细胞	棕色脂肪细胞
位置	人类	皮下、锁骨上	锁骨上、颈部	锁骨上部、颈部、腋窝
	小鼠	性腺、肠系膜、腹股沟、腹膜后	腹股沟	肩胛间
形态学		大脂滴	多腔室小颗粒脂滴	多腔室小颗粒脂滴

续表

	白色脂肪细胞	米色脂肪细胞	棕色脂肪细胞
UCP1 水平	低或检测不到	中等	高
线粒体密度	低	中等	高
功能	储能	产热和能量消耗	产热和能量消耗

Zheng 等[18]为探究运动和冷暴露对小鼠白色脂肪棕色化的协同作用，使用 8 周龄 ICR 雄性小鼠，将其随机分为对照组、温水游泳组（33~37℃）和冷水游泳组（20~24℃）后，进行每天 2 次，持续 2 周的训练，研究结果显示冷水游泳组和温水游泳组小鼠的白色脂肪细胞体积与对照组相比较小，冷水游泳组小鼠 WAT 中的 UCP1 表达显著高于温水游泳组和对照组，说明冷水游泳可引发白色脂肪棕色化。而为了研究不同方式低温运动对肥胖大鼠白色脂肪及其 UCP1 表达的影响，我国学者王朝格等采用常温、间歇低温、急性低温和持续低温这四种低温暴露方式，对肥胖大鼠进行 5 周的低温和 / 或跑台运动干预后，可在间歇低温运动组、持续低温安静和运动组之间观察到大鼠肩胛间脂肪细胞体积的明显变小和脂滴的逐渐消失，在间歇和持续低温运动大鼠中观察到腹股沟白色脂肪细胞表现出明显的棕色化趋势，以及 UCP1 蛋白表达量的显著增加。这些结果证明间歇和持续低温运动相较于其他冷暴露和 / 或运动方式，更能诱导机体白色脂肪棕色化，降低肥胖个体的体脂率，而此效应与脂肪组织形态学及 UCP1 的变化有关，结果详见表 5[19]。

表 5　干预 5 周后大鼠内脏脂肪、皮下脂肪、棕色脂肪比例及体脂率[19]

组别	内脏脂肪率	皮下脂肪率	棕色脂肪率	体脂率
常温安静组	21.15 ± 5.22	3.46 ± 0.82	1.45 ± 0.27	27.47 ± 6.80
常温运动组	12.25 ± 3.48^a	2.75 ± 0.91	1.49 ± 0.32	16.50 ± 4.41^b
急性低温安静组	27.22 ± 6.32^d	5.38 ± 1.24^{ac}	2.67 ± 0.76^{ac}	35.27 ± 8.75^c
急性低温运动组	10.97 ± 3.11^{af}	1.65 ± 0.56^{bcf}	1.36 ± 0.43^e	14.60 ± 3.74^{af}
间歇低温安静组	26.41 ± 3.84^{dh}	5.04 ± 1.57^{ach}	2.40 ± 0.46^{bch}	33.86 ± 5.38^{dh}
间歇低温运动组	10.01 ± 2.87^{bfj}	1.96 ± 0.14^{afj}	1.67 ± 0.52^{ei}	13.02 ± 4.16^{bfj}
持续低温安静组	20.21 ± 6.09^{cegik}	3.83 ± 0.97^{cehik}	2.03 ± 0.56^{ag}	25.70 ± 7.13^{begik}

续表

组别	内脏脂肪率	皮下脂肪率	棕色脂肪率	体脂率
持续低温运动组	7.40 ± 1.52[bcfgjm]	2.18 ± 0.47[aeil]	1.97 ± 0.41[acg]	11.03 ± 1.98[bcfjm]

注：与常温安静组相比，[a]$P<0.05$，[b]$P<0.01$；与常温运动组相比，[c]$P<0.05$，[d]$P<0.01$；与急性低温安静组相比，[e]$P<0.05$，[f]$P<0.01$；与急性低温运动组相比，[g]$P<0.05$，[h]$P<0.01$；与间歇低温安静组相比，[i]$P<0.05$，[j]$P<0.01$；与间歇低温运动组相比，[k]$P<0.05$；与持续低温安静组相比，[l]$P<0.05$，[m]$P<0.01$。

除了以上可能性机制外，还有部分研究结果显示，肠道菌群在促进机体代谢、维持体温、提高能量消耗等方面发挥重要作用。人体寄居着数万亿的微生物群，肠道因独特的解剖结构成为微生物栖息的主要部位，形成密集且多样的微生物群，即肠道菌群[34, 35]。作为人体最庞大、最复杂的微生态系统，肠道菌群本身及其代谢产物对宿主的生理、代谢、营养和免疫等方面起重要作用。越来越多的研究证明机体的生理代谢异常不仅受自身基因的调控，也与肠道菌群稳态异常有关[36]。肠道菌群结构的有益改变可以给宿主带来诸多好处，但值得注意的是，肠道菌群的组成和结构极易受宿主饮食、运动、环境等多种因素的影响[37]。

冷环境作为一种应激源，会使宿主肠道菌群转变为"冷菌群"，而将这种"冷菌群"移植到无菌小鼠体内，发现其可显著提高宿主的胰岛素敏感性，并通过促进 WAT 向棕色脂肪组织转变，改善脂肪组织的产热能力，从而提高宿主的能量消耗，在缓解冷应激对宿主不良影响的同时，起到防止体重过度增加及促进健康的作用[38]。那么在低温环境下运动会对肠道菌群发生何种影响？有学者通过建立高脂饲料诱导的肥胖大鼠模型后，进行 5 周的冷暴露和/或运动干预，在试验第 0 天、第 1 天、第 3 天和第 35 天，分别进行便样的收集及测序。研究发现，尽管单独持续的冷暴露会导致体重显著下降（$P<0.01$），但间歇性或急性冷暴露对体重没有明显影响，而无论在室温还是在冷暴露环境下（急性、间歇性、持续性）运动都可减轻体重，而且与单独冷暴露或运动相比，寒冷环境下运动可显著增加能量的消耗。此外，在脂肪组织和某些蛋白的表达上，观察到不论是适宜温度还是寒冷环境下运动都可促进米色脂肪和白色脂肪减少（$P<0.05$），冷暴露和运动可激活 BAT 并促进 UCP1、AMP 活化蛋白激酶（AMPK）和过氧化物酶体增殖物激活受体 -γ 共激活因子（PGC-1α）的蛋白表达水平（$P<0.05$）。而且有趣的是，两种因素的干预可防止单纯冷暴露对心血管的负面影响，详见图 7；

运动与低温环境

而在肠道菌群方面，该研究首次证明在持续寒冷的条件下运动会导致肠道菌群发生显著改变。而运动可逆转肠道菌群 α 多样性的变化，比如冷暴露后变形杆菌丰度的减少会经运动干预而增加（图8），表明冷暴露和运动对肠道菌群的双重作用更有利于减重。该方式所带来的健康益处可能是通过肠道菌群介导的，并且与单纯冷暴露或运动有所不同。以上研究表明，在寒冷环境下运动过程中肠道菌群可通过激活 BAT 中 UCP1 等蛋白的表达、促进白色脂肪棕色化的产生，从而提高机体的能量消耗，最终达到减重的作用[39]。

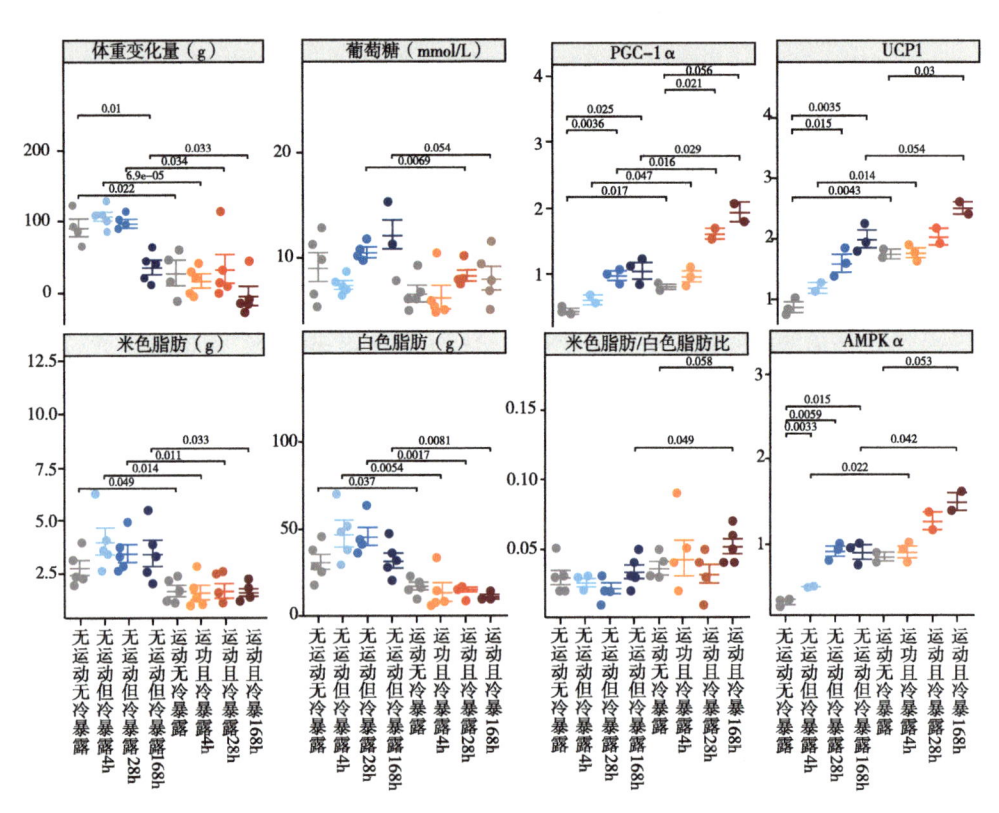

图7 不同运动和冷暴露因素对体重、血糖、PGC-1α、UCP1、米色脂肪、白色脂肪、米色脂肪/白色脂肪比和 AMPKα 指标的影响[39]

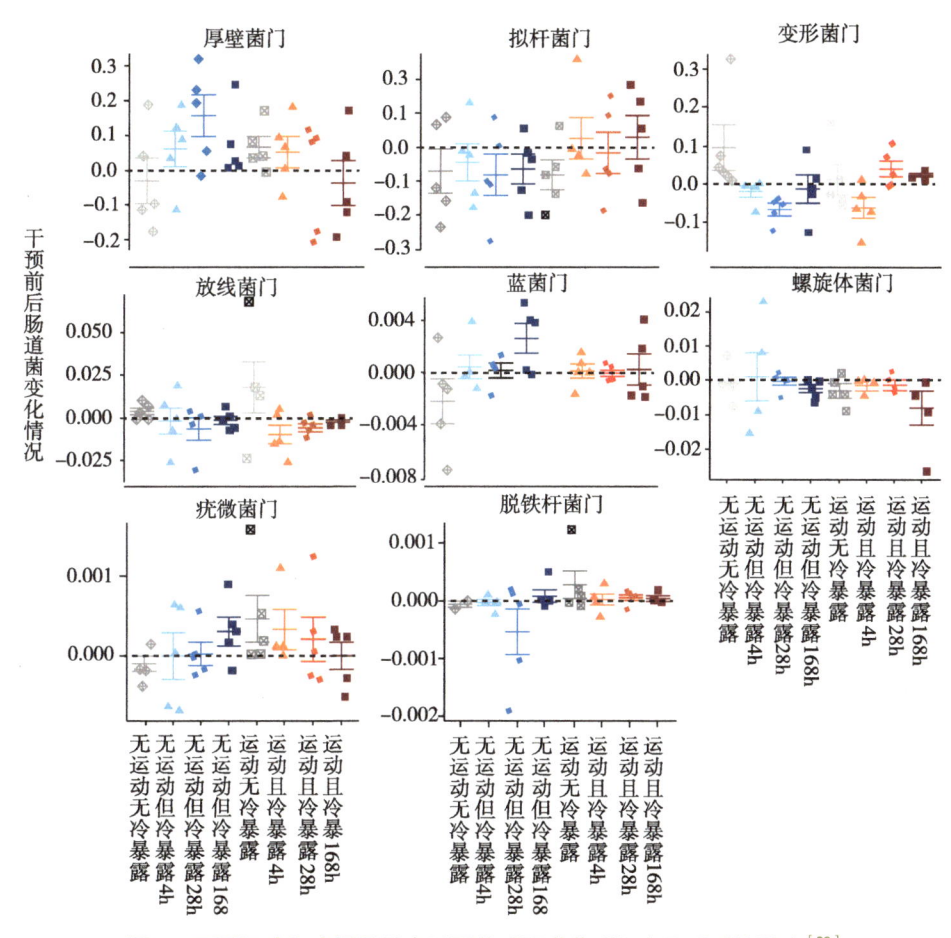

图 8　不同运动和冷暴露因素干预前后肠道菌群门水平受到的影响[39]

综上所述，适宜运动可以帮助机体减重，冷暴露也可促进脂肪消耗，而低温环境下运动的双重刺激作用可显著减少 WAT 含量、促进白色脂肪棕色化并激活棕色脂肪，从而提高机体的能量消耗，而在此过程中肠道菌群也会发挥有益作用，但人们对具体作用机制的了解相对较少，还需进一步研究。

第二节　低温环境运动与糖尿病

糖尿病是一种以慢性血糖水平增高为特征的代谢性疾病，长期高血糖会导致多种组织病变和功能障碍，如眼、肾脏、肝脏和血管等。糖尿病包括 1 型糖尿病和 2 型糖尿病，我国是糖尿病患者人数最多的国家，且以 2 型糖尿病为主。2 型糖尿病是可防控的疾病，规律锻炼结合合理饮食可有效阻止其发生。

一、糖尿病概述

糖尿病是由于胰岛素分泌或作用缺陷所引起的一种以慢性血糖水平增高为特征的代谢性疾病。糖类、脂肪和蛋白质长期代谢紊乱可引起多系统损害，导致眼睛、肾脏、神经、心脏、血管等组织器官的慢性进行性病变与功能衰竭；病情严重或应激时可发生急性严重代谢紊乱，如糖尿病酮症酸中毒、高血糖高渗状态等，可严重影响患者健康和生活质量[40,41]。近10年来，全球2型糖尿病患病率和发病率急速上升的主要原因是环境和生活方式的改变。流行病学调查显示，世界上约有3.71亿糖尿病患者，预计到2030年，患者将增加到5.52亿[42]。根据2017年国际糖尿病联合会的统计数据，20~79岁年龄段的糖尿病患者为8.8%，且这些患者中有一半的人不知道自己患有糖尿病，这进一步导致了糖尿病并发症的发生与发展[43]。40年来，随着我国人口老龄化程度的加剧与生活方式的变化，糖尿病从少见病变成一个流行病，糖尿病患病率从1980年的0.67%飙升至2013年的10.4%[44]。也有研究指出，我国糖尿病患病率从1980年的1%增至2013年的11%，还在逐步增加。我国估计有1亿1千万人患有糖尿病，是世界上糖尿病人口最多的国家[45]。2013年全国31个省、市、自治区170287名城乡居民的大样本糖尿病流行病学调查显示，中国成年人糖尿病标化患病率为10.9%，男性高于女性（11.7% vs 10.2%）[46]。老年人、城市居民、经济发达地区、超重和肥胖者中糖尿病患病率较高。其中糖尿病患者的全因死亡率显著高于无糖尿病者，糖尿病会增加缺血性心脏病、脑卒中的死亡率，也增加了慢性肝病、感染、肝癌、胰腺癌、女性乳腺癌等的死亡风险，其中糖尿病引起的心血管病死亡风险尤为突出，且农村高于城市[46]。

有研究指出，我国糖尿病患者仍然存在巨大的治疗差距，只有5.6%的患者同时实现了对血糖、血压和血脂指标的良好控制[45]。药物治疗、饮食控制、心理疗法和自我监管是干预2型糖尿病的常用方法。其中，运动疗法是治疗2型糖尿病的关键方法，与饮食控制和药物治疗同等重要[47]。运动在预防和控制胰岛素抵抗、糖尿病的前期、2型糖尿病，以及与糖尿病相关的合并症中起着重要作用。有氧运动和抗阻运动两者都能够调节胰岛素，还能调控血糖水平，改善血脂血压水平，降低心血管风险，提高生活质量。大多数的2型糖尿病患者进行运动是安全的，持续和科学的运动是促进2型糖尿病患者健康的关键[48]。运动锻炼在糖尿病患者的综合管理中占重要地位。规律运动可增加胰岛素敏感性，有助于控制血糖，减少心血管危险因素，减轻体重，提升幸福感。规律运动对糖尿病高危人群一级预防效果显著。流行病学研究结果显示，规律运动8周以上可将2型糖尿病患者糖化血红蛋白水平降低0.66%；坚持规律运动12~14年的糖尿病患者病死率显著降低[49,50]。连续3版的《中国2型糖尿病防治指南》中推荐的糖尿病患者运动频率和运动时间为每周至少150min[44,49,50]。研究发现即使进行少量的体育运动（如10min/天）也是有益的。如果患者觉得达到所推荐的运动时间有困难，应鼓励他们尽一切可能进行适当的体育运动。运动项目要与患者的年龄、病情及身体承受能力相适应，定期进行评估，适时调整运动计划。记录运动过程，有助于提高运动依从性[49]。糖尿病患者的运动方式和运动量应个体化，循序渐进，强度适当，量力而行，同时注意安全保护，包括监测血糖，防止运动后低血糖，做好准备和整理活动等[44,49,50]。

二、低温环境下运动改善糖尿病的作用

（一）低温环境运动对糖尿病的影响

低温亦如双刃剑，长时间暴露于低温环境会给机体造成一定伤害[51-53]。众所周知，糖尿病的危险因素包括肥胖、不良饮食习惯、酗酒、吸烟、缺乏运动、高血压、高胆固醇和心血管疾病等，而气温同样是糖尿病的危险因素之一[54]。有研究指出，极端低温可增加糖尿病引起的死亡率，例如哈尔滨年均气温为4.5℃，冬季研究期间的糖尿病死亡人数占总死亡人数的1.86%，因此可以看出极端低温是糖尿病疾病负担的重要影响因素，需要引起高度重视[55]。同样运动能力表现与环境温度的变化有密切关系，不同环境温度对机体的生理功能有不同影响，运动能力也会随之发生改变。例如，在温度过低环境下（<0℃）运动时，肌肉黏滞性增加，肌肉僵硬，关节灵活性减弱，增加了运动损伤的风险；另外，低温环境加剧了人体外周血管收缩，降低了外周血流量，影响了骨骼肌的收缩功能，降低了运动能力。在过低环境下运动也会更容易发生呼吸道感染和因尿量增加造成的机体脱水，进而影响机体运动表现[56]。因此有研究指出，将小鼠置于相对湿度55%~65%、3.5~4.5℃的恒温冷库中后，对它们进行运动测试与指标检测，结果显示：低温环境可降低小鼠的运动能力和抗疲劳能力[57]。低温环境对机体健康所造成的影响如图9所示。

运动与低温环境

```
┌─────────────────────────────────────────────────────────┐
│              冷环境暴露中的各影响因素                    │
└─────────────────────────────────────────────────────────┘

┌────────┐ ┌────────┐ ┌──────────┐ ┌──────────┐ ┌────────┐
│气候因素│ │活动因素│ │ 服装因素 │ │ 个体因素 │ │社会因素│
│ 温度   │ │ 强度   │ │ 透气性   │ │ 年龄     │ │经济状况│
│ 湿度   │ │ 时间   │ │ 轻薄性   │ │ 性别     │ │场地水平│
│ 风速   │ │ 类型   │ │ 隔热性   │ │ 身体素质 │ │交通运输│
│ 光照   │ │ 水平   │ │ 水气易蒸发│ │ 健康程度 │ │城市化水平│
│ 制冷物 │ │ 频率   │ │滑雪保护设备│ │疾病药物史│ │        │
│        │ │        │ │符合人体工程学│ │人体测量学指标│ │    │
│        │ │        │ │          │ │ 适应能力 │ │        │
└────────┘ └────────┘ └──────────┘ └──────────┘ └────────┘

┌─────────────────────────────────────────────────────────┐
│          冷环境暴露对机体健康造成的各种影响              │
└─────────────────────────────────────────────────────────┘

┌────────┐ ┌────────┐ ┌──────────┐ ┌──────────┐
│主观感觉│ │运动表现│ │ 身体健康 │ │ 损伤疾病 │
│冷刺激感↑│ │身体机能↓│ │冷暴露引起的│ │ 骨折↑    │
│疼痛感↑ │ │精神状态↓│ │ 发病率↑  │ │ 哮喘↑    │
│不适感↑ │ │认知状态↓│ │ 损伤率↑  │ │呼吸系统疾病↑│
│        │ │        │ │ 死亡率↑  │ │ 肺部疾病↑│
└────────┘ └────────┘ └──────────┘ └──────────┘
```

图 9 低温环境中的影响因素及对机体健康所造成的相关影响[58]

但适当的低温环境对机体也有一定的促进作用。例如，适当暴露在低温环境下具有抗炎、镇痛及适应低温环境之后机体免疫力提高等综合生物学效应[53, 59, 60]。在适宜的低温环境（10℃左右）下适量运动，不会对机体造成太大的负面影响。适宜的低温能够降低运动员的核心体温，提高机体运动的耐受能力，延长运动时间[56]。因此，有相关研究指出，低温环境下的运动对于控制糖尿病患者的病情和缓解症状有一定的积极作用。例如，有研究采用了 4 ℃ 的低温环境，探讨低温运动干预对肥胖大鼠的脂肪组织类型及功能改变的影响，SD 大鼠暴露在 3~4 ℃ 的低温环境中，间歇低温每天暴露在低温环境中 4 h，运动组隔天进行，每次 30 min 共 1 h 的间歇跑台运动，跑速为 25 m/min[19]。结果显示，通过持续的和间歇的低温运动更能诱导皮下腹股沟白色脂肪棕色化，有效降低肥胖机体的体脂率，其原因可能是由低温与运动共同叠加作用使肥胖大鼠 BAT 的活性和质量增加，以及腹股沟白色脂肪棕色化效应增加所导致的，且这种效应随着低温运动干预的时间增加而增强，以持续低温和间歇低温效果最佳[19]。由此可见，科学适当的低温运动干预对于肥胖和糖尿病等代谢疾病人群的健康促进将会产生一定的积极作用[61]。同样有研究也指出，持续低温运动对于糖尿病和肥胖大鼠有积极效果。例如，有研究指出，SD 大鼠在 3~4℃ 的低温环境下，进行 4h/天的低温暴露和持续的全天暴露，之后以 25m/min 的速度进行每段 30min，间歇 10min，持续两段

专题八
低温环境、运动与健康促进

的跑台运动后，对其血糖和血脂及胰岛素抵抗等指标进行检测，结果发现，急性低温运动和持续低温下运动干预方式均能有效降低肥胖大鼠胰岛素抵抗及血清甘油三酯水平，对于改善糖尿病和肥胖引起的胰岛素抵抗及高甘油三酯有一定的促进效果[62]。类似研究指出，间歇低温（3~4℃）运动和持续低温（3~4℃）运动均能有效地降低大鼠体重和血脂水平，其中持续低温运动效果更佳。低温运动干预方式均可能有效促进白色脂肪棕色化，从而减少体内白色脂肪含量，对糖尿病患者病情改善和降低体重有一定效果。低温运动干预均可通过提高大鼠腹股沟白色脂肪细胞 AMPK、PGC-1α、UCP1 蛋白的表达量而促进白色脂肪棕色化，其中以持续低温运动方式更为明显[63]。同样有研究指出，冬季运动，特别是冬泳运动能够增强对寒冷环境的耐受性。此外，这个过程也可以防止多种疾病的发生。冬泳能够促进能量消耗，提高体温调节反应。同时冬泳能够促使儿茶酚胺对冷刺激反应增强和肾上腺素受体的敏感性增加，提高心血管系统功能[60]。反复暴露在寒冷刺激下能够增加机体的耐寒能力，改善新陈代谢，激活免疫系统，增强抗氧化保护等作用[60]，因此在低温寒冷环境下通过科学合理的运动也能够对机体产生健康促进的作用。

冬泳作为一项冬天特有的勇敢者的体育项目（图10），以其"短时高效"的优点被热衷于体育锻炼的人们逐渐接受和喜爱。大量的研究和实践表明，冬泳对人体的呼吸、循环、内分泌、免疫等系统的功能有促进作用[60, 64-67]。但是，冬泳促进健康的效果可能取决于先前对低温环境的适应和对冷刺激的习服，若机体尚未适应，机体浸入冷水后可能会损害机体。

图10 冬泳运动——"勇敢者的游戏"[64]

运动与低温环境

研究发现，冬泳运动对于缓解糖尿病患者的病情有一定的积极作用[66-75]。例如，糖尿病患者经 3 个月的冬泳训练后，与训练前相比，其空腹血糖和餐后血糖下降，胰岛素水平上升，糖化血红蛋白水平下降，且腰围、体重指数均明显下降，表明冬泳运动可降低血糖，改善胰岛素的敏感性，减轻胰岛素抵抗，具有防治糖尿病的效应[66]。动物实验也证实，低水温游泳运动可改善糖尿病大鼠的糖代谢，有助于糖尿病的管理和控制[67-69]。此外，长期冬泳可有效控制糖尿病患者的血糖水平和改善胰岛素敏感性，具有更好地预防和治疗中老年人糖尿病的作用[70-75]。这些结果均表明，冬泳运动是一种预防和治疗糖尿病的潜在方式，持之以恒、科学规律的冬泳运动能够对机体的健康产生促进作用，具体如图 11 所示。

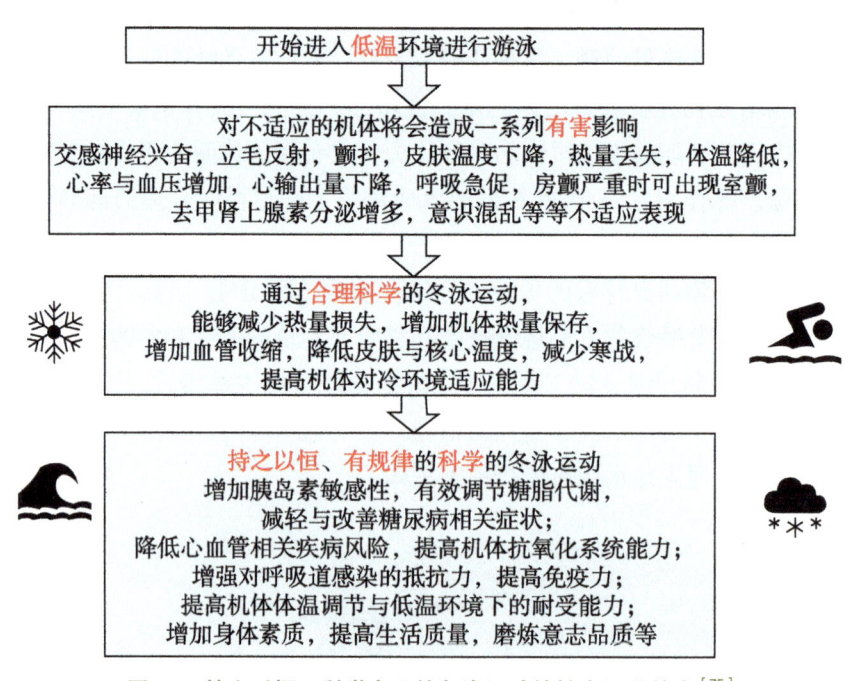

```
┌─────────────────────────────────────┐
│    开始进入低温环境进行游泳          │
└─────────────────────────────────────┘
                  ↓
┌─────────────────────────────────────┐
│   对不适应的机体将会造成一系列有害影响 │
│ 交感神经兴奋，立毛反射，颤抖，皮肤温度下降，热量丢失，体温降低， │
│ 心率与血压增加，心输出量下降，呼吸急促，房颤严重时可出现室颤， │
│   去甲肾上腺素分泌增多，意识混乱等等不适应表现      │
└─────────────────────────────────────┘
                  ↓
┌─────────────────────────────────────┐
│         通过合理科学的冬泳运动，         │
│      能够减少热量损失，增加机体热量保存，   │
│    增加血管收缩，降低皮肤与核心温度，减少寒战， │
│         提高机体对冷环境适应能力         │
└─────────────────────────────────────┘
                  ↓
┌─────────────────────────────────────┐
│       持之以恒、有规律的科学的冬泳运动      │
│   增加胰岛素敏感性，有效调节糖脂代谢，       │
│       减轻与改善糖尿病相关症状；          │
│   降低心血管相关疾病风险，提高机体抗氧化系统能力；│
│       增强对呼吸道感染的抵抗力，提高免疫力；    │
│     提高机体体温调节与低温环境下的耐受能力；     │
│     增加身体素质，提高生活质量，磨炼意志品质等   │
└─────────────────────────────────────┘
```

图 11　持之以恒、科学合理的冬泳运动的健康促进效应[75]

人体的正常温度约为 37℃，冬泳时由于长时间暴露在寒冷的水环境中，机体的热量会流失，导致体温过低，可能会引起心脏和肺部不适的风险增加[64]。冬泳运动时，机体在水中有一个适应过程，从最开始入水后冷冲击下的皮肤刺痛感，引起机体心率增加，换气加快呼吸急促，皮肤降温，肠胃道反射加强，到之后表层神经肌肉温度降低，血流量减慢，持续长时间后热量丢失过多，体温持续降低将出现体温过低，容易产生心律不齐等不适[64]。冬泳者在游泳结束离开水面 20min 后，身体核心温度能够从 37℃ 降至 32℃。体温过低是冬泳最大的危险因素，因此，根据冬泳结束之后的核心体温变化情况我们能够有效了解机体冬泳后的身体适应情况和身体相关反应[64]，如表 6 所示。

表 6　根据核心体温的变化判断冬泳后的功能状态与反应[25]

核心温度	机体反应
37℃	略有战栗，呼吸平缓，心跳平稳，意识清醒
36℃	自发性战栗，心跳加速，呼吸加快，说话颤抖
35℃	意识混乱，迷失方向，神经肌肉协调能力下降
34℃	神经系统出现损伤，记忆力受损
33℃	心律失常，皮肤与组织灌注不良
30~33℃	意识模糊，自发性战栗停止，肌肉僵硬，肌肉痉挛
30℃	昏迷或无意识，呼吸减弱，肌肉张力差，低血压
28℃	心室颤动，呼吸减弱几乎消失，生命体征逐渐消失
25℃	心脏骤停，死亡

为避免机体在冬泳时产生不良反应，冬泳爱好者需注意以下事项。

（1）浸泡过程中的持续时间和浸泡温度都会引起机体不同程度的反应。对于没有经验和未经训练的游泳者，冷环境游泳将会构成重大的健康风险。由于冷水游泳可促进新陈代谢并消耗热量，参与者需要逐步进行适应性训练，最好是在专业人员的指导下进行。初学冬泳时，预先计划从夏末到秋季（轻度寒冷环境），然后逐渐进入冬季（中度重度寒冷环境），至少在开始冬泳的前 1~2 年要避免极度寒冷（<10℃）的环境条件[75]。

（2）冬泳时间不宜过长。缓慢下水先进行预适应以降低水温暴露的强刺激，适应后再缓慢增加游泳时间，可以从每次 3~5min 逐渐递增最多可达 20min（时间过长可能会增加体温过低带来的健康风险）[64, 75]。

（3）初学者下水，可在适应之后逐渐增加时间并且不断调整在冷水中的浸泡时间。当机体开始战栗，呼吸难受时，需要立即离开冷水环境，明确了解身体极限[64, 75]。

（4）选择一个安全的熟悉的水域进行游泳，并且需要与其他人或者是经验丰富的泳者一起游泳，需要了解或检查水域水温，初学者最初可选择 10~16℃ 的水温进行下水尝试[75]。

（5）需要通过定期和调整的冬泳计划（如每周1~3次）来维持机体的适应状态，如中断，需重新开始渐进式的训练计划。尽可能遵循一个固定的运动时间表，如每周固定时间的两次或三次[75]。

（6）热身运动和游泳后的整理运动非常重要。游泳前需要做好充分的热身活动（慢跑、拉伸、打球或跳操等），在水中时需要保持游泳，因为肌肉活动有助于产生热量，出水后，立即脱下湿泳衣换上一件干衣服，所穿衣服的保暖性和绝缘性对于保护机体而言至关重要。注意保暖并且需要在温暖的环境下进行整理活动以促进身体复温，饮用热饮促进体温恢复[76]。

（7）避免可能导致溺水和/或体温过低的酒精刺激，同时在运动前或运动间歇期补充糖类食物，从而避免血糖过低，防治其造成体温调节反应异常并增加体温过低的风险[75]。

（8）关注天气情况，避免极寒、多风或下雪天气，可以选择晴天或多云的天气。

（9）冬泳时尽量不要跳水或者是突然浸入，以避免冷水的冲击过大，需要缓慢入水，并且间歇性地先浸入下肢，将冷水泼到手臂和脸上进行温度适应，之后身体再缓慢浸入，避免最初就开始头部浸入及直接潜水。为避免体温过低，最初与水应保持较短时间的接触，如果开始在水中战栗，为了避免抽筋导致溺水，或者如果觉得游动吃力和身体不适，需要立即离开水面[60, 64, 75]。

（10）在冬泳前，应进行初步身体检查，了解自身健康状况，注意避免容易导致体温过低的因素，例如，甲状腺功能减退、严重糖尿病、皮肤病、神经疾病、脑卒中、药物/酒精滥用、睡眠不足、肾衰竭、感染等情况。冠心病患者在冷水中游泳可能会引起局部缺血，并可能掩盖心绞痛的症状，故应该避免进行冬泳[75, 77, 78]。

（二）糖尿病患者的低温运动处方

1. 1型糖尿病人群低温运动处方

机体的血糖水平在冬季最容易升高，这是因为天气突然变冷，机体交感神经处于兴奋状态，引起肾上腺素（epinephrine，E）分泌增多，促进肠道对葡萄糖的吸收，同时抑制胰岛素的分泌，使血糖代谢减慢。因此，运动是糖尿病综合防治方案中必不可少的环节。研究证明，进行30min的运动后，血糖可降低12%~16%[48-50]。糖尿病患者肢体末端血液循环比较差，通过规律运动可以促进糖尿病患者的血液循环，提高身体对胰岛素的敏感性，增加肌肉对葡萄糖的利用，从而有效地改善糖代谢，最终达到降糖目的[42, 44, 48-50]。即使是在低温的环境下，规律运动对 1 型糖尿病患者（胰岛素缺乏）也有相当大的健康益处（如改善血糖水平，提高胰岛素敏感性，保持血糖水平稳定，减轻和延缓糖尿病并发症的发生发展）[63, 64, 75]。因此，糖尿病患者应积极锻炼，在冬季锻炼时要根据自身的条件，个性化循序渐进地安排运动锻炼，从而满足 1 型糖尿病患者的锻炼需求。1 型糖尿病患者具体的低温运动处方如表 7 所示。

表 7　1 型糖尿病人群的低温运动干预的运动处方建议[40, 42, 44, 48-50, 79]

运动目的	运动环境	运动形式	运动强度	运动时间	运动频率
针对 1 型糖尿病患者（胰岛素缺乏）的需要，改善血糖水平，减轻糖尿病并发症的发生发展，增强体质，愉悦身心，提高生活质量	低温环境温度范围基本处于 4~15℃，湿度处于正常范围（45%~65%）下，参与冬泳活动适宜温度需要在 8~10℃或更低	遵循因人而异、量力而行原则。身体可承受一定运动量的人可以选择徒手操、广场舞、健步走、柔力球、骑脚踏车等有氧运动。若膝关节无不适者可选择太极拳、慢跑、爬山等项目，有一定运动基础和运动能力的人可以选择冬泳，项目应充分考虑个人兴趣和运动目标	采用中等强度 [50%~60% 心率储备/最大摄氧量（maximal oxygen consumption, $\dot{V}O_2max$）] 范围的强度，相当于主观疲劳感觉（RPE）12~14 的范围。要达到更好的血糖控制效果可能需要更高的运动强度（≥60% 心率储备/$\dot{V}O_2max$），运动时出汗量适当，心跳和呼吸加快但不急促	每次运动至少维持 20~30min，每周累计至少 150min 的中等强度运动时间有氧运动每次至少 10~20min 并贯穿整周，每周最好进行 2 次轻度抗阻运动，若联合进行抗阻运动和有氧运动可获得更大程度的代谢改善	至少每周 3 次以上，建议每日或隔天运动较好，每周运动 4~5 次为佳，运动的时间（每次时间或累计时间）应逐渐增加。若不增加运动时间，则随着机体适应水平的提高，需要提高体力活动强度与丰富运动形式以对抗厌倦情绪

2. 2 型糖尿病人群低温运动处方

规律运动锻炼可降低 2 型糖尿病患者（胰岛素抵抗）的血糖水平，降低心血管危险因素。规律运动不仅有助于减肥并维持健康，还可以有效预防和延缓 2 型糖尿病的发展。同时，规律运动增强了骨骼肌对葡萄糖的摄取，提高了血糖的转运速率，有效地提高了骨骼肌的糖代谢能力，能够维持血糖水平的稳定。另外，规律运动能提高药物疗效，如肥胖的 2 型糖尿病患者通过运动不仅能减轻体重，还可以减轻体内的胰岛素抵抗，从而有效提高降糖药物的疗效[40, 42, 44, 48-50, 79]。所以，糖尿病患者不可因冬季低温环境而忽视运动。低温环境下的规律运动也能够获得较好的干预效果，2 型糖尿病患者具体的低温运动处方如表 8 所示。

表 8　2 型糖尿病人群的低温运动干预的运动处方建议[40, 42, 44, 48-50, 79]

运动目的	运动环境	运动形式	运动强度	运动时间	运动频率
针对 2 型糖尿病患者（胰岛素抵抗），有效控制血糖，改善胰岛素敏感性，促进血糖的消耗，改善糖代谢紊乱，改善糖尿病相关并发症，控制糖尿病的发展，愉悦身心提高生活质量	低温环境温度范围基本是处于 4~15℃，湿度处于正常范围（45%~65%）下，参与冬泳活动适宜温度需要在 8~10℃或更低	遵循因人而异、量力而行原则。推荐参加强调动员大肌肉群、有节奏的、持续性的运动，如慢跑、健步走、登山、骑自行车、广场舞、自由负重练习、健美操等，有一定运动基础和运动能力的可以选择冬泳，项目应充分考虑个人兴趣和运动目标	采用中等强度（50%~60% 心率储备 / $\dot{V}O_2max$）范围的强度，相当于主观疲劳感觉（RPE）12~14 的范围。要达到更好的血糖控制效果可能需要更高的运动强度（≥ 60% 心率储备 / $\dot{V}O_2max$），运动时出汗量适当，心跳和呼吸加快但不急促	每次运动至少维持 30min，每周累计至少 150min 的运动。有氧运动每次至少 10~20min 并贯穿整周。每周累计 180min 或更多的运动会获得更多的益处每周最好进行 2 次轻度抗阻运动，若联合进行抗阻运动和有氧运动可获得更大程度的代谢改善	至少每周 4 次以上，建议每日或者隔天运动较好，每周 5 次为佳，运动的时间（每次时间或累计时间）应逐渐增加。若不增加运动时间，则随着机体适应水平的提高，需要提高体力活动强度与丰富运动形式以对抗厌倦情绪

（三）糖尿病患者低温运动的注意事项

1. 监测血糖、保持血糖平稳

冬季清晨气温低，室内外温差大，如果空腹到室外锻炼，热量消耗较大，血糖下降迅速，极易引发低血糖，所以糖尿病患者不能在冬季低温环境中空腹锻炼。此外，运动时还须预防低血糖，可随身携带些糖类食物及时补充[79]。糖尿病患者要注意运动时间，并不是等血糖升高时才去运动，而是在饭后 1h 左右进行运动。随着运动消耗能量，糖的分解代谢增强，便可使餐后增高的血糖降下来，防止血糖波动[80]。一天之中，糖尿病患者最佳运动时间应该是 16：00 左右，因为血糖有昼夜波动的规律，这一规律显示清晨时血糖水平最低。因此，糖尿病患者清晨不太适宜运动。对于 1 型糖尿病患者，运动应选择在注射胰岛素后 1~2h，尽量避免在胰岛素作用的高峰期运动，防止由于胰岛素吸收过快而引起低血糖反应[80]。糖尿病患者判断自己的运动方案是否合理，除了每天要检测自己的血糖情况，还要在医生或体育科研工作者指导下根据自己的血糖情况，调整相应的运动量和运动时间[79, 80]。运动前后要加强血糖监测，运动量大或激烈运动时应建议患者临时调整饮食及药物治疗方案，以免发生低血糖[44]。血糖控制极差且伴有急性并发症或严重慢性并发症时，应慎重进行运动干预。空腹血糖 >16.7mmol/L、反复低血糖或血糖波动较大时、有酮症酸中毒等急性代谢并发症、合并急性感染、增殖性视网膜病变、严重肾病、严重心脑血管疾病（非稳定性心绞痛、严重心律失常、一过性脑缺血发作）等情况下禁止进行运动，待病情控制稳定后方可逐步恢复运动[44]。

2. 补充水分、合理营养

长时间暴露在低温环境下时，尤其是在低温下进行体育活动的人，呼吸加深加快，机体能量代谢加快，出汗会导致水分大量流失，进而降低机体在高温环境下的出汗能力并增加皮肤血液流量[81]。脱水会增加心血管系统的负担，并增加发生心血管疾病的风险。良好的水合状态对糖尿病患者的血糖控制能力至关重要。如果血糖水平超过肾脏葡萄糖重吸收的阈值，并且没有摄入足够的液体，就会导致渗透性利尿，从而损害皮肤血流量和出汗量[82]。建议运动前 2h 内，补充水 400mL 左右，最好分两次饮用，运动中每隔 15~20min 补充水 120~180mL，切记运动后不宜暴饮止渴，不宜大量吃糖，不宜饮酒除乏，不宜吸烟解疲[83, 84]。在冬季运动后，一定要保证体内能量摄入，适当补充鱼、蛋、奶等优质蛋白，养成健康的生活习惯与生活方式[83, 84]。

3. 强度、时间因人而异

糖尿病患者选择冬季低温锻炼项目时，必须考虑个人的具体条件和运动能力，包括糖尿病的类型、病程、药物治疗方式、血糖控制水平、并发症情况、平时活动量的大小，以及锻炼场所的条件等[79]。在冬季，糖尿病患者可以选择以有氧耐力运动为主的运动项目，如步行、慢跑、自行车，以及徒手体操、太极拳等，根据患者的身体情况和室外气温情况选择1~2项进行锻炼，其中快走可作为首选项目。由于人体在冬季代谢慢，血糖会比夏季普遍偏高，因此，建议糖尿病患者，冬季每次运动要比夏天时多增加10min左右[48-50, 79, 80]。根据不同人的身体状况，一般情况下，体型瘦者冬季运动时间为20~30min，而体型胖者冬季运动时间为30~40min为宜。冬季锻炼时，要保持正确的呼吸方法，要有适宜的运动负荷，有一个简易的方法可以检验强度是否合适，运动停止后迅速测量脉搏，若脉搏和年龄相加≤180，则说明强度合适[80, 83]。锻炼时，注意力一定要集中，动作尽量做到规范正确，运动后不要马上停止。中等强度的运动对降血糖的作用最为明显，最好是让全身肌肉都得到锻炼。运动时间每周至少三次，每次持续20~30min，可以逐渐延长至1h。糖尿病患者应该坚持每天运动，而且可以将运动像加餐一样分开，匀到一天的各个时间段。最理想化的是每顿饭后做一定量的运动，从而降低餐后血糖，保持血糖平稳降低[80, 83]。糖尿病患者需要养成健康的生活习惯，培养活跃的生活方式，如增加日常身体活动，减少静坐时间，将有益的体育运动融入日常生活中。

4. 准备充分、预防不适

大多数情况下，寒冷低温天气并不是进行运动锻炼的障碍。许多因素（包括温度、服装、身体成分、健康状况、营养状态、年龄和运动强度等）之间的相互作用决定了在寒冷低温环境中运动较在温暖环境中做同样的运动，是否会产生更多的生理应激或运动损伤风险。但是，在一些情况（如暴雪、冻雨、刮风的极低环境温度）下，整个身体和局部热平衡在运动-冷应激中不能维持，则会导致机体低体温、出现冻伤、运动能力表现下降[40, 44]。此外，运动-冷应激也可能会增加高危人群疾病的发病率和病死率，如糖尿病合并患有缺血性心脏病和哮喘的人群，在低温环境中运动时，吸入冷空气可能使其症状加重，需要引起足够重视并做好预防。在低温环境下进行运动时，整个身体和面部温度大幅度降低会诱发心绞痛的发作。运动冷应激类型和强度会改变糖尿病合并心脏病患者的发病危险性[40, 44]。因此，糖尿病患者在低温环境下进行运动前，需要注意常用的几种药物（如杨酸盐、利尿剂、血管紧张素类药、抗胆碱能药、抗组胺药等会扰乱出汗率和血流量）可能对体温调节有影响，在低温环境下或者是进行低温运动时应尽量避免服用，以免带来不适反应和不良影响[85, 86]。同时需要做好健康筛查和禁忌证的排除，明确在这种环境下运动有可能带来的危害，同时应该确保在运动过程中有行之有效的安全监控措施（心率、血糖、主诉等），运动前或运动中若出现头晕、胸痛、心悸、脸色苍白、盗汗等情况时，应立即停止运动[79, 80, 85, 86]。运动后不宜立即坐下休息，不宜马上洗浴，需等待汗液落定之后再洗澡。同时对于糖尿病患者来说，在冬季运动时，采取必要的预防措施（如需要选择合适的鞋袜并且注意合理保暖）来保护双脚是非常重要的[80, 83]。根据天气预报选择合适的服装，充分降低冻伤和意外出现的风险。在运动前进行充分的准备活动，在运动后进行放松整理活动，最好是采用静态拉伸和动态运动相结合的方式进行[83]。

三、低温环境下运动改善糖尿病的可能机制

低温环境和运动干预都可以影响机体的能量代谢、激素反应、代谢适应和应激水平等，两者联合下合理应用能够对糖尿病患者产生积极的健康促进效应，因此在适当的冷环境下运动为预防和治疗糖尿病提供了有效的干预策略选择[87]。低温和运动是多因素的叠加，冷刺激和运动对棕色脂肪和身体能量代谢都有协同作用，其都可以导致葡萄糖脂肪酸代谢的增加，提高葡萄糖耐受性，诱导胰岛素敏感性改善，这种结合的方式是改善代谢性疾病特别是糖尿病的有效方式之一[88]。

有研究指出，低温冷暴露主要通过胰岛素非依赖性途径增强周围组织的葡萄糖利用，其通过激活肌原纤维收缩活动（战栗产热）刺激交感神经释放去甲肾上腺素（norepinephrine，NE），从而增加脂肪分解和线粒体中的氧气消耗（非战栗产热）来刺激BAT中的葡萄糖利用[89]。冷暴露在胰岛素受体远端的代谢改变了胰岛素的反应能力，并且更大范围的冷暴露通过影响血流量可以进一步提高葡萄糖的摄取能力[90]。冷暴露提高了葡萄糖耐量，外周组织中的胰岛素敏感性显著增强，胰岛素总体稳定[91]，冷暴露激活战栗产热导致外周组织葡萄糖摄取迅速增加，冷适应可以增强心脏和WAT对冷诱导的葡萄糖摄取的能力，并且冷暴露会增加组织的胰岛素反应，但是它并不会引起葡萄糖代谢的长期改变[92]。有研究指出，机体器官系统和激素调节冷暴露后的反应包括交感神经系统（sympathetic nervous system，SNS）兴奋性增加，餐后血糖下降，空腹血糖稳定，空腹胰岛素上升，餐后胰岛素稳定，皮下脂肪组织中分解作用加强，皮下脂肪组织中葡萄糖含量下降，游离脂肪酸（free fatty acid，FFA）含量增加，E

和皮质醇分泌增加，甲状腺轴活跃，改善胰岛素抵抗等[93-95]。因此有研究认为，冷环境运动主要通过胰岛素非依赖性途径增强葡萄糖氧化，其次通过增加外周组织对胰岛素的反应性，从而提高葡萄糖耐量和外周组织对葡萄糖的摄取能力[96]。冷环境下运动激活SNS后，交感神经末梢释放的NE，通过胰岛素依赖和非胰岛素依赖途径增加BAT和骨骼肌葡萄糖摄取能力，从而改善了糖耐量[96]。

同时，冷暴露刺激甲状腺激素和甲状旁腺激素影响脂质代谢和BAT的产热能力，产生一系列代谢和热敏感反应[97]。机体暴露在低温环境下，通过减少散热，增加血管收缩和战栗增加产热，激活了BAT[63]。BAT可被低温激活，出现适应性产热，长期低温可以使机体BAT适应性产热。低温增加了BAT的产热活动，主要调节SNS。BAT产热的功能依赖于棕色脂肪细胞的线粒体内膜的UCP1，UCP1的表达多少直接影响能量消耗及产热的多少[63, 98-100]。运动能够通过诱导骨骼肌细胞表达PGC-1α，同时也促进含Ⅲ型纤连蛋白域蛋白5（FNDC5）表达。当白色脂肪细胞中增加表达PGC1α时，将会促进线粒体生成大量的UCP1。随后FNDC5经过加工修饰转变成为鸢尾素（Irisin），Irisin促进白色脂肪细胞中静息的棕色脂肪样细胞棕色化，增强了脂肪分解代谢，使其能量发散，从而有效地促进脂肪消耗，进而控制体重。运动可以通过多条途径激活PGC-1α，促进白色脂肪棕色化，提高机体产热，有效预防糖尿病[63, 93, 98]。因此，合理的低温和运动相结合能够促进棕色脂肪产热，更好地促进白色脂肪棕色化，促进能量消耗，调节能量平衡，通过交感神经活动增加激活棕色脂肪受体和一系列的信号通路，促进白色脂肪向棕色脂肪转化，更好地改善胰岛素抵抗，优化糖脂代谢达到改善糖尿病病情的目的[63]。持续低温运动能够有效降低大鼠体重和血脂水平，减少体内白色脂肪含量，促进白色脂肪棕色化，这种改善与低温运动增加了AMPK、PGC-1α、UCP1、Irisin蛋白的表达量有关[63, 93, 98]。

冷刺激和运动能够使得肝脏的脂肪酸合酶和AMPK表达上升，AMPK磷酸化增加，在促进脂肪代谢，控制体重方面有着重要的作用[88]。在脂质和葡萄糖代谢中，成纤维细胞生长因子21（FGF21）是一种参与脂质和葡萄糖代谢的肽激素，FGF21的主要来源是肝脏，但FGF21在WAT和BAT中也有所表达。小鼠接受FGF21治疗可以增加UCP1的表达，增强胰岛素敏感性，降低血糖和血脂。因此，BAT中的FGF21的作用是急性增强胰岛素敏感性，增加葡萄糖摄取和加速脂蛋白分解代谢等[88]。运动过程中体温升高可能通过激活骨骼肌中的蛋白激酶B（Akt）信号传导来改善胰岛素抵抗。我们建议，通过同时刺激Akt和AMPK

专题八
低温环境、运动与健康促进

途径，体温升高和运动的结合可能是 2 型糖尿病患者维持血糖稳定的有效策略[101]。并且有研究指出，骨骼肌和肝脏中运动诱导的热休克蛋白 72（HSP72）表达的减弱部分削弱了全身胰岛素抵抗和脂质代谢的改善。因此足够的 HSP72 诱导有助于 2 型糖尿病患者制订合理的运动计划[102]。低温结合运动也有可能通过 FGF21、AMPK/Akt、热休克蛋白 21（HSP21）等分子蛋白产生作用从而来改善糖尿病的症状。有研究指出，在经历了冬令营后，青少年糖尿病受试者体能指数有所改善，自信感增强，因此研究强烈建议青少年糖尿病患者开展此类冬季的运动营活动[103]。综上所述，我们认为科学合理的低温联合运动对糖尿病患者的健康促进效应主要体现在以下方面，如图 12 所示。

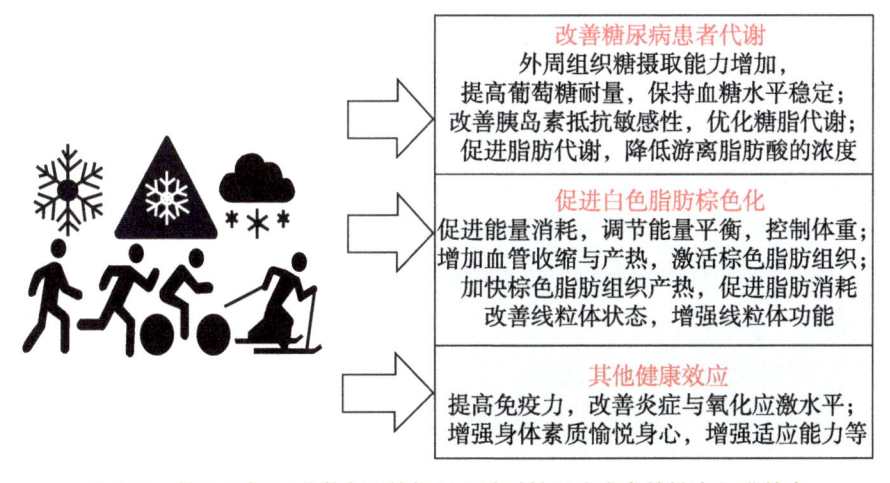

改善糖尿病患者代谢
外周组织糖摄取能力增加，
提高葡萄糖耐量，保持血糖水平稳定；
改善胰岛素抵抗敏感性，优化糖脂代谢；
促进脂肪代谢，降低游离脂肪酸的浓度

促进白色脂肪棕色化
促进能量消耗，调节能量平衡，控制体重；
增加血管收缩与产热，激活棕色脂肪组织；
加快棕色脂肪组织产热，促进脂肪消耗
改善线粒体状态，增强线粒体功能

其他健康效应
提高免疫力，改善炎症与氧化应激水平；
增强身体素质愉悦身心，增强适应能力等

图 12　持之以恒、科学合理的低温运动对糖尿病患者的健康促进效应

低温环境和运动都可以通过影响机体代谢和棕色脂肪的活性产生健康促进效应。低温环境能够激活棕色脂肪的产热活性，增加棕色脂肪能量消耗，改善葡萄糖稳态和胰岛素敏感性，促进脂质代谢[98]。运动则是调节全身糖代谢稳态的重要干预手段。低温运动对机体健康促进的因素包括不同的运动方式和持续时间、运动强度与频率，以及环境温度等[98]，需要更严格和更标准的研究，才能得出最佳的干预方案，以便提供更好的指导参考。有研究指出，低温环境运动可能也与肠道菌群[104]、线粒体功能[105]、氧化炎症[87,100]等因素有关，因此未来的研究可以着重从这几个方面入手探究低温运动健康促进效应背后的机制。之后的研究还需要充分阐明低温环境和运动引起棕色脂肪适应和影响代谢健康的相关机制。我们对后续相关研究的展望如图 13 所示。由于运动和低温都可以提高胰岛

素敏感性，因此低温联合运动干预可能是一种有吸引力和值得期待的组合，可以对有风险发展成为糖尿病和其他代谢紊乱的人群进行全面生活方式的干预调整，从而更好地促进健康中国战略的逐步实施。

研究展望
健康促进效应的低温运动的精细干预方案
（运动周期、时间、强度、方式、频率、温度等因素）
低温运动促进棕色脂肪细胞生成的机制探讨
（AMPK，PGC-1α、UCP1、Irisin等因子）
低温运动健康效应的其他影响
（能量代谢、激素反应、肠道菌群、HSP、炎症因子、氧化应激、线粒体代谢等）

图 13　低温联合运动在糖尿病患者健康促进方面研究的展望

第三节　低温环境运动与脂肪肝

脂肪肝是指由各种原因引起的肝脏细胞内脂肪累积过多的肝脏病理改变，它并非一种独立的疾病。脂肪肝发病率不断升高且发病年龄日趋年轻化，严重危害人们的健康。脂肪肝包括酒精性脂肪肝和非酒精性脂肪肝两大类，均可通过改变生活方式和增加体育锻炼得以防治。

一、脂肪肝概述

脂肪肝是一种常见的病理症状，也是一种可逆性病变，是由多种疾病和病因引起的肝脏脂肪变性，当肝脏对脂肪合成能力增加或转运入血的能力下降时，脂类物质（主要为甘油三酯）在肝内蓄积过多，超过肝湿重的 5%，或组织学上 50%以上的肝实质脂肪化时，即为脂肪肝[106, 107]。在过去的 20 年里，非酒精性脂肪性肝病（nonalcoholic fatty liver disease，NAFLD）已经从一种相对不为人知的疾病发展成为世界上最常见的慢性肝脏疾病。事实上，目前全世界有 25% 的人口被认为患有 NAFLD[108]。非酒精性脂肪性肝炎（non-alcoholic steatohepatitis，NASH）是脂肪性肝病的亚型，可发展为肝硬化、肝细胞癌，严重者可导致死亡。NAFLD 和 NASH 不仅在成人中存在，在儿童和青少年中也有很高的患病率[108]。由于 NAFLD 与 2 型糖尿病和肥胖密切相关，最新的模型预测 NAFLD 和 NASH 的患病率将持续增加，造成巨大的临床和经济负担[3]。此外，由于 NAFLD 的发病率高、诊断困难、发病机制复杂、缺乏标准的治疗手段而成为对健康的一大挑战[109]。有研究指出，中国的脂肪肝合并平均患病率为16.73%，此外，男性脂肪肝的患病率高于女性（19.28%与14.1%），特别是在中国沿海地区。在过去20年中，在中国沿海地区，这种脂肪肝患病流行率随着人均国内生产总值的增长而增加[110]。随着生活水平的提高，包括NAFLD和酒精相关性肝病在内的代谢性肝病的患病率将上升，最终导致更多的晚期恶性肝病的发病率增加（如肝衰竭、肝硬化和肝癌等）[111]。2016年中国成年人脂肪肝患者为24633万例，到2030年将达到31458万例，2016—2030年的相对增长率达22.2%[110]。来自上海、北京等地区的流行病学调查结果显示，普通成年人B型超声诊断的NAFLD患病率10年期间从15%增加到31%以上，55岁以前男性患病率高于女性，其后女性的患病率增长迅速甚至高于男性[112]。中国NAFLD患病率变化与肥胖症、2型糖尿病和代谢综合征流行趋势相平行[112]。目前我国成人总体肥胖、中心型肥胖、2型糖尿病患病率分别高达16.4%、12.3%和11.6%。一方面，肥胖症、高脂血症、2型糖尿病患者NAFLD患病率分别高达60%~90%、27%~92%和28%~70%；另一方面，NAFLD患者通常会合并肥胖症、高脂血症、高血压、2型糖尿病，以及其他代谢综合征等[112]。由此可见，脂肪肝已经成为危害大众身体健康、影响生活质量的严重问题。

脂肪肝不仅是21世纪全球重要的公共健康问题之一，也是我国愈来愈重视的慢性疾病问题[113]。导致脂肪肝发生发展的因素有很多，从宏观层面的病因进行分析，脂肪肝主要可以分为以下几种类型：糖尿病性脂肪肝、高脂血症性脂肪肝、肥胖性脂肪肝、营养失调性脂肪肝、药物性脂肪肝等。肝脏脂质代谢障碍（脂肪的合成和分解失去平衡，或者脂质的运输发生障碍）导致脂肪在肝细胞中过度堆积形成脂肪肝[114]。与此同时，脂质毒性、炎症、氧化应激、内质网应激等促使过度负载脂肪的肝细胞发生损伤和死亡[114]。因此，脂肪肝的发病机制主要包括"二次打击"学说、脂毒性学说、脂肪组织功能紊乱、肠道菌群紊乱、肠道通透性增加等多种因素的影响[114]。脂肪肝的发生发展通常是多原因、多因素长期共同作用的结果，单一的治疗方法往往难以取得较好的治疗效果。随着人们对脂肪肝重视程度的日益提高，以及对其研究的不断深入，脂肪肝的治疗手段日趋多样[114]，主要包括药物治疗、外科手术治疗、饮食调理、运动干预等。其中最主要的是改变饮食及生活方式，以及坚持运动，坚持有氧运动可以有效减少肝脏脂肪含量。研究显示，坚持4周的有氧运动可以使肝脏甘油三酯的含量降低21%[114]。多项临床试验表明，坚持有氧运动和抗阻运动均可降低肝脏脂肪含量。

运动与低温环境

从运动科学研究来看，运动可以通过多种途径影响脂肪肝疾病[115]。例如，运动可通过改善周边胰岛素抵抗，减少 FFA 和葡萄糖向肝脏中过量合成与过量传递。在肝脏中，运动可减少与损伤相关的分子释放，从而增加脂肪酸的氧化，减少脂肪酸的合成，并防止线粒体和肝细胞的损伤[115]。此外，运动减肥改善脂肪肝的作用是确定的，其主要原因是运动降低了体内脂肪的含量，进而降低了血液中甘油三酯的含量，使进入肝细胞的甘油三酯含量下降[116, 117]。同时运动也能通过诱导肝保护性自噬，减轻肝细胞凋亡，上调抗氧化酶含量，提高机体的抗氧化能力，增强抗炎介质水平，降低机体的炎症反应，从而改善脂肪肝的相应症状[118]。若成功地应用运动手段，不仅可以有效地预防脂肪肝疾病，还可以有效地改善肥胖、糖尿病和血脂异常等症状。总之，体育锻炼是改善脂肪肝疾病的有效的干预手段。

二、低温环境下运动改善脂肪肝的作用

脂肪肝严重危害人类健康，运动对脂肪肝的改善作用是确定的，但是有关于冷环境对于脂肪肝的作用影响目前并没有一致结论。众所周知，机体在低温环境会出现一系列的生理反应，如图 14 所示[119]，长时间的低温暴露将会对机体造成一定的伤害，如大幅度低温暴露可造成体温降低，产生冻伤，并可导致呼吸道相关症状，引起肌肉骨骼疼痛，内分泌代谢紊乱，血液循环减慢，进一步加重心脑血管负担等[120]。

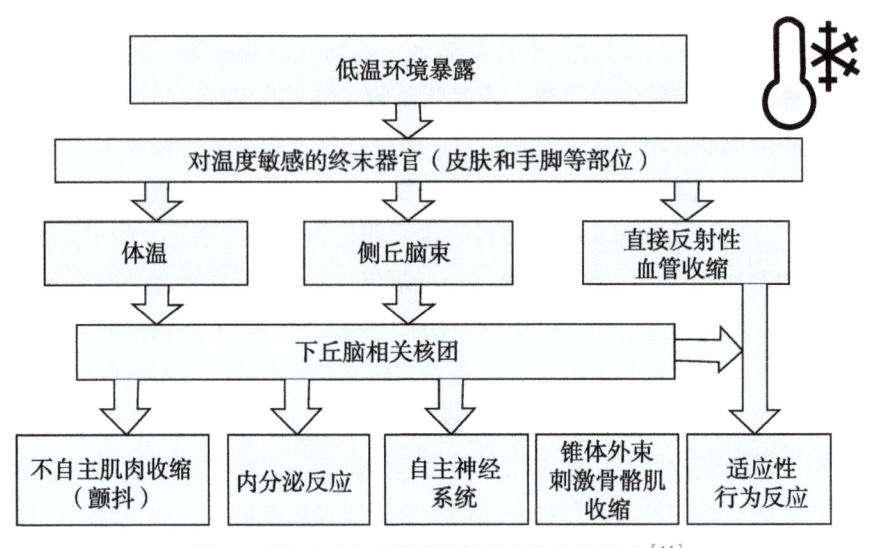

图 14 低温环境冷暴露引起的机体生理反应[14]

适度的低温环境（4~12℃甚至更低）或亚低温环境刺激可对机体产生积极的作用[121-124]。适宜的低温能够使运动员的核心体温降低，增强体温调节能力，维持神经肌肉适应能力，提高机体运动的耐受能力，延长运动时间[121-122]。同时有研究指出，运动和冷暴露都能够有效地促进脂肪代谢，尤其是促进白色脂肪细胞的分解代谢，增加棕色脂肪的数量和活性，有效地促进白色脂肪棕色化。同时运动和冷环境暴露通过增加与能量代谢相关，脂肪代谢相关的因子（PGC-1α，UCP1）的表达，促进脂肪代谢，同时也通过刺激交感神经活动增加 E 和 NE 的释放，从而增加脂类分解[123, 124]。适度的低温环境和适量的运动对于脂肪肝患者有一定的健康促进作用。

（一）低温环境下运动对脂肪肝的改善效应

低温环境联合运动干预可能更有利于预防与改善脂肪肝。大量动物研究发现，在低温或亚低温环境下进行有氧运动干预可有效改善脂肪肝的症状[125-128]。例如，有研究指出在亚低温状态下进行 5 周游泳运动干预的 SD 大鼠比常温游泳组 SD 大鼠更能够显著改善脂肪肝的发生效果[126]。此外，高脂高胆固醇大鼠经过每天 60min 的亚低温（22~24℃）游泳运动（持续 5 周）干预后，能够有效防止高脂高胆固醇饮食引起的大鼠体重增加，并提高其抗氧化系统的能力，增强其免疫力，从而有效调节改善其高脂高胆固醇代谢的平衡[127]。同样有研究指出，NAFLD 大鼠在进行为期 5 周的亚低温游泳运动后，体重减轻，脂质代谢增强，亚低温结合有氧运动的联合干预比单一的亚低温或常温运动的单一刺激效果更好[128]。也有研究分析在实施亚低温（27~29℃）状态下联合有氧游泳运动干预后，可以诱导 NAFLD 的肝细胞生成大量应激蛋白［如热休克蛋白 70（HSP70）］而延缓其症状的发展过程，对于脂肪肝病情的改善起到一定的促进作用[128]。SD 大鼠每天进行无负重游泳运动，每周 6 天，共 5 周，游泳水温控制在 27~29℃[53]。干预之后肝组织的病理学切片 HE 染色结果显示（图 15），亚低温游泳组相比常温游泳组 SD 大鼠 NAFLD 动物模型在光镜下显示肝小叶结构尚清晰，肝索可见，核周脂肪小空泡数目明显减少，未见融合性大空泡和脂囊出现[53]。亚低温状态联合有氧运动干预延缓了 NAFLD 形成的过程，并且加速了 NAFLD 的脂肪代谢、降低血清 FFA 浓度，改善了脂质代谢。亚低温状态下联合有氧运动干预措施可以非常明显地增强 NAFLD 肝细胞抗氧化应激能力，原因可能在于诱导肝细胞生成大量的应激保护蛋白（如 HSP70），其可能是增强 NAFLD 肝细胞抗氧化应激能

运动与低温环境

力的重要因素[53, 128]。这表明亚低温联合有氧运动干预可诱导 NAFLD 肝细胞生成大量应激保护蛋白，参与并加速脂质代谢、参与增强肝细胞抗氧化应激能力，从而延缓脂肪肝的发生与发展[53, 128]。

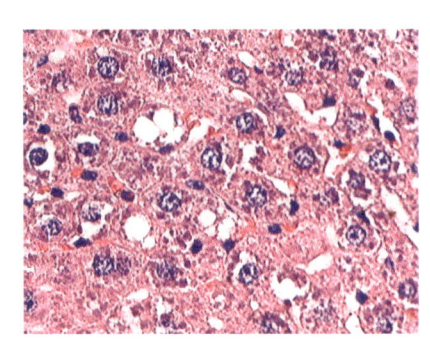

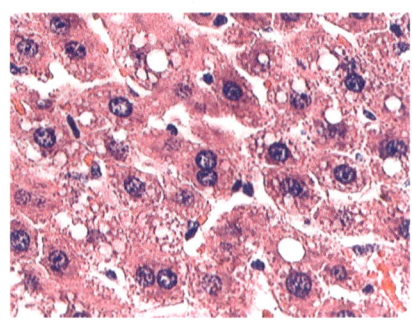

图15 常温游泳高脂组与亚低温游泳高脂组 SD 大鼠 HE 染色结果（40×10）[53]

另外，低温联合运动及亚低温联合运动，还能够促进血液重新分配，增强血液循环，改善血浆脂质代谢，改善血管内皮功能，在减轻炎症的同时降低氧化应激水平[17, 88, 129, 130]。有研究发现，长期冬泳运动通过影响脂质代谢酶的活性和含量，改善了血浆脂质代谢，从而降低了老年人的细胞膜胆固醇水平，长期冬泳运动可以明显降低老年人的红细胞变形性，有助于改善老年人的血液微循环，长期适当的冬泳锻炼可以提高机体对低温运动的耐受能力[129]。有研究探讨低温运动对高脂饮食大鼠减脂及细胞内皮功能的影响，低温运动组每日进行 50min 无负重游泳（水温 13~17℃），每周 6 次，共运动 6 周。结果显示，低温下游泳运动对于减脂、降低体脂率效果明显，同时运动可以显著增加主动脉内皮细胞热休克蛋白 90（HSP90）的表达量，提示低温游泳运动比常温游泳运动更能够改善肥胖鼠血管内皮的功能[17]。有研究指出，雄性小鼠每天于 10℃恒温环境中暴露 3h，其间进行 1h 中低强度运动，结果显示经过冷刺激运动后小鼠的肝脏基因表达出现变化，与脂肪及能量代谢相关的基因（如脂肪酸合成酶基因和 AMP 依赖的蛋白激酶）的表达量明显上调，AMPK 磷酸化增加[88]。冷刺激和运动的联合干预会使得小鼠肝脏的基因表达有所改变，有利于加速脂肪和糖代谢。冷刺激所引起的肌肉战栗与运动时骨骼肌收缩类似，可以介导白色脂肪棕色化，其在促进脂肪代谢、控制体重方面有着重要的作用，其结论是，运动与冷刺激的联合共同作用，对糖尿病患者的血糖控制和脂肪肝患者的体重控制有着一定积极作用[88]。

低温环境或亚低温环境联合运动对于脂肪肝患者能够产生健康促进的作

用[130]。主要体现在以下几个方面,首先能够改善脂肪肝患者的脂代谢、瘦素和胰岛素抵抗,有效维持其体重。其机制可能为冷环境通过刺激机体 E、NE 和甲状腺素(thyroidhormone,TH)分泌增多,促进机体物质与能量代谢,增加产热,维持体温。此外,低温状态与运动共同刺激机体生成的应激保护蛋白可能参与细胞物质代谢与能量代谢的调节[53, 128, 130]。适宜运动结合一定温度刺激较单纯运动更有利于机体对于脂肪酸的氧化利用,降低 FFA 的浓度,从而减轻 FFA 导致的胰岛素抵抗。其次,低温环境下运动能够减轻脂肪肝患者的细胞氧化应激和炎症反应过程。研究显示,亚低温下游泳运动较单纯运动能更好地发挥其抗氧化能力,具有更加明显减少非酒精性脂肪肝细胞炎性因子表达,改善或减轻炎症反应发生的效果[17, 88, 118, 129, 130]。同时,低温联合运动也有可能改善脂肪肝患者的细胞内质网应激介导的细胞凋亡症状,以及促进血液重新分配,改善血液循环的作用等[17, 88, 129, 130],如图 16 所示。

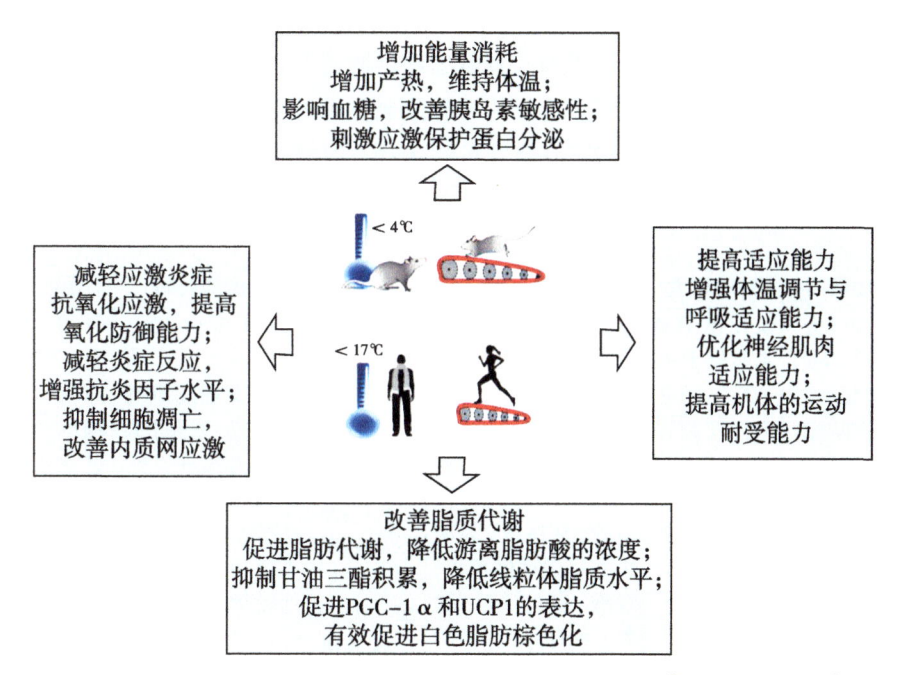

图 16 低温联合运动可能对机体脂肪肝产生的健康叠加效应[17, 88, 118, 129, 130]

低温环境联合运动,亚低温环境联合运动应用于脂肪肝改善作用及其机制的研究目前已取得一定的进展,但更多的是对于动物实验的研究,而对于脂肪肝和非酒精性脂肪肝患者的临床实验及运动实践研究亟须进一步深入开展。如何更好

运动与低温环境

地促进和指导脂肪肝患者在低温环境下科学合理的运动，使其能够从中获益，这将成为今后运动人体科学和运动医学领域研究的重要课题之一。

（二）脂肪肝患者的低温运动处方及注意事项

1. 运动处方

脂肪肝患者通过规律运动能够有效控制体重，促进脂质代谢增强，降低体内脂肪的含量，进而降低血液甘油三酯的含量，使进入肝细胞的甘油三酯量下降，参与增强肝细胞抗氧化应激能力同时减轻脂肪肝炎症反应，降低肝脏脂质代谢负担，恢复肝脏功能，有效预防脂肪肝和改善脂肪肝相关症状，延缓与控制脂肪肝的病情发展，保持身心健康，提高生活质量[106-108]。低温亦如双刃剑，长时间低温会给机体造成伤害，但适当的低温环境对机体也有促进作用。因此，我们认为，在低温环境下进行科学合理的运动也能够获得类似的干预效果，脂肪肝患者的具体低温运动处方如表9所示。有氧运动是脂肪肝患者低温运动处方的主要运动形式，条件允许的情况下，抗阻练习和柔韧性练习可作为辅助练习，长期中等强度低温有氧运动是治疗脂肪肝最常见的运动方案模式[107, 112, 113]。

表9 脂肪肝人群的低温运动干预的运动处方建议[107, 112-115, 131, 132]

运动目的	运动环境	运动形式	运动强度	运动时间	运动频率
针对脂肪肝患者的需要，能够减少肝脏脂肪含量，加快脂肪酸代谢，控制体重，恢复肝脏功能，改善脂肪肝相关并发症，延缓与控制脂肪肝的病情发展，保持身心健康，提高生活质量	温度范围基本是处于4~15℃，处于正常湿度范围（45%~65%）下，参与冬泳活动适宜温度8℃~10℃，甚至更低	遵循因人而异、量力而行原则推荐参加大肌肉群参与的有氧体力活动，作为整体运动项目的一部分，应该增加相应的抗阻练习，运动形式可包括健步走、慢跑、骑自行车、跳绳、健身操、小负荷抗阻运动、弹力带抗阻练习等，有一定运动基础和运动能力的人可以选择冬泳，项目应充分考虑个人兴趣和运动目标	推荐中高强度（50%~75%心率储备/$\dot{V}O_2max$）范围内，相当于主观疲劳感觉（RPE）12~15的范围，运动时身体适量出汗，心跳和呼吸有节奏加快，但不急促	每天至少40~60min，为了促进减重或维持体重，建议每天50~60min或更长时间的运动。每次运动中至少持续10min的间歇运动，每周累计200min或更多的运动将会获得更多的益处，有时间和条件一天可两练	每周至少运动4次以上，两次运动间隔时间不超过2天，最佳为每周≥5天，需要尽量增加能量消耗和身体活动，运动的时间（每次时间或累计时间）应逐渐增加。可进行1~2周后调整改变

250

2. 注意事项

脂肪肝患者在低温运动过程中，一般都是根据个人生活习惯及运动锻炼习惯来选择运动方式，运动项目可以不是单一某种形式，而是多种运动形式的组合，或者按照运动进程不同选择不同的运动形式[107, 112, 113]。按照运动处方的要求建议每周 5~6 天、每次 30 min 以上中等强度的运动，以有氧运动为主，抗阻运动作为补充[107, 112, 113, 131]。运动强度须因人而异，常用运动时最大心率来评估运动强度，中等强度运动为能达到最大心率［最大心率（次/min）= 220- 年龄］的 60%~70% 的运动[83, 133]。例如，每天坚持中等强度有氧运动 30min，每周 5~6 次，或者每天高强度有氧运动 20min，每周 3~4 次，同时做 8~10 组抗阻训练，每周 2~3 次。1 年内减重 3%~5% 可以改善代谢综合征症状和逆转单纯性脂肪肝，体质量下降 7%~10% 能显著降低血清氨基酸转移酶水平并改善 NASH，但是体质量下降 10% 以上并维持 1 年才能逆转肝纤维化，还需要持之以恒的运动[112]。脂肪肝患者应先进行运动负荷试验，充分评估其运动安全性后，再进行身体活动[132]。伴有糖尿病的脂肪肝患者必要时需额外补充食物，以免发生低血糖。患者在运动锻炼期间，必须注意运动与饮食、药物协调等问题[132, 133]。在冬季低温运动时，需要进行充分的热身准备活动，运动过程中进行自我监督，如有不适需要停止运动，进行休息，等不适缓解后再进行运动。运动过程中服装舒适，有效保暖，特别注意对四肢和头面部、耳部的保暖[132, 133]。在运动过程中，少量多次的饮用液体（温水），根据汗液丢失量决定液体摄入量。建议运动前 2h 内，补充水 400mL 左右，最好分两次饮用，运动中每隔 15~20min 补充水 120~180mL，切记运动后不宜暴饮止渴[134]。除了持之以恒地进行运动之外，脂肪肝患者在冬季生活方式也应相应改变，在满足每日必需营养需要的基础上控制总能量，合理选择各营养要素的构成比例（减少脂肪摄入、保证优质蛋白质、增加膳食纤维和碳水化合物），在冬季运动后，一定要保证体内能量，适量补充鱼、蛋、奶等优质蛋白。控制体重、戒烟、限酒等[107, 112, 113, 131]。运动后不宜立即坐下休息，不宜马上洗浴，需等待汗液落定之后再洗澡。运动前的准备活动和运动后的整理活动，最好是采用静态拉伸和动态运动相结合的方式进行，充分调动身体功能，从而减轻运动损伤的相关风险。在冬天脂肪肝患者最重要的是要养成健康的生活习惯，培养积极的生活方式，增加日常身体活动，减少高脂高糖食物的摄入，减少久坐时间，将运动锻炼融入日常生活中。

三、低温环境下运动改善脂肪肝的可能机制

BAT 是对抗脂肪肝和代谢疾病的重要作用目标。它是一种产热组织，能够消耗大量的葡萄糖和脂肪酸产生热量，调节糖脂代谢，促进能量消耗。BAT 能够保持高氧化代谢能力，当其高度活跃时，对脂肪肝、肥胖、胰岛素抵抗都能够发挥有益作用[88,123,124]。

冷刺激和运动都会影响 BAT 的新陈代谢[123,124]。冷刺激可以促进 SNS 的激活，从而促使 NE 从交感神经释放并激活肾上腺能受体，刺激了环磷酸腺苷依赖的信号传导途径，并导致解偶联蛋白消耗更多的能量来产热，因此，冷刺激能够有效激活 BAT，增加能量消耗，能够对脂肪肝和脂质代谢产生一定的影响[135-138]。另外，规律合理的运动能够增强胰岛素敏感性，改善脂质代谢，减少脂肪酸含量与脂质循环，增强葡萄糖耐量，增强 WAT 和 BAT 的组织代谢过程，能够有效地改善代谢健康[125,126,135-138]。运动能够增加产热量，同时也能够增加交感神经活性，可能也会对 BAT 产生积极作用[88,125]。例如，有研究指出，通过冷环境和运动干预之后小鼠的肝糖原水平出现增加的同时降低了 FFA 的含量，改善了糖脂代谢[88]。小鼠在寒冷的环境中食物摄取量上升较慢，体重持续缓慢下降，运动 1 个月后，肝脏中的 WAT 和 BAT 脂肪酸合成率没有升高，脂肪代谢得到改善[139]。因此，低温环境和运动是多种因素的交叉重叠，特别是其对于 BAT 和身体能量代谢的协同作用，因为低温刺激和运动都可以导致葡萄糖和脂肪酸代谢的增加，有效地改善糖脂代谢。这种联合干预方式具有作为改善代谢性疾病尤其是脂肪肝类疾病的发展潜力。但是在其应用过程中，也需要考虑和注意脂肪肝患者对低温刺激和运动的耐受能力，从而制订适合脂肪肝患者个体的低温环境运动干预方案。

有关于低温环境下运动对于脂肪肝作用影响的研究相对有限，目前主要集中在相关的动物研究，运动方式主要为游泳运动，暴露的环境集中在亚低温环境。因此，后续的研究可以着重从 UCP1、PGC-1α-FNDC5-Irisin-PPARα（过氧化物酶体增殖物激活受体）等分子机制进行，并且后续的相关动物研究和人体研究需要持续跟进低温环境（以冷空气暴露为主，贴近模拟实际低温）下运动（有氧跑步、滑雪、抗阻运动等形式）对于机体脂肪肝的影响与作用，从而更好地了解低温联合运动对于脂肪肝的健康促进作用，明确其实际应用效果，有效探究其内在作用机制，并为之后的研究提供相应参考依据。

小结

肥胖、糖尿病和脂肪肝是当今社会常见的代谢性疾病，严重危害个体健康，并给社会、家庭带来了沉重的经济和精神负担。低温联合运动干预刺激机体利用脂肪氧化供能，减少脂肪堆积，诱导白色脂肪棕色化，从而改善脂肪代谢和胰岛素敏感性，最终有利于预防和管理肥胖、糖尿病和脂肪肝等代谢性疾病。此外，肠道菌群在低温运动防治代谢性疾病的过程中也发挥重要作用，但具体机制尚待进一步研究。

参考文献

［1］刘洋，李梦伊，张松海，等．大华北减重与代谢手术临床资料数据库年度报告（2018）［J］．中国实用外科杂志，2019，39（2）：149-154．

［2］李梦伊，刘洋，赵象文，等．大华北减重与代谢手术临床资料数据库2019年度报告［J］．中国实用外科杂志，2020，40（4）：418-425．

［3］Afshin A, Forouzanfar MH, Reitsma MB, et al. Health effects of overweight and obesity in 195 countries over 25 years［J］.New England Journal of Medicine, 2017, 377（1）: 13-27.

［4］Kelly T, Yang W, Chen CS, et al. Global burden of obesity in 2005 and projections to 2030［J］. International Journal of Obesity, 2008, 32（9）: 1431-1437.

［5］《中国居民营养与慢性病状况报告（2015年）》发布［J］．上海预防医学，2016，28（3）：141．

［6］Chooi Y C DC, Magkos F. The epidemiology of obesity［J］. Metabolism, 2019, 92: 6-10.

［7］Mi YJ, Zhang B, Wang HJ, et al. Prevalence and secular trends in obesity among chinese adults, 1991-2011［J］. American journal of preventive medicine, 2015, 49（5）: 661-669.

［8］Palmer BF, Clegg DJ. Strategies to counter weight loss-induced reductions in metabolic rate［J］. Current Sports Medicine Reports, 2019, 18（7）: 258-265.

［9］齐玉刚，王津，徐冬青．有氧抗阻结合与单纯有氧运动减重干预的对比研究［J］．天津体育学院学报，2020，35（5）：541-544．

［10］Ohara WJ, Allen C, Shephard RJ. Loss of body-fat during an arctic winter expedition［J］. Canadian Journal of Physiology and Pharmacology, 1977, 55（6）: 1235-1241.

［11］Ohara WJ, Allen C, Shephard RJ. Loss of body-weight and fat during exercise in a cold chamber［J］. European Journal of Applied Physiology and Occupational Physiology, 1977,

37(3): 205-218.

[12] Ohara WJ, Allen C, Shephard RJ. Treatment of obesity by exercise in cold [J]. Canadian Medical Association Journal, 1977, 117(7): 773-786.

[13] Ohara WJ, Allen C, Shephard RJ, et al. Fat loss in the cold – controlled-study [J]. Journal of Applied Physiology, 1979, 46(5): 872-877.

[14] Murray SJ, Shephard RJ, Greaves S, et al. Effects of cold stress and exercise on fat loss in females [J]. European Journal of Applied Physiology and Occupational Physiology, 1986, 55(6): 610-618.

[15] Hideki S, Yukio A, Kiyoji T. Seasonal variation of alterations in exercise-induced body composition in obese japanese women [J]. European Journal of Applied Physiology, 2002, 86(5): 382-387.

[16] 谢微, 张建康, 叶喜德. 亚低温游泳运动对高脂高胆固醇代谢的影响 [J]. 江西中医药, 2016, 47(12): 31-33.

[17] 解娟. 低温运动对高脂饮食大鼠减脂及血管内皮细胞功能的影响 [D]. 武汉: 湖北大学, 2013.

[18] Zheng C, Chen X-K, Wu C-H, et al. Effect of 2-week cold-water swimming on white adipose tissue browning in mice [J]. Medicine and Science in Sports and Exercise, 2017, 49(5): 438-438.

[19] 王朝格, 翁锡全, 林宝璇, 等. 低温运动干预肥胖大鼠的脂肪组织类型及功能改变 [J]. 中国组织工程研究, 2021, 25(20): 3162-3167.

[20] Cheng L, Wang J, Dai H, et al. Brown and beige adipose tissue: A novel therapeutic strategy for obesity and type 2 diabetes mellitus [J]. Adipocyte, 2021, 10(1): 48-65.

[21] Timmons BA, Araujo J, Thomas TR. Fat utilization enhanced by exercise in a cold environment [J]. Medicine and Science in Sports and Exercise, 1985, 17(6): 673-678.

[22] Gagnon DD, Rintamaki H, Gagnon SS, et al. Cold exposure enhances fat utilization but not non-esterified fatty acids, glycerol or catecholamines availability during submaximal walking and running [J]. Frontiers in Physiology, 2013(4): 99.

[23] Febbraio MA, Snow RJ, Stathis CG, et al. Blunting the rise in body temperature reduces muscle glycogenolysis during exercise in humans [J]. Experimental Physiology, 1996, 81(4): 685-693.

[24] 于瑷旗. 对低温环境下采用不同强度跑台运动时糖、脂代谢特征的观察 [D]. 北京: 北京

体育大学，2017.

[25] 乔德才，邓树勋，王健.运动生理学（高等学校教材）[M].北京：高等教育出版社，2006.

[26] Haman F, Mantha OL, Cheung SS, et al. Oxidative fuel selection and shivering thermogenesis during a 12-and 24-h cold-survival simulation [J]. Journal of Applied Physiology, 2016, 120 (6): 640-648.

[27] Farmer SR. Obesity be cool, lose weight [J]. Nature, 2009, 458 (7240): 839-840.

[28] Lichtenbelt WDV, Vanhommerig JW, Smulders NM, et al. Cold-activated brown adipose tissue in healthy men [J]. New England Journal of Medicine, 2009, 360 (18): 1917.

[29] Thyagarajan B, Foster MT. Beiging of white adipose tissue as a therapeutic strategy for weight loss in humans [J]. Hormone molecular biology and clinical investigation, 2017, 31 (2): 1-13.

[30] 许之屏，柳维林，陈嘉勤，等.白色脂肪细胞棕色化与运动性减肥[J].成都体育学院学报，2014，40(2): 70-74.

[31] Lasar D, Julius A, Fromme T, et al. Browning attenuates murine white adipose tissue expansion during postnatal development [J]. Biochimica Et Biophysica Acta-Molecular and Cell Biology of Lipids, 2013, 1831 (5): 960-968.

[32] Seale P, Bjork B, Yang W, et al. Prdm16 controls a brown fat/skeletal muscle switch [J]. Nature, 2008, 454 (7207): 961-967

[33] Sanchez-Gurmaches J, Hung C-M, Sparks CA, et al. Pten loss in the myf5 lineage redistributes body fat and reveals subsets of white adipocytes that arise from myf5 precursors [J]. Cell Metabolism, 2012, 16 (3): 348-362.

[34] Huttenhower C, Gevers D, Knight R, et al. Structure, function and diversity of the healthy human microbiome [J]. Nature, 2012, 486 (7402): 207-214.

[35] Sender R, Fuchs S, Milo R. Are we really vastly outnumbered? Revisiting the ratio of bacterial to host cells in humans [J]. Cell, 2016, 164 (3): 337-340.

[36] Kåhrström CT, Pariente N, Weiss u. Intestinal microbiota in health and disease [J]. Nature, 2016, 535 (7610): 47.

[37] Zhernakova A, Kurilshikov A, Bonder MJ, et al. Population-based metagenomics analysis reveals markers for gut microbiome composition and diversity [J]. Science, 2016, 352 (6285): 565-569.

[38] Chevalier C, Stojanović O, Colin DJ, et al. Gut microbiota orchestrates energy homeostasis

during cold [J]. Cell, 2015, 163(6): 1360-1374.

[39] Meng Y, Chen L, Lin W, et al. Exercise reverses the alterations in gut microbiota upon cold exposure and promotes cold-induced weight loss [J]. Frontiers in Physiology, 2020(11): 311.

[40] 王正珍. ACSM 运动测试与运动处方指南 [M]. 北京：北京体育大学出版社，2015.

[41] 邓书勋，王健，乔德才，等. 运动生理学 [M]. 北京：高等教育出版社，2009.

[42] David WJ, Alexander J. Exercise and Diabetes: A Narrative Review [J]. J Foot Ankle Surg, 2017, 56(5): 968-974.

[43] Khan RMM, Chua ZJY, Tan JC, et al. From Pre-Diabetes to Diabetes: Diagnosis, Treatments and Translational Research [J]. Medicina(Kaunas), 2019, 55(9): 546.

[44] 中华医学会糖尿病学分会. 中国 2 型糖尿病防治指南（2017 年版）[J]. 中国实用内科杂志，2018，38(4): 292-344.

[45] Ma RCW. Epidemiology of diabetes and diabetic complications in China [J]. Diabetologia, 2018, 61(6): 1249-1260.

[46] 胡盛寿，高润霖，刘力生，等.《中国心血管病报告 2018》概要 [J]. 中国循环杂志，2019，34(3): 209-220.

[47] Colberg SR, Sigal RJ, Yardley JE, et al. Physical Activity/Exercise and Diabetes: A Position Statement of the American Diabetes Association [J]. Diabetes Care, 2016, 39(11): 2065-2079.

[48] 本刊编辑部. 运动与 2 型糖尿病——美国运动医学院与美国糖尿病学会联合声明 [J]. 中国糖尿病杂志，2011，19(4): 241-242.

[49] 中华医学会糖尿病学分会. 中国 2 型糖尿病防治指南（2013 年版）[J]. 中国医学前沿杂志（电子版），2015，7(3): 26-89.

[50] 中华医学会糖尿病学分会. 中国 2 型糖尿病防治指南（2020 年版）（上）[J]. 中国实用内科杂志，2021，41(8): 668-695.

[51] Mäkinen TM, Hassi J. Health problems in cold work [J]. Ind Health, 2009, 47(3): 207-220.

[52] Nimmo M. Exercise in the cold [J]. J Sports Sci, 2004, 22(10): 898-916.

[53] 秦智，罗和生，肖国强. 5 周亚低温状态游泳运动改善 NAFLD 大鼠的实验研究 [J]. 河北体育学院学报，2013，27(2): 77-82.

[54] Smolander J. Effect of cold exposure on older humans [J]. Int J Sports Med, 2002, 23(2): 86-92.

[55] 李永红，罗书全，兰莉，等. 重庆和哈尔滨市极端温度对糖尿病所致生命损失年的影响

[J]. 中华流行病学杂志, 2017, 38（3）: 303-308.

[56] 翁锡全, 王朝格, 林宝璇. 冷环境与运动能力的生化分析[J]. 中国体育教练员, 2019, 27（2）: 31-33.

[57] 韩运梅, 张春之, 林立, 等. 低温对小鼠运动能力和抗疲劳能力的影响[J]. 职业卫生与应急救援, 2008, 26（6）: 293-295.

[58] Mäkinen TM. Human cold exposure, adaptation, and performance in high latitude environments[J]. Am J Hum Biol, 2007, 19（2）: 155-164.

[59] Makinen TM. Different types of cold adaptation in humans[J]. Front Biosci (Schol Ed), 2010（2）: 1047-1067.

[60] Kolettis TM, Kolettis MT. Winter swimming: healthy or hazardous?. Evidence and hypotheses[J]. Med Hypotheses, 2003, 61（5-6）: 654-656.

[61] 王朝格. 低温环境运动干预肥胖大鼠胰岛素敏感性与白色脂肪棕色化效应及相关调节因子的研究[D]. 广州: 广州体育学院, 2020.

[62] 王朝格, 翁锡全, 林宝璇, 等. 低温运动对肥胖大鼠胰岛素抵抗及脂肪 Betatrophin 蛋白表达的影响[C]. 第十一届全国体育科学大会论文摘要汇编, 2019: 7574-7576.

[63] 陈丽娜. 低温运动促进肥胖大鼠白色脂肪棕色化效应及对 AMPK/PGC-1α/UCP1 表达的影响[D]. 广州: 广州体育学院, 2017.

[64] Knechtle B, Waśkiewicz Z, Sousa CV, et al. Cold Water Swimming-Benefits and Risks: A Narrative Review[J]. Int J Environ Res Public Health, 2020, 17（23）: 8984.

[65] Tipton MJ, Collier N, Massey H, et al. Cold water immersion: kill or cure?[J]. Exp Physiol, 2017, 102（11）: 1335-1355.

[66] 邹裕桂, 简辉, 邹小秋, 等. 冬泳对中老年人血糖部分参数的影响[J]. 中国民康医学, 2006（12）: 416.

[67] 张振华, 苏彦炬, 于动震. 冬泳对糖尿病大鼠病情影响的实验观察[J]. 中国临床康复, 2005（28）: 205-207.

[68] 于动震. 冬泳对糖尿病大鼠病情影响的实验研究[D]. 石家庄: 河北师范大学, 2004.

[69] 苏彦炬, 霍少华, 于动震. 冬泳和游泳运动对糖尿病大鼠病情影响的实验对比[J]. 中国临床康复, 2006（32）: 63-65.

[70] 胡伟. 冬泳运动对中老年人血糖浓度的影响及其调节[J]. 魅力中国, 2009（31）: 255, 257.

[71] Gibas-Dorna M, Chęcińska Z, Korek E, et al. Cold Water Swimming Beneficially Modulates

Insulin Sensitivity in Middle-Aged Individuals [J]. J Aging Phys Act, 2016 (4): 547-554.

[72] Gibas-Dorna M, Checinska Z, Korek E, et al. Variations in leptin and insulin levels within one swimming season in non-obese female cold water swimmers [J]. Scand J Clin Lab Invest, 2016, 76 (6): 486-491.

[73] Checinska-Maciejewska Z, Niepolski L, Checinska A, et al. Regular cold water swimming during winter time affects resting hematological parameters and serum erythropoietin [J]. J Physiol Pharmacol, 2019, 70 (5): 747-756.

[74] Checinska-Maciejewska Z, Miller-Kasprzak E, Checinska A, et al. Gender-related effect of cold water swimming on the seasonal changes in lipid profile, ApoB/ApoA-I ratio, and homocysteine concentration in cold water swimmers [J]. J Physiol Pharmacol, 2017, 68 (6): 887-896.

[75] Manolis AS, Manolis SA, Manolis AA, et al. Winter Swimming: Body Hardening and Cardiorespiratory Protection Via Sustainable Acclimation [J]. Curr Sports Med Rep, 2019, 18 (11): 401-415.

[76] Noakes TD. Exercise and the cold [J]. Ergonomics, 2000, 43 (10): 1461-1479.

[77] Fudge JR, Bennett BL, Simanis JP, et al. Medical Evaluation for Exposure Extremes: Cold [J]. Clin J Sport Med, 2015, 25 (5): 432-436.

[78] Shephard RJ. Adaptation to exercise in the cold [J]. Sports Med, 1985, 2 (1): 59-71.

[79] 中国疾控中心慢病所. 糖尿病冬季运动学问大 [N]. 首都医科大学附属北京安贞医院就医指南, https://www.anzhen.org/News/Articles/Index/3248.

[80] 罗春燕, 申桂菊. 避开冬季运动误区 [J]. 糖尿病新世界, 2008 (12): 40-41.

[81] Charkoudian N. Skin blood flow in adult human thermoregulation: how it works, when it does not, and why [J]. Mayo Clin Proc, 2003, 78: 603-612.

[82] Kenny GP, Sigal RJ, McGinn R. Body temperature regulation in diabetes [J]. Temperature (Austin), 2016, 3 (1): 119-145.

[83] 史仍飞. 老年人冬季运动的注意事项 [J]. 饮食科学, 2010 (1): 27.

[84] 朱晓君. 低温环境下运动训练的营养补给建议 [J]. 中国学校体育, 2017 (11): 65.

[85] Yardley JE, Stapleton JM, Sigal RJ, et al. Do heat events pose a greater health risk for individuals with type 2 diabetes? [J]. Diabetes Technol Ther, 2013, 15 (6): 520-529.

[86] Gaede P, Pedersen O. Intensive integrated therapy of type 2 diabetes: implications for long-term prognosis [J]. Diabetes, 2004, 53 (Suppl 3): S39-S47.

[87] Schrauwen P, van Marken Lichtenbelt WD. Combatting type 2 diabetes by turning up the heat [J]. Diabetologia, 2016, 59 (11): 2269-2279.

[88] 周翰驰. 小鼠小肠胰岛素分泌情况及冷刺激和运动对非酒精性脂肪肝的作用研究 [D]. 天津: 天津医科大学, 2019.

[89] Shibata H, Pérusse F, Vallerand A, et al. Cold exposure reverses inhibitory effects of fasting on peripheral glucose uptake in rats [J]. Am J Physiol, 1989, 257 (1 Pt 2): R96-R101.

[90] Vallerand AL, Pérusse F, Bukowiecki LJ. Cold exposure potentiates the effect of insulin on in vivo glucose uptake [J]. Am J Physiol, 1987, 253 (2 Pt 1): E179-E186.

[91] Vallerand AL, Lupien J, Bukowiecki LJ. Interactions of cold exposure and starvation on glucose tolerance and insulin response [J]. Am J Physiol, 1983, 245 (6): E575-E581.

[92] Vallerand AL, Pérusse F, Bukowiecki LJ. Stimulatory effects of cold exposure and cold acclimation on glucose uptake in rat peripheral tissues [J]. Am J Physiol, 1990, 259 (5 Pt 2): R1043-R1049.

[93] Celi FS. Human Brown Adipose Tissue Plasticity: Hormonal and Environmental Manipulation. 2018 Mar 8. In: Spiegelman B, editor. Hormones, Metabolism and the Benefits of Exercise [Internet]. Cham (CH): Springer; 2017.

[94] Rönnemaa T, Marniemi J, Leino A, et al. Hormone response of diabetic patients to exercise at cool and warm temperatures [J]. Eur J Appl Physiol Occup Physiol, 1991, 62 (2): 109-115.

[95] Weydahl A, Balto PA, Einvik EH, et al. Time-dependent glycemic response to exercise in winter and spring in the subarctic [J]. J Appl Physiol (1985), 1995, 78 (1): 198-204.

[96] Bukowiecki LJ. Energy balance and diabetes. The effects of cold exposure, exercise training, and diet composition on glucose tolerance and glucose metabolism in rat peripheral tissues [J]. Can J Physiol Pharmacol, 1989, 67 (4): 382-393.

[97] Kovaničová Z, Kurdiová T, Baláž M, et al. Cold Exposure Distinctively Modulates Parathyroid and Thyroid Hormones in Cold-Acclimatized and Non-Acclimatized Humans [J]. Endocrinology, 2020, 161 (7): bqaa051.

[98] Peres Valgas da Silva C, Hernández-Saavedra D, White JD, et al. Cold and Exercise: Therapeutic Tools to Activate Brown Adipose Tissue and Combat Obesity [J]. Biology (Basel), 2019, 8 (1): 9.

[99] Nascimento EBM, van Marken Lichtenbelt WD. In Vivo Detection of Human Brown Adipose Tissue During Cold and Exercise by PET/CT [J]. Handb Exp Pharmacol, 2019, 251: 283-298.

[100] Knudsen JG, Murholm M, Carey AL, et al. Role of IL-6 in exercise training- and cold-induced UCP1 expression in subcutaneous white adipose tissue [J]. PLoS One, 2014, 9 (1): e84910.

[101] Tsuzuki T, Yoshihara T, Ichinoseki-Sekine N, et al. Body temperature elevation during exercise is essential for activating the Akt signaling pathway in the skeletal muscle of type 2 diabetic rats [J]. PLoS One, 2018, 13 (10): e0205456.

[102] Tsuzuki T, Kobayashi H, Yoshihara T, et al. Attenuation of exercise-induced heat shock protein 72 expression blunts improvements in whole-body insulin resistance in rats with type 2 diabetes [J]. Cell Stress Chaperones, 2017, 22 (2): 263-269.

[103] Akerblom HK, Koivukangas T, Ilkka J. Experiences from a winter camp for teenage diabetics [J]. Acta Paediatr Scand Suppl, 1980, 283: 50-52.

[104] Meng Y, Chen L, Lin W, et al. Exercise Reverses the Alterations in Gut Microbiota Upon Cold Exposure and Promotes Cold-Induced Weight Loss [J]. Front Physiol, 2020 (11): 311.

[105] Hesselink MK, Schrauwen-Hinderling V, Schrauwen P. Skeletal muscle mitochondria as a target to prevent or treat type 2 diabetes mellitus [J]. Nat Rev Endocrinol, 2016, 12 (11): 633-645.

[106] 邓书勋, 王健, 乔德才, 等. 运动生理学 [M]. 北京: 高等教育出版社, 2015.

[107] 彭莺峰, 凌云. 脂肪肝危险因素及其防治措施研究进展 [J]. 中华全科医学, 2009 (5): 529-531.

[108] Younossi Z, Tacke F, Arrese M, et al. Global Perspectives on Nonalcoholic Fatty Liver Disease and Nonalcoholic Steatohepatitis [J]. Hepatology, 2019, 69 (6): 2672-2682.

[109] Neuschwander-Tetri BA. Non-alcoholic fatty liver disease [J]. BMC Med, 2017, 15 (1): 45.

[110] Liu H, Qi J, Yang J, et al. Burden of liver complications related to non-alcoholic fatty liver disease in China from 2005-2019: observations from the Global Burden of Disease Study, 2019 [J]. Diabetes Obes Metab, 2023 (1): 43-52.

[111] Xiao J, Wang F, Wong NK, et al. Global liver disease burdens and research trends: Analysis from a Chinese perspective [J]. J Hepatol, 2019, 71 (1): 212-221.

[112] 范建高. 非酒精性脂肪性肝病防治指南（2018年更新版）[J]. 实用肝脏病杂志, 2018, 21 (2): 177-186.

[113] 范建高. 中国非酒精性脂肪性肝病诊疗指南（2010年修订版）[J]. 中国医学前沿杂志（电子版）, 2012, 4 (7): 4-10.

[114] 郭亮, 汤其群. 非酒精性脂肪肝发病机制和治疗的研究进展[J]. 生命科学, 2018, 30 (11): 1165-1172.

[115] van der Windt DJ, Sud V, Zhang H, et al. The Effects of Physical Exercise on Fatty Liver Disease [J]. Gene Expr, 2018, 18 (2): 89-101.

[116] 陈文鹤. 运动减肥对肥胖症患者健康的促进作用[J]. 体育科研, 2013, 34 (1): 33-38.

[117] Katsagoni CN, Georgoulis M, Papatheodoridis GV, et al. Kontogianni MD. Effects of lifestyle interventions on clinical characteristics of patients with non-alcoholic fatty liver disease: A meta-analysis [J]. Metabolism, 2017, 68: 119-132.

[118] Farzanegi P, Dana A, Ebrahimpoor Z, et al. Mechanisms of beneficial effects of exercise training on non-alcoholic fatty liver disease (NAFLD): Roles of oxidative stress and inflammation [J]. Eur J Sport Sci, 2019, 19 (7): 994-1003.

[119] Danzl D, Auerbach PS. Accidental hypothermia [M]. Wilderness Medicine. 6th ed.Philadelphia: Elsevier Mosby, 2012: 116-142.

[120] Mäkinen TM, Hassi J. Health problems in cold work [J]. Ind Health, 2009, 47 (3): 207-220.

[121] Mäkinen TM. Human cold exposure, adaptation, and performance in high latitude environments [J]. Am J Hum Biol, 2007, 19 (2): 155-164.

[122] Castellani JW, Young AJ. Health and performance challenges during sports training and competition in cold weather [J]. Br J Sports Med, 2012, 46 (11): 788-791.

[123] Martin AR, Chung S, Koehler K. Is Exercise a Match for Cold Exposure? Common Molecular Framework for Adipose Tissue Browning [J]. Int J Sports Med, 2020, 41 (7): 427-442.

[124] Peres Valgas da Silva C, Hernández-Saavedra D, White JD, et al. Cold and Exercise: Therapeutic Tools to Activate Brown Adipose Tissue and Combat Obesity [J]. Biology (Basel), 2019, 8 (1): 9.

[125] 秦智, 李彩洁, 肖国强. 亚低温有氧运动联合干预 NAFLD 的可能生物学机制述评[J]. 体育学刊, 2010, 17 (2): 119-122.

[126] 秦智. 亚低温状态 5 周游泳运动改善 SD 大鼠 NAFLD 效果与机制的实验研究[C]. 第九届全国体育科学大会论文摘要汇编(3), 2011: 489.

[127] 刘倩倩, 肖国强. 亚低温游泳运动对 NAFLD 大鼠瘦素抵抗和脂质代谢的影响[C]. 第九届全国体育科学大会论文摘要汇编(2), 2011: 509-510.

[128] 秦智, 罗和生, 肖国强. 亚低温状态 5 周游泳运动联合干预对 NAFLD 大鼠肝组织 HSP70mRNA 的影响[J]. 中国康复, 2011, 26 (5): 330-332.

[129] 丁俊华，张亚东，杨萍，等.冬泳运动对老年人红细胞膜胆固醇及变形性的影响［J］.中国老年学杂志，2011，31（3）：502-503.

[130] 肖国强，曹姣.亚低温有氧运动与非酒精性脂肪肝防治：最新研究与思考［J］.军事体育学报，2015，34（4）：1-5.

[131] 美国运动医学学会，王正珍.ACSM运动测试与运动处方指南［M］.北京：北京体育大学出版社，2015.

[132] 诸骏仁，高润霖，赵水平，等.中国成人血脂异常防治指南（2016年修订版）［J］.中华全科医师杂志，2017，16（1）：15-35.

[133]《中国高血压防治指南》修订委员会.中国高血压防治指南（2018年修订版）［J］.中国心血管杂志，2019，24（1）：33.

[134] 朱晓君.低温环境下运动训练的营养补给建议［J］.中国学校体育，2017（11）：65.

[135] Jett DM, Adams KJ, Stamford BA. Cold exposure and exercise metabolism［J］. Sports Med, 2006, 36（8）: 643-656.

[136] Shephard RJ. Metabolic adaptations to exercise in the cold. An update［J］. Sports Med, 1993, 16（4）: 266-289.

[137] Castellani JW, Young AJ. Human physiological responses to cold exposure: Acute responses and acclimatization to prolonged exposure［J］. Auton Neurosci, 2016, 196: 63-74.

[138] Guezennec CY, Nonglaton J, Serrurier B, et al. Hormonal and metabolic response to physical exercise, fasting and cold exposure in the rat. Effects on ketogenesis in isolated hepatocytes［J］. Eur J Appl Physiol Occup Physiol, 1988, 57（1）: 114-119.

[139] Rowland N. Effects of chronic cold exposure on wheel running, food intake and fatty acid synthesis in Syrian hamsters［J］. Physiol Behav, 1984, 33（2）: 253-256.